Roberto Zapperi
Der schwangere Mann

Roberto Zapperi

# *Der schwangere Mann*

Männer, Frauen und die Macht

Aus dem Italienischen übersetzt
von Ingeborg Walter

Verlag C. H. Beck München

Titel der italienischen Originalausgabe:
Roberto Zapperi, L'uomo incinto, Rom 1979.
© Roberto Zapperi
Für die deutsche Ausgabe wurde der Text vom Autor
erweitert und überarbeitet.


Mit 20 Abbildungen im Text

CIP-Kurztitelaufnahme der Deutschen Bibliothek

*Zapperi, Roberto:*
Der schwangere Mann/Roberto Zapperi. Aus d. Ital.
übers. von Ingeborg Walter. – München: Beck, 1984.
   Einheitssacht.: L'uomo incinto ‹dt.›
   ISBN 3 406 09678 6

ISBN 3 406 09678 6

Umschlagentwurf: Bruno Schachtner, Dachau
Umschlagbild: Figur aus dem
„Altar der sieben Schmerzen Mariens" (1521)
von Heinrich Douvermann, St.-Nikolai-Kirche in Kalkar
Rückseite: Holzschnitt aus dem Dekameron, Augsburg 1492:
Der Arzt kündigt Calandrino seine Schwangerschaft an
Für die deutsche Ausgabe:
© C. H. Beck'sche Verlagsbuchhandlung (Oscar Beck), München 1984
Satz und Druck: C. H. Beck'sche Buchdruckerei, Nördlingen
Printed in Germany

# Inhalt

## Dritter Teil

### I.

### II.

# Vorwort zur deutschen Ausgabe

Als ich vor Jahren zufällig das Märchen von der Küchenschabe las, hätte ich nicht geglaubt, daß es den Anstoß zu diesem Buch geben sollte. Ich wollte nur wissen, woher diese merkwürdige Geschichte kam. Als ich dann entdeckte, daß unbekannte deutsche Mönche sie schon im frühen Mittelalter gekannt und ihr aus Gründen der Polemik eine entstellte lateinische Fassung gegeben hatten, begann ich langsam zu begreifen. Ebenso große Überraschungen waren mir beschieden, als ich das Buch für die französische Übersetzung zu überarbeiten begann. Ich machte mich daran, die bildliche Darstellung der Geburt Evas aus der Seite Adams in einer Art Krebsgang durch die Kirchen Europas zurückzuverfolgen, und gelangte dabei auf verschlungenen Wegen von Monreale in Sizilien nach Augsburg, wo diese Darstellung zum ersten Mal im 11. Jahrhundert erscheint.

„Schuld sind natürlich immer die bösen Deutschen", war der bissige Kommentar meines Freundes Georg Lutz, und da ich gerne gegen den Stachel löcke, sagte ich, „Ja, genau, schuld sind immer die bösen Deutschen!" Aber der Freund, der, wie es der Zufall will, in Augsburg geboren ist, während ich aus Sizilien stamme, hatte das Manuskript mehrmals seufzend gelesen und glossiert und wußte deshalb, daß ich mit dieser Antwort nicht alles gesagt hatte. Die Geschichte Europas hat ihren Mittelpunkt in Deutschland, und durch Deutschland laufen letztlich alle Wege, woher auch immer sie kommen mögen. Aber ließen sie es nur dabei bewenden! Oft dringen auf diesen Wegen schwere Konflikte ins Land, die hier dann zum Ausbruch kommen. Es ist sicher kein Zufall, daß gerade in Deutschland die extremsten Versionen des Motivs erscheinen, Versionen, die mit der größten Überzeugung die Herrschaft des Mannes über die Frau rechtfertigen. Aber Deutschland hat auch die befreiendsten Versionen hervorgebracht; hier hat man am leidenschaftlichsten für die Frauen und alle anderen Opfer des Vaterherrn Partei ergriffen. Deutsch ist schließlich die höchste literarische Würdigung, die das Motiv im 14. Jahrhundert in der Versdichtung des Zwingäuers erfahren hat.

Ein Buch wie dieses, das sich mit so vielen deutschen Texten befaßt, mußte schließlich auch das deutsche Publikum erreichen. Es wendet sich vor allem, das möchte ich gleich vorausschicken, an ein männliches Publikum, denn es ist als eine männliche Antwort auf die feministische Polemik des letzten Jahrzehnts gedacht. Es wird für die Männer, an die es gerichtet ist, keine bequeme Lektüre sein. Aber der Wahrheit soll zu ihrem Recht verholfen werden. Unbeschwerten Genuß kann ich niemandem versprechen, auch den Frauen nicht. Auch sie werden wenig Anlaß zum Triumphieren finden, wenn sie das Buch mit Aufmerksamkeit lesen. Die europäische Folkloreüberlieferung hält jedoch einen Trost bereit, der sich als wertvoll erweisen könnte. Aber hierüber sollen Leserinnen und Leser selbst urteilen.

Mein Dank gilt an dieser Stelle vor allem meiner Frau, die mir bei der Lektüre der vielen, oft schwer verständlichen deutschen Texte geholfen und das Buch mit unendlicher Geduld und Selbstlosigkeit ins Deutsche übersetzt hat. Ich kann nicht sagen, daß das Buch ihr gewidmet sei, denn sie ist auf verschiedene Weise auf jeder Seite, in jeder Zeile gegenwärtig.

Rom, im Juli 1983                                  Roberto Zapperi

# Erster Teil

## 1. Der christliche Mythos: Die Geburt Evas

Im 11. Jahrhundert hielt eine seltsame Hieroglyphe ihren unauffälligen Einzug in die Kirchen und Kathedralen Europas. Drei in enger Beziehung stehende Figuren sind dargestellt: zwei Männer und eine Frau oder vielmehr zwei Männer und eine halbe Frau, denn von ihr ist nur der Oberkörper sichtbar. Der Rest ihres Körpers, so wird dem Betrachter zu verstehen gegeben, ist noch im Inneren des einen der beiden Männer verborgen. Nur selten weist eine Inschrift darauf hin, daß das merkwürdige Bild die Erschaffung Evas darstellen soll, wenn auch die durchweg schriftunkundigen Gläubigen dies aus dem Zusammenhang erschließen konnten. Das Bild trat nämlich fast immer in Begleitung von anderen biblischen Szenen auf.

Ausgangspunkt für den Siegeszug war die süddeutsche Bischofsstadt Augsburg. Hier erscheint die Darstellung erstmals im 11. Jahrhundert auf einer der Bronzetafeln der Domtür. Von ihrem dort zugewiesenen Platz an der Tür griff sie bald wie eine Kletterpflanze auf die die Portale umrahmenden Reliefs und schließlich auf die Fassade über. Doch während sie sich anfangs wie in San Zeno zu Verona noch bescheiden mit einem Platz an der Seite neben der Tür begnügte, kletterte sie in Andlau im Elsaß schon bis hinauf in die Archivolte. Ein Jahrhundert war inzwischen vergangen und das Bild bereits in fernere Gegenden vorgedrungen. Im Norden hatte es das russische Nowgorod, im Süden das sizilische Monreale erreicht. Doch auch im 12. und 13. Jahrhundert waren ihm Dom- und Kirchenportale immer noch der liebste Platz. In Frankreich erkennen wir es auf den Reliefs, die die Portale der Kathedralen von Amiens und Auxerre und der Pariser Sainte-Chapelle schmücken; in Deutschland auf denen der Domportale von Freiburg, Ulm und Worms; in Italien auf den Bronzetüren des

Baptisteriums von Florenz und auf den Reliefs des Dompor-
tals von Bologna. Doch schon im 12. Jahrhundert hatte es sich
auch anderswo niedergelassen. Wir entdecken es auf einem
Kapitell im Kreuzgang des Klosters von Elne im Roussillon,
ein Jahrhundert später dann auch auf der Fassade des Doms
von Orvieto und auf dem Kampanile des Doms von Florenz.
Wo immer jedoch es sich einen Platz eroberte, stets galt es,
sich dem Blick der Gläubigen in aller Anschaulichkeit darzu-
bieten, der Grund wohl auch, warum das Bild eine so auffälli-
ge Vorliebe für die Portale zeigte, die ja bei jedem Kirchgang
von der Gemeinde durchschritten werden mußten. Aber die
Botschaft, der es Gehör verschaffen wollte, war zu wichtig, als
daß das Bild an der Außenseite der Kirche hätte haltmachen
können. So drang es allmählich in die Kirchen ein und besetzte
hier Wände und Altäre, Fenster, Kapellen und Weihwasserbecken. Die Erschaffung Evas ist auf unzähligen Mosaiken,
Wandmalereien, Reliefs, auf Wandteppichen und Gemälden,
Holz- und Elfenbeinschnitzereien dargestellt, die sich nicht
nur in den Gotteshäusern der großen Städte, sondern auch in
oft abgelegenen, einfachen Dorf- und Klosterkirchen finden
lassen. Als dann in der Reformationszeit die Bilder aus den
protestantischen Kirchen verbannt wurden und zugleich die
Erfindung des Buchdrucks ihre Verbreitung erleichterte, beschloß die alte Hieroglyphe, die Gläubigen bis hinein in ihre
Wohnungen zu begleiten, wo sie mit der lebhaften, dem Bild
eigenen Überzeugungskraft aus den vulgärsprachlichen Bibeln
heraus, in denen das alphabetisierte Gottesvolk täglich zu lesen
pflegte, ihre Botschaft weitergab.

Doch bevor es aufbrach, um die Kirchen Europas zu erobern,
hatte das hier beschriebene ikonographische Schema eine lange
Inkubationszeit durchgemacht, bis es schließlich im 11. Jahrhundert seine endgültige Ausformung erfuhr. Dunkel bleibt allerdings, auf welchen Wegen dies geschah. Die Darstellung ist ja
schon deshalb befremdlich, weil in der biblischen Erzählung
Eva nicht aus der Seite Adams hervorgeht, sondern von Gott
aus einer von Adams Rippen geformt und erschaffen wird. Die
diesbezügliche Genesisstelle ist unmißverständlich:

„Nun ließ Jahwe einen tiefen Schlaf über den Menschen fallen, daß dieser einschlief, und er nahm eine von seinen Rippen und schloß das Fleisch an ihrer Stelle zu. Dann baute Jahwe Gott die Rippe, die er vom Menschen genommen hatte, zu einem Weibe und führte es zum Menschen. Da sprach der Mensch: Das ist endlich Bein von meinem Bein und Fleisch von meinem Fleisch! Diese soll Weib heißen, weil sie vom Mann genommen ist" (*Gen.* 2, 21–23).

Ursprünglich folgte die bildliche Darstellung auch treu der biblischen Erzählung, die durch zwei getrennte, aufeinanderfolgende Szenen illustriert wurde. Ein aus der römischen Kirche S. Paolo fuori le mura stammender Marmorsarkophag aus dem 4. Jahrhundert ist das erste Beispiel für diese ikonographische Tradition. Auch auf den karolingischen Miniaturen sind die beiden Szenen stets getrennt dargestellt, und dasselbe gilt auch für die Darstellung auf der Anfang des 11. Jahrhunderts entstandenen Bronzetür des Doms zu Hildesheim. Aber schon kurz darauf – in der zweiten Hälfte des 11. Jahrhunderts – werden die beiden Szenen auf der Bronzetür des Doms von Augsburg zu einer einzigen verschmolzen: Gott zieht mit der linken Hand aus der Seite des schlafenden Adam den bereits völlig geformten Körper Evas hervor, während er die Rechte segnend in die Höhe hebt. Auf dieser Darstellung verwandelt sich also die Schöpfung in eine Geburt, während die Rolle des Schöpfers auf den Gebärenden übergeht. Nicht mehr Gott erschafft Eva aus Adams Rippe, sondern Adam selbst bringt Eva auf Gottes Geheiß hervor. Die Segensgeste Gottes ist also in Wirklichkeit eine Befehlsgeste, denn Adam kann als Mann nur gebären, wenn Gott ihm die Fähigkeit dazu verleiht. Ein Geburtsakt, bei dem die Rollen von Mann und Frau verkehrt worden sind, wird als Schöpfungsszene dargestellt, wobei eine Verschiebung von der weiblichen Gebärfähigkeit zur männlichen Schöpfungskraft vorgenommen wird: Das Weib gebiert Kinder, der Mann aber schafft Werke und erzeugt Gegenstände.

Dies also ist auf den ersten Blick die Bedeutung des Bildes. Doch stimmt die Darstellung, wie wir gesehen haben, nicht mit der biblischen Erzählung überein. Der aus der Seite gebärende Mann muß demnach die Erfindung eines unbekannten Künstlers gewesen sein – eine Erfindung, die von der kirchlichen

Hierarchie voll gebilligt worden ist und deshalb in der Folgezeit
in allen Kirchen nachgeahmt werden konnte. Der Klerus hielt
die Neuerung ganz offensichtlich für ein wirksames Kommunikationsmittel im Umgang mit der des Lesens durchweg unkundigen Masse der Gläubigen, die die Kirchen füllte, zugleich aber
auch für durchaus vereinbar mit der Glaubenslehre, denn sonst
hätte er wohl schwerlich eine solch weite Verbreitung zugelassen.

Die Erfindung der Geburt aus der Seite des Mannes brachte
ein neues Element ins Spiel, das auf die Kirchenväter zurückgeht. „Während Adam schlief," hatte der hl. Augustinus in
seinem *Kommentar zum Johannesevangelium* geschrieben
(15,8), „wurde er würdig, die Braut zu empfangen, die Gott aus
seiner Seite geformt hatte, weil aus dem am Kreuze entschlafe-
nen Christus einst die Kirche hervorgehen wird, wenn aus der
von der Lanze durchbohrten Seite Christi die Sakramente aus-
fließen." Der Künstler brauchte also einfach nur die Erschaffung Evas bildlich so darzustellen, wie er auch die Geburt der
Kirche dargestellt hätte. Den überzeugendsten Beweis hierfür
liefert eine französische Bilderbibel aus dem 13. Jahrhundert,
wo auf der gleichen Miniatur oben die Geburt der Kirche, darunter die Erschaffung Evas dargestellt ist und beide Male eine
Frau aus der Seite des Mannes – Christi bzw. Adams – hervorgeht (*Abb. 1*).

Die beiden Mythen konnten sich also überlagern und leicht in
einem einzigen Bilde zusammenfließen, zumal beide ja von den
gleichen Dingen handelten – von der Ehe in allererster Linie.
Aus diesem Grunde wird auf den zu Anfang des 16. Jahrhunderts entstandenen Wandmalereien in der Kirche von Lohja in
Südfinnland auch die Geburt Evas mit ihrer Hochzeit in Verbindung gebracht (*Abb. 2*). Innerhalb der Einfriedung, die das
irdische Paradies umschließt, sind zwei Szenen dargestellt: oben
die Geburt Evas, darunter die von Gottvater höchstselbst zele-
brierte Hochzeit. Ihm assistieren dabei zwei Prälaten als Vertreter der Kirche und Träger ihres Lehramts.

Mit diesem Bild sollte gezeigt werden, daß die natürliche
Zeugungsordnung von Gott im Hinblick auf den Ehebund zwischen Mann und Frau umgekehrt worden ist. „Darum wird der

1. Eva geht aus der Seite Adams, die Kirche aus der Seite Christi hervor

Mann seinen Vater und seine Mutter verlassen und seinem Weibe anhängen, und sie werden zu einem Fleisch." Mit diesen
bekannten Worten schließt der biblische Bericht über die Erschaffung Evas, und diese Stelle hat der hl. Paulus denn auch
wörtlich zitiert, als er im Brief an die Epheser (5,31) erstmals die
Grundprinzipien der christlichen Ehelehre formulierte: „Ord-
net euch einander unter in der Furcht Christi, die Frauen ihren
Männern wie dem Herrn. Denn der Mann ist das Haupt der
Frau, wie Christus das Haupt der Kirche ist, er, der Retter des
Leibes. Doch wie die Kirche sich Christus unterordnet, so sollen sich auch die Frauen den Männern in allem unterordnen"

(5,21–24). Die Hauptprinzipien der christlichen Ehelehre sind in diesen Worten schon präzise ausgedrückt. Kennzeichen des Verhältnisses zwischen den Ehegatten ist die strikte Unterordnung der Frau unter den Mann. Aber warum hielt man es trotz dieser althergebrachten Lehre dennoch für nötig, das Bild der Geburt der Frau aus der Seite des Mannes heranzuziehen, wenn man die Erschaffung Evas darstellen wollte? Und warum fing man erst in der zweiten Hälfte des 11. Jahrhunderts damit an?

Bekanntlich wurde die römische Kirche in der zweiten Hälfte des 11. Jahrhunderts von einer gewaltigen Reformbewegung ergriffen, deren Ziel es war, die Kirche hierarchisch und diszipli-

2. Geburt Evas und Hochzeit von Adam und Eva

när zu erneuern und umzugestalten. Die Stärkung der inner-kirchlichen Struktur ermöglichte es der Kirche, im sogenannten Investiturstreit den Kampf gegen die weltlichen Gewalten auf-zunehmen, um das bestehende Machtverhältnis umzukehren und die europäische Gesellschaft ihrer totalen Kontrolle zu un-terwerfen.

Dem französischen Historiker Georges Duby zufolge ging es in diesem Kampf nicht zuletzt auch um die schon von Paulus als ein Abbild der Vereinigung Gottes mit seinen Geschöpfen und des Bundes Christi mit seiner Kirche verherrlichte Institution der Ehe. Der Episkopat war fest entschlossen, einer Gesell-schaft, die sich zwar christlich nannte, aber auf dem Gebiet von Ehe und Sexualität einer Ethik huldigte, die alles andere als christlich war, das eigene Gesetz aufzuzwingen. Dieses Gesetz läßt sich leicht auf eine kurze Formel bringen: Alles was mit der Sexualität zusammenhängt, ist schmutzig und muß deshalb von den auserwählten Kindern Gottes strengstens gemieden wer-den. Sexuelle Betätigung kann allenfalls den weniger Auser-wählten gestattet werden, um den Fortbestand des Menschen-geschlechts nicht zu gefährden; aber auch dann nur im Rahmen der Ehe und unter der strikten Kontrolle der Kirche. Sie allein ist berechtigt, Zeiten und Modalitäten festzusetzen und den Gläubigen vorzuschreiben.

Es war freilich nicht ganz einfach, dem Gottesvolk derlei restriktive Regeln aufzuzwingen, und ganz besonders schwierig wurde es dann, wenn es um die Spitzen der Gesellschaft ging, wo der Anspruch, nach eigener Willkür über den Mitmenschen verfügen zu können, vor der sexuellen Sphäre keineswegs halt-machte. Um Siegerin in diesem Kampf zu bleiben, sah sich die Kirche gezwungen, Zugeständnisse zu machen, und eines dieser Zugeständnisse – vielleicht das wichtigste – war die vom hl. Paulus entwickelte Lehre von der Unterordnung des einen un-ter den anderen. Diese Lehre brauchte nur noch einmal bestä-tigt und unter das Volk gebracht zu werden, damit allen unmiß-verständlich klar wurde, daß niemand besser als die Kirche die Macht garantieren konnte. Eine solche Garantie gegenüber den Mächtigen mußte schon deshalb erforderlich erscheinen, weil die kirchliche Ehelehre ein Element enthielt, das allem Anschein nach der bestehenden Ordnung gefährlich werden konnte. Es handelte sich um die Klausel von der beiderseitigen, freien Einwilligung der Brautleute zum Eheschluß. Die Ehetheologen sahen sie als eine unerläßliche Voraussetzung für eine gültige Ehe an und hatten deshalb auf diese Klausel nicht verzichten wollen. Ein solches Prinzip mußte jedoch in einer Gesellschaft, in der das Familienoberhaupt – der Vater oder sein Stellvertreter – das letzte Entscheidungsrecht über die Gattenwahl der Kinder hatte, geradezu revolutionär erscheinen. Aber die Apostelworte waren unmißverständlich: Das große christliche Ehegeheimnis, das *sacramentum magnum,* von dem der hl. Paulus gesprochen hatte, schloß neben der Furcht der Frau vor ihrem Mann auch die Liebe des Mannes zu seiner Frau mit ein (*Epheser,* 5,33). Andererseits war es aber auch die erste Kindespflicht, den Eltern zu gehorchen (*Epheser,* 6,5–9). Der Gehorsam bildete auf diese Weise das Verbindungsglied zwischen Freiheit und Autorität und verknüpfte die freie, beiderseitige Einwilligung der Brautleute mit dem Willen der Eltern: Die guten Kinder – d. h. die gehorsamen Kinder – stimmten aus freien Stücken der Wahl ihrer Eltern zu. Zwang ihnen gegenüber wurde gar nicht erst erforderlich.

Georges Duby hat den Bischof Ivo von Chartres als einen der größten Streiter im Kampf der Kirche um eine Anpassung der gängigen Ehepraxis an das zwingende Gebot der christlichen Lehre bezeichnet. Auf Ivo gehen zwei der frühesten Kanonessammlungen des christlichen Okzidents zurück, in denen erstmals auch der ganze Ehekomplex behandelt wird. ,,Auf Grund der natürlichen Ordnung des Menschengeschlechts sind die Frauen den Männern und die Kinder den Eltern dienstbar, da der Gerechtigkeit wegen im Menschengeschlecht der Niedrigere dem Höheren dienen muß``, heißt es in einem auf einer Augustinusstelle basierenden Artikel von Ivos *Decretum* (*PL* 161, 603). Auf diese Weise setzte die christliche Ehelehre aber das Verhältnis zwischen den Familienmitgliedern mit dem Herr-Knecht-Verhältnis auf eine Stufe und brachte es auf eine lapidare Formel, die im Laufe des 12. Jahrhunderts weite Verbreitung fand. Aus Ivos Rechtssammlung übernahm diese Formel das *Decretum Gratiani,* und aus diesem gelangte sie wiederum in das bis an die Schwelle unserer Zeit in der katholischen Kirche in Kraft gebliebene *Corpus iuris canonici*. Auch die Bräute Christi hatten an dieser Formel nichts auszusetzen. „Die Frau", diktierte Hildegard von Bingen ihrem Sekretär in die Feder, „steht unter der Herrschaft des Mannes, wie der Knecht unter der Herrschaft des Herrn steht." Diese Konzeption konnte sich auf die Lehre berufen, die Paulus im bereits erwähnten Epheserbrief entwickelt hatte. Die betreffende Stelle schließt ja bekanntlich mit der strikten Weisung an die Knechte, ihren Herren gehorsam zu sein. Ivo selbst hat in einer Predigt auf den engen Zusammenhang zwischen der Geburt der Kirche und der Erschaffung Evas hingewiesen (*PL* 162, 506). Auf seinen Einfluß geht, wie Duby deutlich gemacht hat, auch die *Glossa ordinaria* des Anselm von Laon zurück, der bis zum 12. Jahrhundert meistgelesene Bibelkommentar. Auch hier dient die Geburt Evas aus Adam zum Beweis für die Unterordnung der Frau unter den Mann. „Eva", heißt es in einer auf Gregor d. Gr. zurückgehenden Glosse, „ging aus der Seite des schlafenden Adam hervor („processit"), damit deutlich werde, daß einer – d. h. der Mann – zu befehlen habe und dem anderen – d. h. der Frau – befohlen werden müsse" (*PL* 113, 90). Unser ikonographisches Schema will also folgendes besagen: Eva geht symbolisch aus Adams Leib hervor, weil sie in der Wirklichkeit ihm untertan ist; und man wählte zur Darstellung dieses Verhältnisses das Bild der Geburt, weil man davon überzeugt war, daß die Geburt Gewalt über das Kind verleiht.

In den Jahren 1373/74 schrieb die hl. Katharina von Siena einen Brief an ihren Bruder Benincasa, in dem sie ihm vorwirft, die Mutter zu vernachlässigen: „Ihr habt weder die Beschwerden der Geburt, noch die Milch aus ihrer Brust, noch die vielen Mühen bedacht, die sie für euch und die anderen Kinder hat auf sich nehmen müssen. Und wenn ihr sagt, daß sie euch nicht geliebt hat, dann antworte ich euch: Das ist nicht wahr. Doch selbst wenn dies der Fall wäre, hättet ihr trotzdem Pflichten ihr gegenüber, nicht etwa sie euch gegenüber. Denn sie hat ihr Fleisch nicht von eurem Fleisch genommen, sondern euch das ihre gegeben." Deutlicher konnte wohl kaum ausgesprochen werden, daß das Kind der Mutter unterworfen ist, weil die Mutter es geboren hat. Die Gewalt über das Kind leitet sich aus der Geburt her. Die elementare Tatsache, daß die Mutter das Kind zur Welt bringt und nicht etwa umgekehrt das Kind die Mutter, wird mit der Familienhierarchie in Verbindung gebracht, und hierbei gebraucht die Heilige eine Terminologie, die der schon mehrmals angeführten Genesisstelle entlehnt ist (2,23). Wenn die Geburt Evas aus Adam aber die Macht des Mannes über die Frau rechtfertigen sollte, dann mußte die Umkehrung dieser Tatsache zwangsläufig das Gegenteil bedeuten, nämlich daß die Frau als die Gebärende Gewalt über den Mann besitzt.

Die Umkehrung des Verhältnisses implizierte jedoch noch ein weiteres, recht heikles Problem. Der Mythos von der Geburt Evas war vor allem für die Ehe von Bedeutung, denn Eva war ja die Gattin Adams. Wenn aber die Schöpfung sich in eine Geburt verwandelt, wie das regelmäßig in unserem ikonographischen Schema der Fall ist, dann ist Eva zugleich auch die Tochter Adams. Eine Tochter jedoch, die ihren Vater heiratet, begeht Blutschande. Schon der große Kirchenlehrer Thomas von Aquin ist auf diese Schwierigkeit aufmerksam geworden. Er scheint mehrere bildliche Darstellungen der Erschaffung Evas gesehen zu haben, die ihn stutzig gemacht haben müssen. In der *Quaestio* seiner *Theologischen Summe*, die von der Erschaffung der Frau handelt (I, 92), wirft er in der Tat die Frage auf, ob Adam und Eva nicht vielleicht Blutschande begangen hätten, löst das Problem aber dann auf brillante Weise: ,,Die natürliche Zeugung begründet Verwandtschaft, welche ein Ehehindernis darstellt'', heißt es an der betreffenden Stelle. ,,Das Weib wurde aber nicht durch natürliche Zeugung aus dem Manne hervorgebracht, sondern ausschließlich vermöge göttlicher Kraft.'' Eva, schloß daraus der Heilige, war deshalb keine wahre Tochter Adams, und mit dieser Lösung des Problems konnte auch die hl. Katharina von Siena einverstanden sein, denn Eva war ja, folgen wir ihrem Gedankengang, eher die Mutter als die Tochter Adams. Das sagte sie natürlich nicht offen, und sie konnte es wohl auch nicht. Doch wenn sie das Verhältnis zwischen Mutter und Kind so beschreibt, wie sie es im Brief an den Bruder tut, dann meint sie letzten Endes gerade dies, vielleicht ohne es zu wollen oder sich dessen recht bewußt zu sein.

Freilich war die hl. Katharina nicht die einzige, der ein solch „peinlicher" Ausrutscher unterlief. Auch der berühmteste italienische Prediger der Zeit, der Dominikaner Jacopo Passavanti, Verfasser viel gelesener Askeseschriften, stolperte über das Problem der Blutschande, wenngleich aus völlig anderen Gründen. Passavanti war ein Rigorist, der die christliche Sexualphobie bis zum Extrem trieb, indem er auf wenig orthodoxe Weise in die allgemeine Verdammung des Geschlechtlichen auch die eheliche, der Fortpflanzung dienende Sexualität miteinbezog. In seinem *Specchio della vera penitenza* deutet er einmal auf allegorische, aber doch recht durchsichtige Weise an, daß seiner Auffassung nach neben der Hoffart die Blutschande die eigentliche Erbsünde gewesen sei. Passavanti dachte dabei ganz eindeutig an einen Inzest des Vaters mit der Tochter, denn nach seinen Worten vermählte sich die Hoffart, deren erste Verkörperung Eva gewesen sei, „nicht auf legitime Weise mit dem Vater, aus dem sie geboren war", und wurde deshalb von der göttlichen Strafe ereilt und aus dem Paradies gejagt. An den Beginn der Familie setzt Passavanti demnach den Inzest des Vaters mit der Tochter, und für diese Auffassung konnte er sogar in der Genesis eine Bestätigung finden, denn hier ist in der Episode von Lot und seinen Töchtern tatsächlich von einem Inzest die Rede. Dem englischen Anthropologen Edmund Leach zufolge verfolgt das ganze Buch Genesis ja überhaupt das Ziel, den Inzest in die Geschichte der Familie einzubauen und den Zwecken der Familie dienstbar zu machen.

Erst das Inzesttabu ermöglicht es dem Mann, wie anthropologische und ethologische Forschungen deutlich gemacht haben, sich auf Dauer in die Primärgruppe von Mutter und Kind einzufügen: Die Familie entsteht dann, wenn der Mann sich dieser Primärgruppe anschließt und ihr Haupt wird. Um das Zusammenleben zu regeln, wird allen übrigen männlichen Gruppenmitgliedern untersagt, mit den Frauen der Gruppe sexuell zu verkehren. Auf dieses Verbot, das die sexuelle Initiative der Söhne, seiner gefährlichsten Rivalen, neutralisiert und nach außen ableitet, gründet sich die Macht des Vaters, die in erster Linie ein sexuelles Exklusivrecht auf die Frauen der Gruppe ist. Aber das Inzesttabu, das dieses väterliche Privileg garantieren sollte, wirkt unweigerlich wieder auf dieses zurück und schränkt es ein. Der Vater kann sein Vorrecht nur seiner Frau gegenüber aufrecht erhalten; den Töchtern gegenüber reduziert sich sein Privileg auf eine Kontrolle über deren Sexualität. Auf diese Weise werden der Ehebruch und die Liebschaften der Töchter zwangsläufig zu Verstößen gegen das Inzesttabu und bleiben mit diesem unauflöslich verbunden. Doch während die Töchter sich mit einem einzigen Geschlechtspartner – dem Ehegatten – begnügen müssen, erhebt der Vater keinen Anspruch darauf, sich in die außerehelichen sexuellen Initiativen der Söhne einzumischen. Er kontrolliert ausschließlich die Wahl ihrer Ehepartner. Diesem – noch provisorischen – Schema zufolge dient das Inzesttabu also dazu, die Familie hierarchisch zu strukturieren und ein System von Beziehungen zwischen ihren Mitgliedern zu begründen, das auf der Ungleichheit von Alter und Geschlecht basiert und um die Macht des Vaters kreist. Die weitreichenden gesellschaftlichen Konsequenzen des Inzesttabus, die auch der französische Anthropologe Claude Lévi-Strauss durchaus erkannt hat, beruhen auf diesem – recht heiklen – familiären Hintergrund, der stets mit in Rechnung gestellt werden muß und der auch in der Darstellung der Geburt Evas präsent ist. Dadurch aber, daß das Mutter-Kind-Verhältnis durch das Vater-Tochter-Verhältnis ersetzt wird, wird, wie der Psychoanalytiker Theodor Reik deutlich gemacht hat, unwissentlich gerade der vom Vater am meisten gefürchtete Inzest heraufbeschworen, nämlich der Inzest des Sohnes mit der Mutter.

Die Forderung nach mütterlicher Gewalt gefährdete die familiäre Ordnung, und deshalb konnte ihr nicht stattgegeben werden. Dennoch bricht sie in vereinzelten Episoden, die schlaglichtartig den ewigen Kampf der Geschlechter um die Macht über die Familie beleuchten, immer wieder durch. Aber es waren Ausnahmen. Die Regel war eine andere. Daß nicht die Mutter in der Familie herrschte, wußte auch die hl. Katharina, und so begründete sie in einem Brief aus dem Jahre 1376 an Nicola

Soderini, einen der Prioren von Florenz, mit den gleichen Argumenten, mit denen sie im Brief an den Bruder die mütterliche Macht verteidigt hatte, auch die Macht des Vaters über die Kinder: Selbst wenn „der Vater dem Kind Unrecht zufügt, darf dieses doch nicht Vergeltung üben. Auch darf es seinerseits dem Vater kein Unrecht antun, es sei denn sein Leben oder sein Seelenheil wären in Gefahr. Es bleibt immer der Schuldner des Vaters, weil dieser ihm das Dasein verliehen hat. Noch nie hat ein Kind den Vater gebeten, er möge ihm etwas von der Substanz seines Fleisches geben. Der Vater gibt sie ihm aus Liebe, schon bevor es ins Leben tritt." Hier ist zwar nicht mehr von Geburt, wohl aber vom Fleische die Rede mit Bezug auf die bekannte aristotelisch-thomistische Lehre von der primären Rolle des männlichen Samens bei der Zeugung.

Diese offizielle These kommt auch in den Erinnerungen, den *Ricordi*, eines florentinischen Vaters des 15. Jahrhunderts zum Ausdruck. Als sein Lieblingssohn starb, schrieb Giovanni Morelli, so sein Name, in sein Tagebuch, daß der Schmerz über den Tod ihn die Stunde, den Ort und die Art und Weise der Zeugung wieder lebhaft ins Gedächtnis zurückgerufen habe. Dieser Vater schrieb der Mutter nur eine ganz nebensächliche, subsidiäre Rolle beim Zeugungsvorgang zu. Für den entscheidenden Akt, die Empfängnis, war seiner Meinung nach vornehmlich, wenn nicht gar ausschließlich, der Mann zuständig. Geburt und Stillperiode treten völlig hinter dem kurzen Moment der Befruchtung zurück, der in den Erinnerungen dieses Vaters den wichtigsten Platz einnimmt.

Jede auf männliche Werte gegründete Gesellschaft empfindet das Bedürfnis, die biologischen Fakten der Zeugung zu verzerren, ja in einzelnen Fällen gänzlich zu leugnen, um der Vaterschaft einen natürlichen Primat einzuräumen. Zu diesem Schluß gelangt der Anthropologe J. A. Barnes nach Einsicht in die Forschungsergebnisse. In den *Ricordi* Giovanni Morellis verdrängt die Befruchtung schon deshalb die Geburt, weil in der natürlichen Zeugungsordnung der väterliche Samen den eindeutigsten Beitrag des Vaters zur Zeugung darstellt. Seine Bedeutung wird darum so sehr betont, weil sich daraus die Schlußfolgerung ziehen läßt, daß das Kind nicht der Mutter, sondern dem Vater

gehört. „Filius enim naturaliter est aliquid patris" – der Sohn
gehört auf natürliche Weise dem Vater –, hatte schon der hl.
Thomas erklärt (*Summa theol.*, II, II, 10, 12). Es ging darum, zu
entscheiden, wer dem Kind zu befehlen habe, und dazu mußte
man wissen, wessen Werk es war. Die Geburt durch den Mann
war also ein Mittel der symbolischen Darstellung, in welcher
die natürliche Zeugungsordnung auf den Kopf gestellt wurde,
um sie mit den tatsächlichen Herrschaftsverhältnissen in Einklang bringen zu können.

Befiehlt in der Familie der Mann und nicht die Frau, dann
verstehen wir auch, warum man das Bild des die Frau auf welche Weise auch immer gebärenden Mannes benutzte, um dieses
Machtverhältnis symbolisch mit der größtmöglichen Anschaulichkeit darzustellen. Es war dies die einfachste und bequemste
Art, ein Verhältnis als natürlich, ja geradezu als biologisch notwendig hinzustellen, das in Wirklichkeit gesellschaftlich bedingt war. Denn was anderes besagt sonst die lakonische Definition des *Decretum*? Damit wird aber auch klar, daß das ikonographische Schema der Geburt Evas die Idee einer hierarchisch strukturierten und vom Vater beherrschten Familie zu
propagieren beabsichtigte. Der Vater gebiert symbolisch die
Tochter, die zugleich seine Gattin ist, um seine Macht über
beide zu offenbaren. Das Kind, das er zur Welt bringt, ist weiblichen Geschlechts, weil es zugleich auf die Gattin verweisen
soll. Andererseits ist sein Geschlecht aber auch wieder nebensächlich, da die Tochter in diesem Fall ganz allgemein das Kind
symbolisieren soll, das vom Vater geboren wird. Die Darstellung wollte demnach bedeuten, daß alle Kinder, gleich ob
männlichen oder weiblichen Geschlechts, symbolisch vom Vater wiedergeboren werden, weil sie in der Gesellschaft nicht
mehr wie in der natürlichen Zeugungsordnung von der Mutter,
sondern vom Vater abhängen.

Wie diese Abhängigkeit vom Vater in der konkreten Realität
der Familienbeziehungen aussehen konnte, veranschaulicht eine
Episode aus dem Leben des hl. Franz von Assisi. Als sich der
Heilige im Laufe des Jahres 1207 seiner religiösen Berufung
bewußt wurde, geriet er unvermeidlich in Konflikt mit seiner
Familie. Der Vater, ein reicher Kaufmann, beschuldigte den

Sohn, mit seinen Almosen das Vermögen der Familie zu ver-
schleudern. Unter Berufung auf die ihm von den Statuten der
Stadt zugestandene väterliche Gewalt kerkerte er deshalb seinen
Sohn im eigenen Hause ein. Aus diesem häuslichen Gefängnis
befreite ihn kurz darauf, als der Vater aus geschäftlichen Gründen abwesend war, die Mutter. Aber nicht die Mutter, sondern
der Vater hatte im Haus die Befehlsgewalt, und um diesem
Prinzip erneut Geltung zu verschaffen, wandte sich der Vater
an die örtliche Obrigkeit, klagte den Sohn vor Gericht wegen
seiner angeblichen Missetaten und seiner Unbotmäßigkeit an
und verlangte, ihn aus der Stadt zu weisen. Der Heilige konnte
sich dadurch retten, daß er angab, ein Laienbruder zu sein, für
den das bischöfliche Gericht zuständig sei. Vor das bischöfliche
Gericht gestellt, konnte sich der hl. Franz der Verfolgung durch
seinen Vater entziehen, indem er ihm alles unrechtmäßig Ent-
wendete und selbst die Kleider, die er am Leibe trug, zurücker-
stattete. Auf diese Weise entzog er sich zwar der Gewalt seines
irdischen Vaters – doch nur, um sich der ungleich härteren
Herrschaft des himmlischen Vaters zu unterwerfen.

Damit gelangen wir nun zu einem der schwierigsten Kapitel
dieser so schon höchst komplexen Geschichte. Die Unterordnung der Frau unter den Mann implizierte auch eine drastische
Beschränkung der mütterlichen Gewalt über die Kinder, die
letztlich jedoch zu einer Unterhöhlung der Familienhierarchie
und des ihr zugrunde liegenden Autoritätsprinzips führen
konnte. Denn obgleich die Ehefrau der Gewalt des Ehemannes
unterworfen war, war sie doch gleichzeitig auch seine Gefährtin
und durfte ihre Gewalt über die Kinder nicht in dem Maße
einbüßen, daß sie in der Familienhierarchie auf die gleiche Stufe
wie die Kinder zu stehen kam. Die Hierarchie der Geschlechter
mußte mit der des Lebensalters in Einklang gebracht werden.
  Bereits im 12. Jahrhundert wurde dieses Problem von den
zuständigen Theologen erkannt, und bald schon machte Hugo
von St. Viktor, einer der großen Neuschöpfer der christlichen
Ehelehre, den Versuch, es auf kühne Weise zu lösen. ,,Die
Frau", schrieb er, ,,wurde aus der Seite des Mannes geschaffen,
um deutlich zu machen, daß sie für einen Liebesbund geschaf-

fen ist und damit man nicht etwa denken könne, daß sie, falls sie
aus seinem Kopf geschaffen worden wäre, dem Manne im Befehl vorzuziehen ist oder, wäre sie aus seinen Füßen geschaffen,
ihm in Knechtschaft unterworfen sei. Denn dem Manne wurde
weder eine Herrin noch eine Magd, sondern eine Gefährtin
gegeben. Sie ging weder aus dem Haupt noch aus den Füßen,
sondern aus der Seite hervor, damit man wisse, daß sie ihm zur
Seite gestellt werden muß" (*PL* 176, 284). In der *Summe* des hl.
Thomas wird diese These allerdings mit einem kurzen Hinweis
abgetan (I, 92, 3), wobei deren wichtigstes Element völlig unter-
schlagen wird, nämlich die Aussage, daß die Frau die Gefährtin
des Mannes sei.

Indes forderte das Vierte Gebot, daß die Kinder beide Eltern-
teile ehren sollten, nicht nur den Vater, sondern auch die Mutter. Auch Paulus wußte dies, als er den Brief an die Epheser
schrieb. Niemand hatte dieses Gebot vergessen, aber alle bestanden auf der Gewalt des Vaters. Im *Libro dei buoni costumi,*
einem toskanischen Anstandsbuch des 14. Jahrhunderts, heißt
es bezeichnenderweise, daß der gute Sohn „seinen Vater liebt,
ihn ehrt und ihm gehorcht", weil der Vater ihn, wenngleich mit
dem Zutun der Mutter, zur Welt gebracht hat. Die Mutter hatte
natürlich auch einen Anspruch auf Liebe und Verehrung, aber
erst an untergeordneter Stelle und in gewissen Grenzen. Der
Vater, riet das Anstandsbuch, solle sich auch davor hüten, der
Mutter die Vollmacht über die Kinder und die Aufsicht über
Haus und Vermögen zu überlassen, da „die Weiber fast alle
eitel und leichten Sinnes" seien.

Doch schon im folgenden Jahrhundert hatte sich die Einstellung völlig geändert. Der hl. Antonino, Erzbischof von Florenz
widmete einer ihm fromm ergebenen Dame der Florentiner Gesellschaft eine kleine Schrift mit Verhaltensregeln im innerfami-
liären Bereich. Die Dame war Witwe, und deshalb riet ihr der
Heilige, den Kindern Vater und Mutter zugleich zu sein, „Vater, um sie zu züchtigen und zu unterweisen – und wären sie
auch sechzig Jahre alt –, Mutter, um sie zu ernähren." Im gleichen Sinne drückte sich auch der hl. Bernardino von Siena aus.
Beide aber – der Dominikaner wie der Franziskaner – beriefen
sich dabei bezeichnenderweise auf die alte These Hugos von

St. Viktor, daß Eva weder die Herrin noch die Magd, sondern die Gefährtin Adams gewesen sei, weil sie aus seiner Seite hervorgegangen war. Die Mutter war also nach Ansicht der beiden Ordensbrüder die Stellvertreterin und Helferin des Vaters, von dem sie ihre Gewalt herleitete. Der scheinbare Widerspruch zwischen dem Vierten Gebot und dem Mythos der Geburt Evas wird auf diese Weise mit einer dem Mythos selbst innewohnenden Lösung überwunden. In den bildlichen Darstellungen wird die Geburt Evas aus Adams Seite zweifellos deshalb so sehr akzentuiert, weil man der Auffassung war, daß Eva Adam zur Seite stehen müsse. Die Frau wird so als Gattin, Mutter und Tochter in ein so komplexes Machtsystem eingepaßt, wie es die Familie ist. ,,Vater und Mutter sollen ihre Kinder wie Knechte halten", predigte der hl. Bernardino; ,,laß dich in allen Dingen, den kleinsten wie den größten, bedienen, laß dir die Schuhe ausziehen, die Füße waschen und alle anderen Dienste tun." Ein um 1460 entstandener Straßburger Holzschnitt (*Abb. 3*), die Zehn Gebote illustrierend, zeigt zum Vierten Gebot den Vater, wie er vor dem Sohn kniet und ihm in einer Schüssel die Füße wäscht, während die Mutter der Tochter, die die Arme herausfordernd verschränkt hält, die Haare kämmt. Der Holzschnitt exemplifiziert in zehn Bildern die Sünden, die durch die Beachtung der Zehn Gebote vermieden werden können. In jeder Szene erscheint denn auch der Teufel als der Versucher, nur in der beschriebenen Szene zum Vierten Gebot nicht. Hier entspricht jedoch dem Teufel ganz offensichtlich die Umkehrung der Rollen, die als eine schwere Sünde angeprangert wird.

Die Familienhierarchie mit ihren komplexen Rangstufen und Gewalten kommt auch in einer Episode des Prozesses gegen die Jungfrau von Orléans deutlich zum Ausdruck. Ihren Richtern erzählte Jeanne d'Arc, ihre Eltern hätten sie ,,mit großer Sorgfalt beaufsichtigt und in großer Hörigkeit gehalten", und als der Vater den Verdacht schöpfte, daß sie mit den Soldaten habe fortlaufen wollen, habe er nach Auskunft der Mutter zu den Brüdern gesagt, daß sie ertränkt werden müsse, weil sie sich anderenfalls selbst ertränken werde. Auf die Frage, ob sie es denn für recht gehalten habe, ohne Erlaubnis der Eltern fortzulaufen, ,,da man doch Vater und Mutter ehren müsse", antwortete die

3. Das Vierte Gebot

Angeklagte, daß sie in allen anderen Dingen Vater und Mutter stets gehorcht habe, daß sie in diesem Falle aber auf göttliches Geheiß hin habe ungehorsam sein müssen. Die Richter zeigten für diese göttliche Weisung jedoch wenig Verständnis und verurteilten Jeanne unter anderem auch deshalb, weil sie gegen den Willen ihrer Eltern das Elternhaus verlassen hatte. ,,Du hast gegen deine Eltern gefrevelt", warfen sie ihr vor, ,,du hast wider das Gebot, die Eltern zu ehren, verstoßen." Den Eltern stand das Recht zu, über die Sexualität der Tochter zu wachen – und von diesem Kontrollrecht ist hier im Prozeß die Rede –, aber *de facto* besaß dieses Recht der Vater allein, der es, ganz wie es das Inzesttabu wollte, an die Söhne weitergab. Die Hierarchie war zwar komplex, aber eindeutig: das Familienoberhaupt war der Vater, nach ihm kam die Mutter; dieser folgten im Rang zunächst die Söhne und zuletzt erst die Töchter.

Es ist der Augenblick gekommen, wenigstens eine der bildlichen Darstellungen der Geburt Evas, denen in der Geschichte des Mythos so große Bedeutung zukommt, genauer zu untersuchen. Ausgewählt sei das Mosaik im Dom von Monreale aus dem 12. Jahrhundert (*Abb. 4*), weil es, was die Vielfalt seiner Kompositionselemente betrifft, eine der vollständigsten Darstellungen ist. Betrachten wir die drei uns schon bekannten Figuren: Links Gottvater, auf einem Globus sitzend, die Rechte gebieterisch ausstreckend und in der Linken eine Pergamentrolle haltend. Er ist in ein feierliches Gewand gekleidet, das ein weiter Umhang noch reicher erscheinen läßt. Adam und Eva sind nackt, aber nicht nur nackt, sondern auch kastriert, denn ihre einzigen Geschlechtsmerkmale sind Adams Bart und Evas lange Haare. Adam lehnt sich im Schlaf an eine kleine Bodenerhöhung, während Eva mit dem ganzen Rumpf aus seiner Seite hervorragt und die Arme Gott entgegenstreckt. Die Szene illustriert ein komplexes Beziehungsverhältnis zwischen den drei Personen. Einer der beiden dargestellten Männer führt auf Befehl des anderen kraft der göttlichen Allmacht den Geburtsakt aus. Das zwischen den beiden Männern bestehende Verhältnis zwingt einen von ihnen zur Passivität, jedoch nur was den Befehl, nicht was die eigentliche Handlung betrifft, denn diese,

4. Geburt Evas, Monreale

d. h. der Geburtsakt, wird ja vom schlafenden Adam tatsächlich ausgeführt: Er zeugt im Schlaf, handelt also, weil er dem Willen des zweiten Mannes unterworfen ist. Aber das Mosaik stellt den Befehlenden als aktiv, den Handelnden als passiv dar, ein Paradox, das freilich genau das Gesellschaftsverhältnis zwischen dem Herrn, der Befehle erteilt, und dem Knecht, der gehorcht und arbeitet, widerspiegelt.

Im Gegensatz zu den unbeseelten und unvernünftigen Wesen, hat der hl. Thomas von Aquin in seiner *Theologischen Summe* argumentiert, wird der Knecht vom Herrn ,,durch Befehl'' bewegt, und während die unbeseelten Wesen ,,keine Herrschaft über ihr Handeln durch das freie Entscheidungsvermögen'' haben, werden ,,die Knechte und alle anderen Untergebenen so durch den Befehl anderer bewegt, daß sie dennoch sich selbst durch das freie Entscheidungsvermögen bewegen'' (II, II, 50, 2), d. h. den Befehl aus freien Stücken ausführen. ,,Weil aber die Knechtschaft zur Strafe für die Sünde eingeführt wurde'', fügt der hl. Thomas noch hinzu, ,,wird dem Menschen durch die Knechtschaft etwas genommen, was ihm sonst zustehen würde'', mit dem Ergebnis, daß der Knecht nicht ,,frei über sich selbst verfügen kann'' (II, II, 189, 6): er wird durch den Befehl des Herrn bewegt, weil er für ihn arbeiten muß. An anderer Stelle schreibt Thomas, daß der Beitrag der Knechte und Frauen zur Erhaltung des Lebens unerläßlich sei (I, II, 105, 4), da das menschliche Leben ohne die Arbeit der Knechte sehr viel härter wäre und ohne die von den Frauen gewährleistete Fortpflanzung gänzlich absterben würde. Zwischen der Produktion von Gütern und der Reproduktion der Spezies stellt Thomas von Aquin demnach eine Äquivalenz her, die vom Prinzip der Entfremdung als einer Konsequenz der Erbsünde getragen wird. Der Mensch ist zur Strafe für seine Sünde gezwungen, für den Herrn zu arbeiten, ebenso wie die Frau zur Strafe dem Gatten Kinder gebären muß. Kinder und Dinge werden von der Frau bzw. den Knechten erzeugt, gehören aber dem Herrn und Gatten, weil Knechte und Frauen seiner Befehlsgewalt unterworfen sind. Die Äquivalenz von ,,zeugen'' und ,,erzeugen'' wird auf die Erbsünde zurückgeführt und dem gesellschaftlichen Bewußtsein als die spezifische Strafe des

Menschen eingeprägt. Dabei handelte es sich keineswegs um
eine Erfindung des hl. Thomas, der sich wie üblich darauf be-
schränkte, eines der fundamentalen Prinzipien der christlichen
Religion den philosophischen Usancen der Zeit gemäß ins System zu bringen.

Die Religion lebt „an sich inhaltslos nicht vom Himmel, sondern von der Erde", schrieb Marx 1842 an seinen Freund Ruge.
Das von der thomistischen Lehre begrifflich bestimmte Knecht-
schaftsverhältnis war in Wirklichkeit ein gesellschaftliches, historisch bedingtes Verhältnis zwischen den Menschen. Auch in
der Sprache hat dieser Sachverhalt seinen Niederschlag gefunden. Im Französischen bedeutet das Wort „travailler" – und
ähnlich verhält es sich in anderen romanischen Sprachen – seit
dem Mittelalter „eine Arbeit, ein Werk tun", aber auch „in
Kindesnöten sein" und ganz allgemein „quälen, bedrängen".
Etymologisch geht „travailler" auf das spätlateinische Wort
„tripalium" zurück, das einer Glosse des 11. Jahrhunderts zufolge den Ort bezeichnete, an dem die Schuldigen ausgepeitscht
wurden. Aus „tripalium" wurde das Verb „tripaliare" = „fol-
tern, martern" gebildet, von dem sich wiederum das moderne
Verb „travailler" = „arbeiten" ableitet.

In der symbolischen Darstellung der Geburt Evas aus Adam
auf Gottes Geheiß sind auch die späteren Momente der Sünde
und Strafe, wie wir sie in so vielen Bildzyklen der Genesis in
den Szenen der Versuchung und anschließenden Verdammung
dargestellt finden, zusammenfassend präfiguriert. Das Symbol
der Geburt verbindet also im Mythos mit Hilfe des biologischen Zwischengliedes der Reproduktion die Produktion mit
der Appropriation. Denn wenn auch in der natürlichen Zeugungsordnung das Kind von der Mutter geboren wird, so hängt
die Mutter doch in der gesellschaftlichen Zeugungsordnung
vom Gatten ab, der folglich den Zeugungsprozeß kontrolliert
und sich dessen Frucht aneignet. Der Vater gebiert symbolisch
das Kind, um kundzutun, daß er über Mutter und Kind befiehlt
und verfügt, genauso wie sich in der gesellschaftlichen Produk-
tionsordnung der die Produktion kontrollierende Fabrikant das
Produkt aneignet und sich zu seinem symbolischen Produzen-
ten erklärt, weil er denen gebietet, die es effektiv produzieren.

Im Traktat *Della famiglia* verleiht der toskanische Baumeister und Humanist Leon Battista Alberti einer allgemein verbreiteten Auffassung Ausdruck, wenn er schreibt: ,,Es wird immer gesagt, daß das Landgut ein Werk des wahren Edelmanns und klugen Verwalters ist." Damit wollte Alberti sagen, daß die Grundbesitzer und nicht etwa die für sie arbeitenden Bauern dem landwirtschaftlichen Betrieb Pflege angedeihen lassen und ihn dank ihrer Arbeit ertragreich machen. Die Erzeugnisse gehören dem Grundbesitzer ebenso wie ihm das Landgut gehört, denn beide sind sein Werk – im symbolischen Sinne natürlich. Und in eben diesem symbolischen Sinne ,,bearbeitet und pflegt" der Grundbesitzer auch den Boden. Doch der Grundbesitzer, den Alberti dabei im Auge hat, ist der in der Stadt ansässige Kaufmann, der noch wenige Seiten zuvor die Vorzüge des Lebens auf dem Land gepriesen hatte, wo man wie er meinte, in Ruhe leben und die Früchte der von anderen getanen Arbeit genießen könne. Es bedarf wohl kaum des Hinweises, daß der Lobpreis des Bodens und seiner Fruchtbarkeit unweigerlich den Vergleich mit der Fruchtbarkeit des Eheweibes nach sich zog. Wie die Gattin der Kinder wegen umsorgt werden muß, so muß auch der Boden liebevoll gehegt werden, will man in den Besitz seiner kostbaren Früchte gelangen. Die Idylle wurde nur durch die störende, schlecht zu leugnende Existenz der Bauern getrübt, d. h. derjenigen, die tatsächlich arbeiteten. In den Augen dieser städtischen Kaufleute waren die Bauern samt und sonders Diebe, die nichts anderes im Sinn hatten, als dem Grundbesitzer das, was ihm rechtens gehörte, zu entwenden.

Der Mechanismus Appropriation – Expropriation ist ein Mechanismus der Gewalt, dessen Voraussetzung aber die Macht ist, um ihn anderen aufzwingen zu können. Thomas von Aquin war auch diesmal um eine Lösung für das Problem nicht verlegen. Ein geordneter Verlauf des Lebens war seiner Meinung nach nur dann möglich, wenn die Aufgaben zwischen denen, die befehlen, und denen, die gehorchen müssen, genau verteilt sind, denn ,,wie kraft der von Gott festgesetzten Naturordnung die tiefer stehenden Naturdinge in der notwendigen Lage sind, der Bewegung der höheren unterworfen zu sein, so sind auch im menschlichen Lebensbereich die Untergebenen aufgrund natürlicher und göttlicher Rechtsordnung gehalten, ihren Vorgesetzten zu gehorchen" (II, II, 104, 1). Damit sind wir aber bei den Wurzeln der öffentlichen Gewalt und deren göttlicher Rechtfertigung angelangt. ,,Das Christentum", hat Marx im Jahre 1842 geschrieben, ,,entscheidet nicht über die Güte der Verfassung, denn es kennt keinen Unterschied der Verfassungen, es lehrt, wie die Religion lehren muß: Seid untertan der Obrigkeit, denn *jede Obrigkeit* ist von Gott." Auch dies lehrt die bildliche Darstellung der Geburt Evas. Der Mann, der auf dem Globus thront, herrscht und verfügt über die beiden anderen Menschen und stellt darum die Macht auf ihrer höchsten Stufe dar. Denn der Globus symbolisiert die Welt und die Macht, der sie unterworfen ist, während die Pergamentrolle für das Gesetz steht, nach dem gerichtet und geurteilt wird. Der Mann auf dem Globus ist jedoch Gott selbst, und die Demut, die das Verhältnis des Menschen zu Gott kennzeichnet, ist nichts anderes als die amplifizierte Wiederholung der Unterordnung des Knechts unter den Herrn. Die Unterordnung wird zur Religiosität sublimiert und kehrt im gesellschaftlichen Leben als Untertänigkeit wieder. Am Ende dieses theologischen Destillierungsprozesses ist der Herr zum Herrscher und der Knecht zum Untertanen geworden. Herrschen ist jedoch nur eine allgemeinere Form des Befehlens, mit der ein nur wenigen Auserwählten vorbehaltener Gebrauch der Vernunft und der Macht verbunden ist, denn ,,es ist nun offensichtlich, daß es dem Untergebenen als Untergebenen und dem Knecht als Knecht nicht zukommt zu herrschen und zu lenken, sondern vielmehr, beherrscht und gelenkt zu werden" (II, II, 47, 12). Der Mythos der Geburt Evas faßt also in einem einzigen Bilde die ganze christliche Philosophie der Macht zusammen, einer Macht, die, ausgehend von der Familie, alle gesellschaftlichen Beziehungen prägt.

Gegen Ende des 11. Jahrhunderts hatte der Bischof Ivo von Chartres in einer Predigt gesagt, daß zur Hochzeit Christi mit seiner Kirche alle eingeladen seien, ,,Adlige und Nichtadlige, Reiche und Arme, ein jeder Stand, ein jedes Geschlecht und

Alter" (*PL*, 162, 607). Die Einladung klang zwar sehr herzlich,
enthielt aber eine versteckte Drohung. Der „Menge der Ruch-
losen", die die Gesellschaft des Teufels der des Gottessohnes
vorzog, rief der heilige Bischof nämlich das biblische Gleichnis
vom königlichen Hochzeitsmahl ins Gedächtnis zurück, das
mit den Worten schließt: „Viele sind berufen, wenige aber auserwählt" (*Matth.* 22, 14). Bei der Einladung hatte Ivo indes
nicht nur die mystische Hochzeit mit Christus im Sinn, die den
Eintritt der Gläubigen in die christliche Gemeinschaft besiegel-
te. Es ging ihm zugleich auch um die irdische Hochzeit, die die
Familie, den stärksten Rückhalt dieser christlichen Gemeinschaft, begründete. Zusammen mit der Heilslehre sollte auch
die christliche Ideologie der Familie und der der Familie imma-
nente Machtmechanismus in die Herzen der Gläubigen eingehen und alle gesellschaftlichen Schichten, auch die niedrigsten,
die die Mehrheit der Bevölkerung ausmachten, durchdringen.
Die christliche Familienethik setzte sich zwar nur langsam und
mühsam durch, eroberte aber nach und nach im Laufe der Jahrhunderte tatsächlich die ganze Gesellschaft.

Die Spuren dieses langsamen Durchdringungsprozesses können wir in einem so alten Gut der Volksweisheit wie den
Sprichwörtern nachverfolgen, die weitgehend mit Bibelzitaten
durchsetzt sind. Der von der Kanzel und im Beichtstuhl geführ-
te Propagandafeldzug konnte schließlich den Erfolg verbuchen,
daß Moralvorschriften sich in volkstümliche Sinnsprüche um-
setzten.

> „Wer seine Frau schlegt mit dem Bengel
> Der ist vor Gott ein heilger Engel",

besagt ein schon in einer Sammlung von 1630 enthaltenes deutsches Sprichwort, mit dem ein französisches aus dem 16. Jahrhundert bestens im Einklang steht:

> „Gutes Pferd wie schlechtes braucht den Sporn,
> Gute Frau wie schlechte braucht den Stock".

„Der Ehemann braucht seine Frau nicht nur mit Worten zu-
rechtzuweisen, er darf sie, wenn nötig, auch mit Rutenhieben
züchtigen", schrieb schon der hl. Antonino von Florenz in seiner *Summa Sacrae Theologiae* (III, XIII, IX, 4); und auch noch
drei Jahrhunderte später, am Vorabend der Französischen Re-

volution, riet der hl. Alfons Maria de'Liguori in seiner *Theolo-gia moralis* zu mehr oder weniger denselben Mitteln, allerdings mit dem Hinweis, daß der Anlaß schwerwiegend sein müsse und die Hiebe mit Mäßigung auszuteilen seien. Die christliche Prügelpädagogik fand bekanntlich eine noch allgemeinere An-wendung bei den Kindern. Der hl. Antonino empfahl den El-tern nachdrücklich, mit den Prügeln nicht zu sparen, während der hl. Alfons auch hier zur Mäßigung riet.

> ,,Wenn man die Ruthe spart,
> Werden die Kinder schlechter Art'',

heißt es in einem in Deutschland seit jeher beliebten Sprich-wort, das von einem italienischen mit zwei lapidaren Worten zusammengefaßt wird: ,,Padre, padrone'' – ,,Vater, Herr'', wie denn auch bezeichnenderweise ein französisches Sprichwort besagt:

> ,,Zu Recht wird der bestraft,
> der seinem Herrn nicht gehorcht''.

Auch das Urelternpaar Adam und Eva taucht in den Sprichwör-tern als das Urbild der Geschlechterrollen in der Familie wieder auf, natürlich in getreuer Übereinstimmung mit der uns inzwi-schen wohlbekannten christlichen Lehre. ,,Quando Eva coman-da, Adamo pecca'' (Wenn Eva kommandiert, sündigt Adam), sagt ein italienisches Sprichwort, das einfach eine Glosse des hl. Augustinus zu der schon so oft erwähnten Genesisstelle (II, 21–24) wiederholt: ,,Gibt es Schlimmeres als ein Haus, in dem die Frau über den Mann herrscht?'', hatte sich der fromme Kirchenvater besorgt in seinem *Kommentar zum Johannes-evangelium* gefragt (2, 14). Auch die alte These Hugos von St. Viktor taucht unvermutet im Sprichwort wieder auf, aller-dings in der verstümmelten, ihrer Schlußfolgerung beraubten, thomistischen Version:

> ,,Eva ward auss der Rieb gemacht,
> dass sie dem Mann nicht
> soll zu heupten wachsen
> und ihm doch auch nicht unter
> den füssen liegen!'' –

in dieser Form erscheint das Sprichwort erstmals in einer 1605 erschienenen Sprichwörtersammlung. Die viktorinische These

5. Geburt Evas und Vertreibung aus dem Paradies

war zweifellos über die Predigt ins Sprichwort gelangt, denn die Prediger zitierten sie gerne, seitdem die Theologen ihre volle Bedeutung für die Integration der Frau ins Familienregiment erkannt hatten. In der volkstümlichen Überlieferung verband sich die These Hugos mit einem weiteren Motiv; dieses ist figürlicher Natur und führt uns wiederum zu den bildlichen Darstellungen zurück, die die des Lesens unkundigen Gläubigen in den deutschen Kirchen vor Augen hatten. Das eben zitierte Sprichwort sagt ja ausdrücklich, daß Eva Adam nicht „zu heupten wachsen" dürfe, und dies steht sicherlich mit der Tatsache in Zusammenhang, daß Eva im deutschen Raum oft wie ein kleines Mädchen dargestellt wird, das aus der Seite Adams hervorgeht. Das kleine Mädchen mußte natürlich heranwachsen, um Adams Frau werden zu können, durfte aber, wie das Sprichwort ausdrücklich forderte, Adam nicht überragen, denn sonst hätte es sich am Ende berechtigt gefühlt, ihn zu kommandieren. „Nimm dir eine Frau, die kleiner ist als du, wenn du der Herr sein willst", rät bezeichnenderweise ein italienisches Sprichwort. Als kleines Mädchen erscheint Eva denn auch auf den schon erwähnten Reliefs in Worms und Freiburg (*Abb. 5 u. 6*). Beide Darstellungen spielen diskret auf Evas Bestimmung als Gattin und Mutter an; hier ist das kleine Mädchen nämlich schon mit den Brüsten einer erwachsenen Frau ausgestattet. Auch die Geste, mit der sich Eva auf dem Wormser Relief andeutungsweise schamhaft die Brust bedeckt, weist wiederum auf ihre Bestimmung zur Ehe und die zwangsläufig damit verbundene Sexualität hin. Im Feld darüber, wo die Vertreibung aus dem Paradies dargestellt ist, sieht man deutlich, daß Eva herangewachsen ist und auch schon sexuell gesündigt hat, aber auch jetzt ist sie noch, wie es das Sprichwort verlangt, ein wenig kleiner als Adam.

Zur Verbreitung ihrer Familienideologie bediente sich die Kirche, wie wir schon zu Beginn des Kapitels gesehen haben, viel und gerne der Kommunikationsmittel, die ihr die bildenden Künste zur Verfügung stellten. Die bildliche Darstellung des Mythos der Geburt Evas war in ganz Europa weit verbreitet und keineswegs auf die Kirchen beschränkt. Mit den ersten Druckbibeln drang sie gegen Ende des 15. Jahrhunderts in die

6. Geburt Evas

Intimität des Familienlebens ein und begann, sich auch auf Möbeln und anderen häuslichen Einrichtungsgegenständen breitzumachen. Die Ausführung all dieser Gegenstände, die den von den sogenannten höheren Künsten vorgezeichneten Mustern folgte, entsprach dem gesellschaftlichen Rang derer, für die sie bestimmt waren.

Die Geschichte des ikonographischen Schemas der Geburt Evas in der bildenden Kunst Europas ist komplex. Es ist eine Geschichte voller Neuerungen, Verspätungen und Widerstände, die sich auch in diesen häuslichen Einrichtungsgegenständen widerspiegelt. Die bedeutendste Neuerung geht auf den italienischen Bildhauer Lorenzo Maitani zurück, der zu Beginn des

15. Jahrhunderts auf der Fassade des Doms von Orvieto die Geburt Evas aus Adams Seite durch einen Euphemismus ersetzte: Eva ragt hier nicht mehr nur mit dem Oberkörper aus Adams Seite hervor; sie erscheint nunmehr in voller Gestalt, und nur noch Fuß und Fessel stecken in Adams Körper. Die Neuerung, mit der der Künstler die Kraßheit einer Geburt durch den Mann mit Hilfe eines für den Euphemismus typischen Verfahrens zu mildern gedachte, fand in der Kunst der italienischen Renaissance breite Nachahmung. Auch Michelangelo übernahm sie auf den Fresken der Sixtinischen Kapelle. Im übrigen Europa setzte sich das neue Schema aus geschmacklichen und kulturellen Gründen hingegen nur langsam durch. Noch Lucas Cranach folgte 1530 auf seinem Gemälde *Das Paradies* dem mittelalterlichen Muster. Doch im Laufe des 16. Jahrhunderts eroberte sich die italienische Erfindung allmählich auch die Gunst der Künstler jenseits der Alpen.

Eine zweite, einschneidende Neuerung war der Ausschluß Gottvaters aus der Schöpfungsszene. Sie kam aller Wahrscheinlichkeit nach – auch wenn ich kein direktes Zeugnis kenne – aus Frankreich und stand zweifellos mit dem neuen deistischen Credo der ,,philosophes" in Zusammenhang. Voltaire hielt es bezeichnenderweise für ,,absurd, daß die ungezeugte, unveränderliche Natur des allmächtigen Gottes die Form eines Menschen annehmen könne". Gottvater fehlt z. B. auf einem Stich des Augsburger Künstlers Martin Tyroff (18. Jh.), auf einer Delfter Wandfliese (18. Jh.) oder einem schwedischen Wandteppich mit dem Datum 1813. Auch diese zweite Neuerung hat sich genauso allgemein durchgesetzt wie die vorhergehende, als die Geburt durch einen Euphemismus ersetzt worden war. Eva steht jetzt aufrecht da und verbirgt Fuß und Fessel hinter Adam, der ausgestreckt auf dem Boden schläft. Auf der Delfter Wandfliese hält Eva nachdenklich die Rippe in der Hand, aus der sie geformt worden ist – eine Geste, die zu ihrer Geburt aus dem Mann in offenem Widerspruch steht; einzig der hinter Adam verborgene Fuß spielt noch diskret auf die alte Auffassung an. Auf dem Stich Tyroffs wird die Geburt aus dem Mann hingegen durch eine andere Geste in Frage gestellt: Eva zeigt mit dem Finger auf die Seite Adams, wo eine Narbe die Stelle

bezeichnet, an der sie ans Licht getreten ist. Es handelt sich in
beiden Fällen um ungewöhnliche und recht respektlose Gesten,
die Zweifel auszudrücken scheinen und offenbar die Eva vom
traditionellen Darstellungsschema zugewiesene Rolle in Frage
stellen wollen. Denn obwohl Eva durch den Euphemismus den
vollen Körper wiedergewonnen hatte, hatte sie doch zunächst
die unterwürfige Haltung beibehalten, und ihre Gesten drück-
ten immer noch Dankbarkeit und Anbetung aus. Jetzt erst gewinnt Eva auch die Herrschaft über sich selbst zurück; sie dominiert die Lage und legt, während Adam in Schlaf versunken
ist, den Umständen ihrer Geburt gegenüber erhebliche Skepsis
an den Tag. Die Zeiten hatten sich gewandelt, und in Versailles
gab die Pompadour – nicht nur in Fragen des Geschmacks – den
Ton an. Aber auch was den Geschmack betrifft, standen die
Bildthemen des Rokoko und der mit ihnen verbundene symbolische Gehalt sehr wohl unter dem Einfluß der Pompadour.
Stich und Wandfliese schwimmen also auf der Welle des Feminismus, die von Versailles aus im Jahrhundert der Aufklärung
ganz Europa erfaßt hat. Es handelte sich dabei freilich um einen
Feminismus aristokratischer Prägung, dem nur die Ungleichheit der adligen Damen am Herzen lag und der sich wenig um
die allgemeine Ungleichheit, die in den anderen Schichten
herrschte, kümmerte.

Dieser Welle von aristokratischem Feminismus stemmt sich
der schwedische Wandteppich von 1813 entschieden entgegen
(*Abb. 7*). Adam ist hier bekleidet, und dieser Umstand muß mit
dem Fehlen Gottvaters in Verbindung gesetzt werden. Wie wir
schon gesehen haben, ist das feierliche Gewand des Schöpfers
ein Attribut seiner Macht, dem die Nacktheit seiner wehrlosen
Geschöpfe gegenübersteht. Wenn Adam also hier in der Schöpfungsszene bekleidet dargestellt wird, dann bedeutet dies, daß
er eines der fundamentalen Attribute des abwesenden Gottvaters übernommen hat: Die Macht des Schöpfers geht auf den
Erzeuger über, und die Zeugung erhält auf diese Weise den
Charakter einer Schöpfung. Auch noch im Schlaf beherrscht
Adam jetzt das Geschehen und erobert sich seine alte Rolle als
Ehemann, Vater und Herr zurück. Im Jahre 1813, zwei Jahre
vor der Eröffnung des Wiener Kongresses, der die Epoche der

7. Geburt Evas, Sündenfall und Vertreibung aus dem Paradies

Restauration einleitete, erfüllte die Darstellung alle Voraussetzungen, um auf der Höhe der Zeit zu stehen, zumal sie sich
auch typischer Motive der Volkskunst bediente. Aber legte die
europäische Reaktion auf den napoleonischen Despotismus, der
ja der legitime Sproß des Jahrhunderts der Aufklärung und der
es krönenden Revolution gewesen war, bei diesem Anlaß nicht
etwa Volks- und Nationaltracht an? Als das Zweite Kaiserreich
dann auch mit den letzten revolutionären Illusionen des
19. Jahrhunderts in Europa aufgeräumt hatte, wurde Adam
wieder nackt, kehrte Gottvater an seinen angestammten
Platz zurück und verbarg Eva in alter Weise Fuß und Fessel
hinter Adams Bein. So wenigstens hat Gustave Doré die Erschaffung Evas in seinen 1864 veröffentlichten Illustrationen
zur Bibel dargestellt.

Die Erschaffung Evas, die Versuchung und die Vertreibung aus
dem Paradies sind auch auf einem Holzschnitt dargestellt
(*Abb. 8*), der das Titelblatt eines 1849 in Neapel gedruckten
Heftchens mit dem Titel *Istoria della creazione del mondo* –

8. Geschichte der Erschaffung der Welt

Geschichte der Erschaffung der Welt – schmückt. Avallone, der Verleger des Heftchens, war bekannt für seine Produktion von Kolportageliteratur. Das Heftchen bietet eine Zusammenfassung der ersten neun, bis zum Tode Noahs reichenden Kapitel der Genesis. Die Erzählung der Erschaffung Evas lehnt sich eng an den Bibeltext an. Der Holzschnitt enthält jedoch keinerlei Anspielung auf die Rippe, sondern folgt immer noch dem mittelalterlichen ikonographischen Schema. Rechts erblicken wir erneut das alte Terzett: Adam schläft ausgestreckt auf dem Boden und Eva tritt wie einst nur mit dem Rumpf aus seiner Seite hervor, während Gottvater sich ihr entgegenneigt, sie unter den Achseln faßt und herauszieht. Von Eva selbst sind nur die langen Haare und eine vertrauensvoll auf Gottvaters Schulter gelegte Hand deutlich erkennbar. Alle die im Laufe der Jahrhunderte in das ursprüngliche ikonographische Schema eingeführten Neuerungen werden so mit einem Schlag wieder rückgängig gemacht. Der gleiche ikonographische Archaismus kennzeichnet auch andere Details des Holzschnitts: so z.B. die um den Baum der Erkenntnis geringelte Schlange mit dem Kopf einer Frau oder die mittelalterlich anmutenden Tiere, unter denen man sogar ein Einhorn entdeckt. Mit dem Archaismus verbinden sich hier jedoch auch einige „naive" Elemente, die auf die nachmittelalterliche Volkskunst zurückverweisen: die Krone auf dem Haupte Gottvaters, die Sonne, der Mond und nochmals Gottvater, der, mit dem Rücken zum Betrachter gewandt, die Arme zu einer allmächtigen Schöpfungsgeste ausbreitet.

Dieser neapolitanische Holzschnitt aus der Mitte des 19. Jahrhunderts ist eine der letzten figürlichen Darstellungen der Geburt Evas, die ich kenne. Aufgrund einer seltsamen, sicher nicht zufälligen Koinzidenz wird hier das älteste, im 11. Jahrhundert erstmals auf der Bronzetür des Augsburger Doms erscheinende Kompositionsschema wiederaufgegriffen. Acht Jahrhunderte waren vergangen, und vieles hatte sich in der Zwischenzeit geändert, aber die Verbindung mit der mittelalterlichen Domtür war immer noch nicht abgerissen. Die alte christliche Botschaft wirkte weiterhin unterirdisch fort, durchdrang nach und nach alle Schichten der Gesellschaft, bis sie schließlich auch die untersten erreichte.

Um das Jahr 1883 herum fragte der italienische Volkskundler Serafino Amabile Guastella den des Lesens und Schreibens unkundigen Bauern Mariano aus Chiaramonte, einem kleinen Dorf in Sizilien, warum er denn immer seine Frau prügele. „Weder Gott noch das Gesetz verleihen dir ein solch unbilliges Recht", mahnte er den Bauern. Dieser wunderte sich über die Entrüstung seines Befragers und erzählte ihm zu seiner Rechtfertigung folgende Geschichte:

„Als der Herrgott Adam erschaffen hatte, führte er ihn in das irdische Paradies, um ihm die nützlichen wie die ihm unnützen Tiere zu zeigen. Das erste Tier, dem sie begegneten, war der Ochse. – Schau, Adam, sagte der Herrgott, dieses Tier heißt Ochse und wird dir helfen, die Felder zu bestellen. – Danach trafen sie den Esel: – Sieh, Adam, dieses Tier heißt Esel und ist dazu da, dich auf seinem Rücken zu tragen; das dort ist der Hund, er wird dir das Haus vor Dieben schützen; jenes Tier heißt Katze, es wird dir das Haus von Mäusen säubern. Das ist der Hahn, er wird melden, wenn ein Unwetter im Anzug ist. – Und als sie so miteinander redeten, kam Eva dazu, die der Herr soeben aus einer Rippe Adams geschaffen hatte. Sie wiegte sich in den Hüften und war ganz mit Blumen geschmückt. – Und wie heißt dieses Tier dort? – fragte Adam den Herrn: – Das ist kein Tier, sondern deine Gefährtin. Sie wird dir die Kinder gebären, aber wisse, daß du ihr Herr bist. Sie ist die Magd und muß dir in allen Dingen gehorchen. – Und wenn sie mir nicht gehorchen will, Herr? – Der Herrgott drehte sich um, zeigte Adam einen Eichenknüppel und fragte ihn: – Weißt du, wie das heißt? – Das heißt Eichenknüppel. – Nein, du irrst, Adam. Wenn man es benützt, um die Frau zur Vernunft zu bringen, dann heißt es nicht Knüppel, sondern Verstand. Schlag nur tüchtig damit auf sie ein, dann wird sie schon zahm werden wie ein Lamm."

Nicht lange bevor der Bauer Mariano dem Volkskundler diese aufschlußreiche Geschichte zu seiner Rechtfertigung erzählte, hatte der Kardinal und Erzbischof von Palermo, Michelangelo Celesia im Jahre 1879 folgenden Satz in einem Hirtenbrief geschrieben: „Alle Gewalt kommt von Gott, und das Evangelium lehrt, daß die Autorität und die Rechte des himmlischen

Vaters auf die Eltern und die Herren übergehen." Auf diese
göttliche Investitur berief sich auch der Bauer Mariano, als er
das Recht für sich beanspruchte, seine Frau prügeln zu dürfen,
ein Recht, das auch vom Kardinal Giuseppe d'Annibale ausdrücklich bestätigt worden ist. In seiner *Summula theologiae
moralis* schreibt nämlich der Haustheologe Papst Leos XIII. in
ausgeklügeltem Latein folgendes: „Da der Mann das Haupt der
Ehegemeinschaft ist, muß die Frau ihm untertan sein, zwar
nicht wie eine Magd, sondern wie eine Gefährtin, und sie schuldet ihm Gehorsam. Daraus ergibt sich zum einem, daß sie eine
Todsünde begeht, wenn sie ihm in einer schwerwiegenden Angelegenheit nicht gehorcht, zum anderen, daß dem Mann eine
angemessene Züchtigung („*coercitio*") gestattet ist" (XI, I). Der
Bauer Mariano konnte kein Latein und auch kein Italienisch
und hielt sich nicht weiter mit Spitzfindigkeiten auf. Aber die
„coercitio", von der der gelehrte Kardinal hier noch im Jahre
1891 spricht, ist ja letztlich nichts anderes als die Prügel, über
die die Theologen bis kurz zuvor ganz offen disputiert hatten.
Hatte nicht auch der hl. Alfons von Liguori ausdrücklich von
„mäßigen Hieben" gesprochen? Serafino Amabile Guastella,
der nicht nur ein Gelehrter, sondern zugleich auch ein reicher,
adliger Grundbesitzer war, unterlag also einem Irrtum, als er
dem Bauern das Recht bestritt, seine Frau prügeln zu dürfen.
Und er täuschte sich nochmals, als er meinte, daß auch das
weltliche Gesetz ihm die Prügel untersage.

Dem Artikel 121 des damals in Italien geltenden Zivilgesetz-
buches zufolge war der Ehemann das Familienoberhaupt, während Artikel 515 des Strafgesetzbuches „schlechtes Verhalten
dem Ehegatten gegenüber" nur dann unter Strafe stellte, wenn
es „besonders schwerwiegend und häufig" war. Das staatliche
Gesetz eiferte dem kirchlichen nach, ebenso wie die Rechtslehre
in die Fußstapfen der Theologie trat. Der Rechtsprechung und
der Rechtstheorie zufolge mußte „eine Handlung, die, wenn sie
auf angemessene Weise begangen wird, von jedem Gesetz als
legitim angesehen wird," nur dann bestraft werden, wenn ein
Exzeß vorlag. „Demjenigen, der die Gewalt als Vater, Vor-
mund, Erzieher, Vorgesetzter oder Dienstherr ausübt", stand
jedoch jederzeit das Recht zu, „die ihm Unterstellten mit ma-

nuellen oder moralischen Mitteln zu züchtigen." Das Vergehen bestand also nicht „in der Ausübung, sondern im Mißbrauch dieses Rechts". Die Zitate stammen aus dem Artikel „Mißhandlungen innerhalb der Familie oder Kindern gegenüber" des *Digesto Italiano,* der großen italienischen Rechtsenzyklopädie jener Jahre, in der Rechtslehre und Rechtspraxis der Zeit ihren Niederschlag gefunden haben. Bezeichnenderweise wird die Gewalt des Ehemanns immer noch der des Vaters, Erziehers, Vorgesetzten oder Dienstherrn gleichgestellt. Die autoritäre Moral hatte sich nicht geändert. Sie bildete wie eh und je das Fundament der menschlichen Gemeinschaft, und der Bauer Mariano hatte mit seiner Geschichte nur an ihren biblischen Ursprung erinnern wollen. Das ehrgeizige, im fernen 11. Jahrhundert von Bischof Ivo von Chartres verkündete Programm einer christlichen Eroberung der Gesellschaft war zum Abschluß gebracht worden. Das Christentum hatte alle Schichten und Glieder der Gesellschaft durchdrungen. Europa konnte sich mit vollem Recht christlich nennen.

## 2. Das antichristliche Folkloremotiv: Der schwangere Mann von Monreale

Im Dom von Monreale, gegen Ende des 12. Jahrhunderts von den normannischen Herrschern Siziliens errichtet, ist die Geburt Evas gleich zweimal dargestellt: auf einer der Bronzetafeln der Domtür sowie auf dem bereits beschriebenen Mosaik auf der Innenwand der Fassade. Beide Darstellungen befinden sich demnach an so hervorgehobener Stelle, daß der Blick der Gläubigen, ganz wie es in der Absicht der königlichen Bauherrn und ihres Klerus gelegen hatte, beim Betreten und Verlassen des Gotteshauses unweigerlich auf sie fallen mußte, mochte er vielleicht auch nicht lange auf ihnen verweilen.

Ungleich größere Anziehungskraft auf das Volk hatte nämlich ein anderes Mosaik, das eine Szene aus dem Neuen Testament darstellte – eine Anziehungskraft, die es zweifellos der Folklore verdankte. Man scheint diesem Mosaik von offizieller Seite her keine sonderliche Bedeutung für die Glaubenslehre

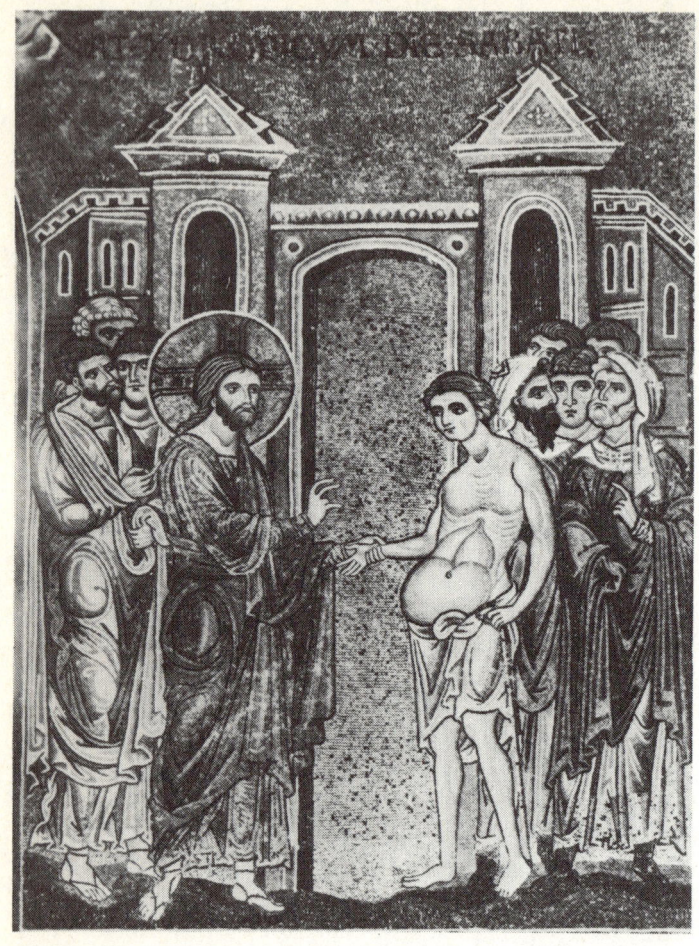

9. Das Wunder der Heilung eines Wassersüchtigen

beigemessen zu haben, denn es befindet sich an abgelegener
Stelle, auf einer Wand des Nebenschiffes (*Abb. 9*). Die Protagonisten der dargestellten Szene – zwei Männer – stehen sich vor
einem christlichen Gotteshaus gegenüber. Der eine Mann ist
bärtig und mit einem feierlich weiten Gewand bekleidet; sein
Haupt ziert ein Heiligenschein. Mit der rechten Hand führt er

die uns schon bekannte Segensgeste aus, während er mit der Linken das Handgelenk des zweiten Mannes umfaßt. Dieser ist nackt. Nur seine Genitalien werden von einem, unter dem birnenförmig aufgeschwollenen Leib geknoteten Lendentuch bedeckt. Hinter den beiden Hauptpersonen haben sich zwei Gruppen von Männern würdevollen Aussehens aufgestellt. Eine Inschrift am oberen Rand des Mosaiks gibt eine Stelle aus dem Lukasevangelium wieder (14, 1–6). Sie klärt uns darüber auf, daß die beschriebene Szene die Heilung des Wassersüchtigen darstellt. Dem Bericht des Lukasevangeliums zufolge erklärte Jesus nach der Heilung des Kranken öffentlich vor den jüdischen Gesetzeslehrern und Pharisäern, daß es in Notfällen trotz der entgegenlautenden Gesetzesvorschriften erlaubt sei, am Sabbat Kranke zu heilen. Seine Begründung ist folgende: „Wer von euch, dessen Sohn oder Ochse in einen Brunnen fällt, wird ihn nicht sofort herausziehen am Tage des Sabbats?"

In der lateinischen Übersetzung des hl. Hieronymus, der sogenannten Vulgata, die noch bis vor kurzer Zeit die verbreitetste und die maßgebende lateinische Bibelübersetzung im christlichen Okzident war, steht jedoch nicht „Sohn", sondern „Esel". Diese Leseart ist auch in der handschriftlichen Überlieferung des griechischen Textes des Lukasevangeliums bezeugt. Sie erscheint erstmals im Codex Sinaiticus in der Mitte des 4. Jahrhunderts, also schon vor der lateinischen Übersetzung des hl. Hieronymus, überwog in der Folgezeit aber wohl gerade durch den Einfluß dieser Übersetzung. Der Sieg des „Esels" war sicher auch dadurch begünstigt worden, daß im Griechischen die Wörter „Sohn" (*uiós*) und „Esel" (*ónos*) im Schriftbild ähnlich sind und deshalb leicht verwechselt werden konnten. Der Irrtum (falls es sich nicht um einen Freudschen Lapsus handelt) wurde darüber hinaus zweifellos auch noch durch eine gewisse Bedeutungsähnlichkeit akkreditiert, denn der Ochse konnte ja leichter mit dem Esel, der mit ihm den Stall teilte und auch häufig in der Bibel erwähnt wird, assoziiert werden als mit dem Sohn. Er kommt im Lukasevangelium zusammen mit dem Esel sogar unmittelbar vor der Heilung des Wassersüchtigen in der Episode der gekrümmten Frau vor, auch hier im Zusammenhang mit einer Heilung am Sabbat (13, 15).

Im Urtext der Bibelstelle stand aber zweifellos „Sohn" und nicht „Esel". „Sohn" heißt es in den ältesten und glaubwürdigsten Zeugnissen wie z. B. in den Papyrosrollen des 3. Jahrhunderts und dem Codex Vaticanus des 4. Jahrhunderts. Auch in zahlreichen späteren, ebenso wichtigen Handschriften lesen wir bis in das 11. Jahrhundert hinein das Wort „Sohn". Es ist das Verdienst der protestantischen Bibelkritik, die in Lachmanns berühmter Ausgabe von 1831 gipfelte, daß man seit dem 18. Jahrhundert endlich wieder „Sohn" zu lesen begann. Es verstrich aber sicherlich noch geraume Zeit, bis die Kunde von Lachmanns Bibelkritik nach Monreale gelangte.

Der italienische Klerus war auch im 19. Jahrhundert noch angewiesen, den Vulgatatext zu benutzen. Aber ganz davon abgesehen, waren im 19. Jahrhundert nur wenige italienische Geistliche des Griechischen mächtig, und diesen wenigen mußte Lachmann, schon weil er Protestant war, als Teufel in Person erscheinen. In allen italienischen Bibelübersetzungen, die ich eingesehen habe, steht denn auch unweigerlich das Wort „Esel" anstelle von „Sohn". Erst zu Beginn des neuen Jahrhunderts, als sich auch der italienische Klerus unter dem Einfluß des Modernismus trotz kirchlicher Bannstrahlen und Säuberungsaktionen mit der modernen Bibelphilologie vertraut zu machen begann, setzte sich allmählich auch in den italienischen Übersetzungen der Hl. Schrift die Lesart „Sohn" durch.

Der von der Kirche jahrhundertelang verleugnete Sohn war jedoch in der Zwischenzeit an völlig unvermuteter Stelle, nämlich im fernen sizilischen Monreale, zu neuem Leben erwacht. Doch seine Wiederauferstehung verdankte er nicht der modernen Bibelkritik, sondern der Folklore, die an die bildliche Darstellung der Heilung des Wassersüchtigen auf dem Mosaik im Dom der Stadt anknüpfte. Der geschwollene Leib des Kranken mußte nämlich im Betrachter unweigerlich den Gedanken an das Kind, den „Sohn", evozieren, den der Vulgatatext unter dem „Esel" begraben hatte.

Noch im vergangenen Jahrhundert war in Sizilien das Sprichwort im Umlauf: „Alles ist möglich, nur kein schwangerer Mann, und dennoch hat es den schwangeren Mann von Monreale gegeben". Der sizilianische Volkskundler Giuseppe Pitré vermerkte hierzu im Jahre 1875: „Das Volk behauptet, daß sich das Bild dieses schwangeren Mannes im Dom von Monreale befindet und verweist auf das Mosaik, auf dem das Wunder Jesu Christi am Wassersüchtigen dargestellt ist". An diese Darstellung knüpfen noch zwei weitere Zeugnisse aus dem Bereich der Folklore an, wie z. B. folgende, in Borgetto, einem Dorf in der unmittelbaren Umgebung von Monreale, aufgezeichnete Geschichte: „Ein Mann aus Monreale ist krank und ruft den Arzt. Dieser will seinen Urin sehen, aber die Frau des Kranken verschüttet ihn aus Nachlässigkeit und bringt dem Arzt, um nicht gescholten zu werden, das eigene Wasser. Sie ist aber zufällig schwanger. Der Arzt, der meint, das Wasser des Mannes zu sehen, erklärt diesen für schwanger. Daher kommt der Ausdruck: der Schwangere von Monreale." Die Reihe der Zeugnisse wird von einer Anekdote beschlossen, die eine Frau aus dem Volk, die Palermitanerin Rosa Brusca, Pitré erzählt hat: „Der Schwangere von Monreale war ein Mann, dem Bauch und Schenkel so stark angeschwollen waren, daß er dem Tode nahe war. Da kamen die Wundärzte und schnitten ihn auf, aber anstelle von Wasser und Eiter kam ein Kind hervor. Die Angelegenheit erregte großes Aufsehen, und heute noch spricht man vom schwangeren Mann aus Monreale."

In seiner unveröffentlicht gebliebenen Sammlung von Sprichwörtern führt der Marchese von Villabianca, ein palermitanischer Gelehrter des 18. Jahrhunderts, das zitierte sizilianische Sprichwort, in dem vom Monrealer schwangeren Mann die Rede ist, auf eine konkrete Begebenheit zurück. Seinen Angaben zufolge soll es sich bei diesem schwangeren Mann um einen adeligen Hermaphroditen aus Palermo, den Abbé Corvino, gehandelt haben: „Da in seiner Jugend das weibliche Geschlecht das Übergewicht hatte, ließ er sich in Monreale vom Kontur Carlo Castelli schwängern und gebar ihm hier eine Tochter." Diese Tochter, Girolama Castelli, soll später einen Adligen aus Trapani namens Leonardo Cadelo geheiratet haben. Nach der Geburt indessen „verwandelte sich das Mädchen in einen Mann, legte die Weibertracht ab und den Habit eines Weltgeistlichen an." Eine Nachprüfung in den Genealogien des sizilianischen Adels hat ergeben, daß von den bei Villabianca erwähnten

Personen mindestens drei tatsächlich gelebt haben. Ein Salvatore Corvino war gegen Ende des 18. Jahrhunderts Generalvikar des Erzbistums Monreale und könnte sehr wohl der von Villabianca erwähnte Hermaphrodit gewesen sein. Hermaphroditen, die in einem bestimmten Moment ihres Lebens für das männliche Geschlecht optierten, hat es immer gegeben. Michel Foucault hat erst jüngst die Memoiren der Herculine Barbin veröffentlicht, die ein solcher Hermaphrodit gewesen ist. Merkwürdig an der ganzen Angelegenheit ist nur, daß der Palermitaner Corvino sich ausgerechnet in Monreale und dazu noch von einem Mitbürger hätte schwängern lassen und hier auch sein Kind zur Welt gebracht hätte, während der historisch belegte Corvino erst im Alter als Generalvikar in nähere Beziehungen zu Monreale getreten ist. Die Verlegung einer historischen Begebenheit – falls es sich tatsächlich um eine solche handelt – nach Monreale ließe sich jedoch als ein Reflex des später von Corvino hier bekleideten Kirchenamtes erklären, zumal Corvino ja erst im nachhinein, nämlich infolge seines nach der Geburt gefaßten Entschlusses, das Geschlecht zu wechseln, als ein schwangerer Mann erkannt worden ist. Eine wahrscheinlich historische Episode wäre demnach, ebenso wie es mit der Geschichte aus Borgetto geschah, die – freilich ohne Bezug auf Monreale – seit dem Mittelalter in ganz Europa bezeugt ist, von der an das Mosaik im Dom zu Monreale anknüpfenden Volkstradition aufgesogen worden.

In der im Volk lebendigen Tradition des schwangeren Mannes von Monreale werden einige bedeutsame Elemente zu einem Gesamtbild zusammengefügt, die es uns ermöglichen, das Folkloremotiv des schwangeren Mannes mit dem christlichen Mythos der Geburt Evas in Verbindung zu setzen. In der bildlichen Darstellung der Heilung des Wassersüchtigen sind die Hauptfiguren zwei Männer, die in mehrfacher Hinsicht an die beiden Männer in der Szene von Evas Geburt erinnern. Christus hat eine auffallende Ähnlichkeit mit Gottvater, denn wie dieser übt er Macht aus – eine Macht, die durch die reiche Kleidung, die Aureole und die Gestik versinnbildlicht wird. Doch nicht nur die Befehlsgeste ist die gleiche: auch der Griff, mit dem der Erlöser das Handgelenk des Wassersüchtigen umfaßt, um ihn an sich zu ziehen, erinnert auffällig an die in der mittelalterlichen Ikonographie von Evas Geburt so häufig begegnende Geste des Herausziehens (in Monreale fehlt sie zwar auf der Darstellung des Mosaiks, erscheint aber auf der Evas Geburt darstellenden Bronzetafel der Domtür). Der Wassersüchtige seinerseits hat mit Adam Passivität und Unterwürfigkeit gemeinsam, denn er ist krank und nackt. Auch in der bildlichen Darstellung des Wunders ist also der nackte Mann passiv und machtlos. Die Figur Evas fehlt hier natürlich, doch an ihre Stelle tritt der aufgeblähte Leib des Wassersüchtigen, von dem Christus den Kranken durch ein Wunder heilen soll. Das Wunder dieser Heilung war aber nach der im Volke geläufigen, von Pitré registrierten Interpretation das von Gott gewollte Wunder der männlichen Schwangerschaft: Christus heilt den Wassersüchtigen nicht von seiner Krankheit, sondern verleiht ihm die Fähigkeit zu gebären, genauso wie in der visuellen Darstellung der Erschaffung der Frau Adam Eva gebiert. Die symbolische Logik dieser Darstellung wurde also unverändert auf die visuelle Darstellung der Heilung des Wassersüchtigen übertragen. Diese Übertragung war jedoch nicht neutral. Sie verfolgte ganz im Gegenteil das Ziel, die kirchliche Lehre anzufechten, die eben durch die visuelle Darstellung von Evas Geburt propagiert werden sollte.

Schon gleich die erste der von Pitré aufgezeichneten Geschichten führt uns mitten in die Intimität des Familienlebens und präsentiert uns das Verhältnis zwischen den Ehegatten so, wie es die Institution der Ehe vorschreibt. Die Vertauschung des Urins deckt den Widerspruch zwischen der realen und der symbolischen Rolle auf, die den Gatten in der Ehe zugewiesen ist. Der von der Krankheit geschwächte Mann ist faktisch passiv, doch in rechtlicher Hinsicht aktiv, denn er ist der befehlende Teil in der Ehe. Die Frau ist hingegen gesund und schwanger, faktisch also aktiv, aber rechtlich passiv, weil sie als Ehefrau dem Ehemann Gehorsam schuldet. Dieser Logik zufolge steht nicht der Frau, sondern dem Mann das Verdienst der Schwangerschaft zu. Das Sprichwort bestätigt prompt diesen Widerspruch und sagt: Die Schwangerschaft des Mannes ist in der natürlichen Ordnung zwar unmöglich, doch in der symbolischen Ordnung ist sie nicht nur möglich, sondern auch wirklich. Die symbolische Ordnung überlagert die biologische Ordnung und verdrängt sie im gesellschaftlichen Bewußtsein – freilich nur im Bewußtsein einer Gesellschaft, die historisch als eine christliche determiniert ist. Und wenn in den Zeugnissen der Volkstradition beständig auf Monreale Bezug genommen wird, dann soll damit auf diese historisch bedingte Realität hingewiesen werden. Monreale bedeutete: Darstellung der beiden Szenen aus dem Alten und dem Neuen Testament im Dom dieser Stadt – der Geburt Evas und der Heilung des Wassersüchtigen. Die erste Szene bot den Schlüssel zur Interpretation der zweiten. Die tendenziöse Interpretation des Wunders der Heilung des Wassersüchtigen war aber keineswegs zufällig, sondern bezeugt ganz im Gegenteil ein tiefgreifendes Verständnis der Botschaft, die das Wunder zu vermitteln beabsichtigte. Ja so profund war dieses Verständnis, daß es ohne philologische Hilfsmittel in der Lage war, den Urtext der Bibelstelle wiederherzustellen.

In den Evangelien sind die Wunder Jesu stets Zeugnis und Vorwegnahme des vom Erlöser bewirkten Heilsgeschehens. Die Rettung des Körpers von Krankheit und Tod symbolisiert immer zugleich auch die Rettung der Seele von Sünde und Verdammnis, die Vergebung der Sünden kraft des Glaubens. Im Lukasevangelium wird diese komplexe Heilslehre am Beispiel vieler Wunder, die eines oder auch mehrere Elemente dieser Heilslehre erläutern, schrittweise entwickelt. Der Zweck dieses schrittweisen Vorgehens war ganz offensichtlich der, Proselyten zu machen, und dem gleichen Zweck dienen auch die zahlreichen, der Alltagserfahrung entnommenen Metaphern, die das Verständnis der vom Wunder vermittelten Botschaft erleichtern sollten.

In unserem Fall ist das aber noch nicht alles. Auch schon im Judentum war dem Eingriff zur Rettung gegenüber dem Gebot der Sabbatruhe der Vorrang eingeräumt worden. Im Gegensatz zu den Sadduzäern, die in dieser Hinsicht eine rigoristische Haltung einnahmen, hatten die Pharisäer die Hilfeleistung ausdrücklich vorgeschrieben (*Baba Qamma*, V, 6 und *Joma* 84 b). Im Lukasevangelium wird nun gerade den Pharisäern die Notwendigkeit der Hilfeleistung als eine Heilsmetapher vorgehal-

ten, und zwar im Zusammenhang mit dem Wunder der Heilung
des Wassersüchtigen: Jesus heilt den Wassersüchtigen nicht nur
am Leib, sondern auch an der Seele. Das Wunder der Heilung
von der Krankheit erlöst ihn also gleichzeitig von der Sünde
und verleiht ihm neues Leben. Dieses hier erstmals auftretende
Motiv der Erlösung als einer Wiedergeburt erklärt auch, warum
der Esel, der im unmittelbar vorausgehenden Wunder der Heilung der gekrümmten Frau in Gesellschaft des Ochsen erscheint
(hier rechtfertigt Jesus die Heilung am Sabbat mit den Worten:
,,Ihr Heuchler! Bindet nicht jeder von euch am Sabbat seinen
Ochsen oder Esel von der Krippe los und führt ihn zur Trän-
ke?'' 13, 15), im nachfolgenden Wunder durch den Sohn ersetzt
wird. Das erste Wunder will zeigen, daß es nötig sein kann,
Verbote zu brechen, wenn die Rettung der Seele auf dem Spiel
steht. Das zweite Wunder bestätigt dies, fügt aber noch die Idee
der Wiedergeburt hinzu, um die Errettung zu spezifizieren. Der
Sohn tritt in diesem Wunder deshalb an die Stelle des Esels, weil
er den Gedanken an die Geburt evoziert. Der Ochse ist jetzt
nur noch dazu da, das physische, rein animalische Leben des
Körpers zu versinnbildlichen, während der Sohn die Seele, die
zu neuem Leben wiedergeboren wird, symbolisiert. In dem von
ihr konstruierten Symbolgefüge verwendet die Heilsbotschaft
als Vergleich aus der Realität also Schwangerschaft und Geburt;
sie setzt den geschwollenen Leib des Wassersüchtigen mit dem
Sohn und dem Ochsen, die aus dem Brunnen gezogen werden,
in Verbindung. Diese Verknüpfung wird mit Hilfe der Metonymie hergestellt, bei der der Inhalt durch das Gefäß und das
Gefäß durch den Inhalt bezeichnet werden; d. h. der Sohn bezeichnet den geistigen Vater, aus dem er wiedergeboren wird,
wie der geschwollene Leib des Wassersüchtigen den geistig wie-
dergeborenen Sohn bezeichnet. Die semantische Funktion der
Verknüpfung übernimmt das Wasser, das als Brunnenwasser, in
dem der Sohn oder der Ochse zu ertrinken drohen, das Gefäß,
als lebensbedrohendes Wasser im Leib des Wassersüchtigen
aber den Inhalt darstellt. Das Wasser gewährleistet außerdem
einen zweiten semantischen Übergang von fundamentaler Bedeutung: aus einem negativen, todbringenden Element verwandelt es sich in ein positives, lebenspendendes Element.

Im Taufritus, einem der Eckpfeiler der christlichen Mystik, symbolisiert das Eintauchen ins Wasser bekanntlich den Tod, das Auftauchen aus dem Wasser aber die Auferstehung und die Wiedergeburt. Daß die Geburt aus dem Wasser Wiedergeburt zu ewigem Leben bedeutet, ist im Johannesevangelium, das auch der letzten Rezension des Lukasevangeliums vorgelegen hat, unmißverständlich ausgesprochen. Dem Nikodemus, der sich eine Wiedergeburt nicht vorstellen kann („kann er etwa zum zweitenmal in den Schoß seiner Mutter eingehen und geboren werden?"), antwortet Jesus: „Wahrlich, wahrlich ich sage dir: wer nicht aus Wasser und Geist geboren wird, kann nicht in das Reich Gottes eingehen" (Joh. 3, 4–5). Doch in der christlichen Heilsökonomie ist die Wiedergeburt zum ewigen Leben eine symbolische Geburt aus dem Vater, keine Geburt durch die Mutter: „Jeder der aus Gott gezeugt ist, tut keine Sünde", heißt es im ersten Johannesbrief (3, 9). Darum auch wird im Lukasevangelium die gekrümmte Frau aus dem ersten Wunder im folgenden Wunder durch den Wassersüchtigen ersetzt und in der Metapher, die die Bedeutung des Wunders präzisieren und bekräftigen soll, der Esel durch den Sohn. Die Mutter, d.h. die heilige Mutter Kirche, geht, wie wir schon wissen, symbolisch aus dem Leib Christi am Kreuze hervor, wie Eva kraft der Allmacht des göttlichen Vaters aus dem Leib des schlafenden Adam hervorgeht. „Adam präfiguriert Christus und Eva die Kirche", hatte auch der hl. Hieronymus geschrieben (*PL* 26, 568). Die Antwort des Volkes aber lautete: Der von Christus geheilte Wassersüchtige steht für den von Christus erlösten Adam. Und wie Christus seinen himmlischen Vater vertritt, so wird Adam auf Erden zum Vertreter Christi und dessen Gewalt. Die christliche Erlösungsökonomie bemäntelt in Wirklichkeit nur die Knechtsökonomie des Unterworfenseins. Denn der Wassersüchtige symbolisiert mit seinem geschwollenen Leib die Macht, die der Vater im Auftrag des Herrn über Frau und Kinder ausübt.

Mit seiner Erklärung distanzierte sich der Marchese von Villabianca jedoch von der Interpretation des Volkes. Seine Erklärung zielte ganz im Gegenteil darauf ab, die ursprüngliche Bedeutung des christlichen Mythos, den das Folkloremotiv anficht, wieder zur Geltung zu bringen, und zwar mit unmißverständlichem Bezug auf die gesellschaftliche Hierarchie seiner Zeit. Denn wenn die männliche Schwangerschaft einen Machtanspruch ausdrückte, dann war es nur logisch, daß sie – nicht ohne Anzüglichkeit dem Klerus gegenüber – dem Adligen zugeschrieben wurde, der an der Spitze der gesellschaftlichen Stufenleiter stand. Der schwangere Mann ist also hier ein Adliger und gebiert – getreu dem alten Vorbild Adams – eine Tochter, die wiederum einen Adligen heiratet. Der Adlige übernimmt die mit der Schwangerschaft verbundene weibliche Rolle aber nur auf Zeit, um seinen Anspruch auf die sich aus der Geburt herleitende väterliche Gewalt geltend machen zu können. Kaum ist die Tochter geboren, legt er die Frauenkleider ab und den Priesterrock an. Die kompromittierende Figur des Hermaphroditen, die dazu diente, eine rationale Lösung für das Rätsel zu bieten, wurde zur Bürde, die abgeschüttelt werden mußte, denn die im Hermaphroditen dauerhaft verankerte weibliche Rolle war für einen Mann – und um so mehr für einen Adligen – degradierend. Die Androgynie stand nur dem Priester gut zu Gesicht. Wir werden im folgenden sehen, daß in der Folklore der schwangere Mann tatsächlich fast immer ein Geistlicher ist, aber dieser Geistliche ist stets zugleich auch ein Herr.

## 3. Zwei italienische Märchen

### a) „Die Küchenschabe"

*Es war einmal ein geistlicher Herr, der hatte zwei Diener, eine Frau und einen Mann. Er war aber ein sehr unangenehmer Herr, und die beiden Bediensteten wußten schließlich nicht mehr ein noch aus. Da wendet sich eines Tages die Frau an den Diener und sagt zu ihm:*
*‚Wie wäre es, wenn wir eine Küchenschabe nähmen und sie ihm ins Bett legten. Die Küchenschabe wird ihm in den Hintern kriechen, und auf diese Weise bekommen wir vielleicht wieder etwas Ruhe.'*
*‚Die Idee ist ausgezeichnet', sagte der Diener.*
*Abends legt sich der Geistliche schlafen. Die Küchenschabe*

*krabbelt erst lange herum und schlüpft dann endlich ins Loch.
Am Morgen kneift es dem Geistlichen im Bauch – der Ärmste! –,
und er sagt sich:*

*‚Was kann das bloß sein? ... O weh! ... Ich bin schwanger, ja
schwanger bin ich, schwanger ...!‘ – und glaubt doch wahrhaftig, schwanger zu sein.*

*Ein Tag vergeht auf diese Weise. Danach begibt sich der Geistli-
che zu einer Frau, einem seiner Beichtkinder.*

*‚Sagt mir, liebe Gevatterin, habt ihr schon einmal abgetrieben?‘*

*‚Jawohl, mein hochwürdiger Vater, einmal.‘*

*‚Und womit?‘*

*‚Mit einer Torte‘.*

*Der Geistliche, der Ärmste, geht nach Hause und ruft den Die-
ner (nehmen wir einmal an, er heißt Peppi):*

*‚Peppi, komm her! Da sind zwölf Tarì, lauf und hol mir eine
Torte!‘ Peppi läuft und bringt ihm die Torte im Handum-
drehen.*

*‚Peppi‘, befiehlt ihm da der Geistliche, ‚ruf Vanna und eßt die
Torte zusammen auf!‘ (Er wollte ja seine Schwangerschaft wieder loswerden) [*] Der Diener sträubt sich zunächst, aber es
bleibt ihm nichts anderes übrig, als die Torte aufzuessen.*

*Der arme Geistliche litt große Schmerzen. Sein Leib wurde im-
mer größer, aber von einem Abgang keine Spur. So geht er eines
Tages zu einem anderen Beichtkind und fragt:*

*‚Liebe Gevatterin, habt ihr schon einmal abgetrieben?‘*

*‚Jawohl, hochwürdiger Vater, einmal.‘*

*‚Und wie habt ihr das gemacht?‘*

*‚Ich bin die Treppe runtergefallen, und schon nach einer Stunde
hatte ich ausgeschieden, was ich in mir trug.‘*

*Der Geistliche kehrt nach Hause zurück:*

*‚Peppi, Vanna, kommt her!‘ – er stand oben auf der Treppe –,
‚gebt mir einen Tritt und einen Stoß, damit ich die Treppe hin-
unterfalle!‘*

*‚Hochwürden, was sagt ihr da?‘, antworten die beiden, ‚aber
nein, das können wir doch nicht!‘*

---

* Anm. d. Übers.: Dem Volksglauben nach verliert eine Schwangere,
deren Heißhunger nicht sofort gestillt wird, ihre Leibesfrucht.

*Aber sie müssen gehorchen. Peppi gibt ihm also einen Fußtritt und Vanna stößt ihn so heftig, daß er kopfüber die Treppe hinunterstürzt.*

*‚O weh, ich sterbe, welch ein Schmerz!', schreit der Geistliche und bildet sich ein zu abortieren. Peppi und Vanna eilen herbei, heben ihn auf und legen ihn ins Bett, wo er zwei Tage liegen bleibt, aber nichts tut sich. Dann steht er auf und begibt sich zu einem dritten Beichtkind:*

*‚Liebe Gevatterin, habt ihr schon einmal abgetrieben?'*

*‚Jawohl, einmal.'*

*‚Und wie?'*

*‚Mit drei Unzen englischem Salz.'*

*Der Geistliche geht nach Hause und läßt drei Rottel englisches Salz kaufen. Das schluckt er und trinkt eine Unmenge Wasser dazu. Nach knapp zwei Stunden bekommt er so fürchterliches Bauchweh, daß man glauben könnte, er stürbe. Als es am schlimmsten ist, fühlt er ein dringendes Bedürfnis, sich zu entleeren. Er setzt sich auf den Nachttopf, und da sitzt er nun und gibt seine Eingeweide her. Wie er fertig ist, schaut er in den Topf und sieht etwas Schwarzes:*

*‚O mein Sohn, du bist mit dem Priestergewand auf die Welt gekommen. Wie sehr habe ich um dich gelitten!'*

*Die beiden Diener eilen herbei.*

*‚Fühlen sich Hochwürden nicht wohl?'*

*‚Ja seht ihr denn nicht, daß ich ein Kind geboren habe? Schaut doch nur, es hat sogar schon eine Soutane an!'*

*‚Aber Hochwürden, was sagt ihr da? Das ist doch eine Küchenschabe!'*

*‚Aber nein, nein, und abermals nein!'*

*Es nützte wenig zu beteuern, daß es sich um eine Küchenschabe handele. Der Geistliche blieb bei seiner Überzeugung, ein Kind im schwarzen Priesterrock geboren zu haben. Und ich glaube, er glaubt es immer noch.*

b) „Der schwangere Pfarrer"

*Es war einmal ein Landpfarrer, der litt an Leibweh. Der Arzt war weit weg. Um ihn aufzusuchen, war es nötig, sich in die*

Stadt zu begeben. Deshalb schickte der Pfarrer seinen Bauern in die Stadt, um ärztlichen Rat einzuholen: ,Sag dem Arzt, daß mich mein Leib immerzu schmerzt. Er soll dir sagen, was er dazu meint.'

Der Bauer machte sich auf den Weg. Doch der Arzt sagte: ,Ich müßte sein Wasser sehen.' – ,Gut, das will ich ausrichten', sagte der Bauer.

Er kehrte zum Pfarrer zurück und sagte: ,Er will euer Wasser sehen.' – ,Gut, ich werde es in eine Flasche füllen, und die wirst du ihm bringen.' So geschah es auch.

Die Stadt war weit entfernt, und auf dem Weg überraschte den Bauern ein heftiges Unwetter. Er machte deshalb in einer Schenke halt. Das Unwetter ließ aber nicht nach, und so mußte der Bauer im Wirtshaus übernachten. Er stellte die Flasche auf den Tisch und sagte zur Wirtin:

,Ich vertraue sie eurer Obhut an. Gebt acht, daß sie nicht zerbricht. Drinnen ist das Wasser meines geistlichen Herrn, denn ich bin auf dem Weg zum Arzt.'

,Fürchtet nichts, lieber Mann, und legt euch ruhig schlafen.'

Ihrem Mann sagte die Wirtin aber nichts von alledem, und als der sich im Hause zu schaffen machte, stieß er an die Flasche und warf sie um. Als die Wirtin das sieht, ruft sie aus:

,O je, was sollen wir da machen! Der arme Mann hat sie mir doch so sehr ans Herz gelegt. In der Flasche war das Wasser seines kranken Herrn, der ihn damit zum Arzt geschickt hat.'

,Füll doch dein eigenes Wasser hinein und reg dich nicht auf!' sagt der Wirt. Seine Frau nimmt also die Flasche und tut ihr eigenes Wasser hinein. Die Frau war aber schwanger.

Am Morgen steht der Bauer auf und erkundigt sich nach der Flasche:

,Da ist sie.'

,Habt recht vielen Dank', sagt er und verläßt die Schenke. Er kommt zum Arzt und reicht ihm die Flasche. Der Arzt schaut sie sich an und schüttelt den Kopf, völlig ratlos, was er dazu sagen soll.

,Aber ist das wirklich das Wasser von eurem Herrn Pfarrer?'

,Gewiß, mein Herr.'

,Was soll ich euch da sagen? Das ist das Wasser einer schwange-

*ren Person, und wenn es tatsächlich das Wasser eures Pfarrers
ist, dann ist euer Pfarrer eben schwanger.'*
*Der Bauer kehrt ganz bestürzt nach Hause zurück.*
*,Ach mein Herr, ich schäme mich geradezu, es zu sagen!'*
*,Aber was hat er denn gesagt?'*
*,Er hat gesagt, daß ihr schwanger seid.'*
*,Ich soll schwanger sein?'*
*Der arme Pfarrer war völlig verzweifelt.*
*,Was für einen Skandal wird das an der bischöflichen Kurie
geben, wenn man dort erfährt, daß ich schwanger bin! Was soll
ich nur tun? Sagt mir, mit welcher Arznei ich abtreiben kann!'*
*,Ich weiß nicht, was ich euch da sagen soll, aber tut doch nur
etwas!'*
*Der Pfarrer tat etwas, aber nichts geschah.*
*,Dann werde ich eben ein paar Stürze tun', sagte er, und ließ
sich aus dem Bett fallen. Dabei tat er sich weh und holte sich ein
paar Beulen, aber es geschah nichts. In seiner Verzweiflung
denkt der arme Pfarrer:*
*,Da bleibt mir also nichts anderes übrig, als mich die Treppe
herabzustürzen.' Und so stürzte er sich die Treppe herab. Er
zerschlug sich dabei die Knochen und lag eine Zeitlang krank
danieder, aber das Kind kam nicht zum Vorschein.*
*Endlich beschloß er – er war damals schon weit voran in den
Monaten –, auf einen Baum zu steigen. Er kletterte bis in die
höchste Spitze und stürzte sich dann in die Tiefe. Unter dem
Baum aber saß eine Häsin, die Junge geworfen hatte. Auf dieses
Hasennest fiel der Pfarrer und sah dabei ein kleines Häschen
davonhüpfen.*
*,Mein Gott, ich danke dir', sprach er da, ,Gott errette deine
Seele, die Ohren habe ich dir gemacht.'*

## 4. Priester und Herr

Das Märchen von der Küchenschabe stammt aus Sizilien und ist
1888 von Giuseppe Pitré veröffentlicht worden. Die Erzählerin,
Loreta Zangara, war eine einfache Frau aus Terrasini, einem
großen Bauern- und Fischerdorf an der Landstraße nach Trapa-

ni. Bereits drei Jahre zuvor hatte Pitré die toskanische Variante
dieses Märchens publiziert, die ihm in Florenz eine Putzmache-
rin in vorgerücktem Alter namens Nunziatina erzählt hatte.

Das sizilianische Märchen beschreibt einen Geistlichen, der
sich in Haltung und Lebensweise kaum von einem weltlichen
Herrn unterscheidet. Nicht die obligate Haushälterin, sondern
zwei Dienstboten – ein Mann und eine Frau – versorgen seinen
Haushalt, und auch an anderen Mitteln fehlt es ihm nicht. Außer dem Reichtum und der Dienerschaft teilt er mit dem weltlichen Herrn auch die typische Arroganz und die Launen derer,
die zu befehlen gewohnt sind. Daß dieses Bild aber durchaus
der Wirklichkeit entspricht, ist unschwer nachzuweisen. Es genügt ein Blick in den 13. Band der vom italienischen Parlament
veranstalteten Agrarenquête, der sich mit den Verhältnissen in
Sizilien befaßt; er wurde 1885 veröffentlicht, also drei Jahre vor
der Sammlung Pitrés, der unser Märchen entnommen ist. Der
Klerus von Calascibetta wird hier folgendermaßen beschrieben:
,,Seine zahlreichen Vertreter sind unwissend, korrupt, rück-
schrittlich und bigott. Die bekanntesten Ehebrecher, Wucherer
und Wüstlinge sind Geistliche." In San Fratello lagen die Dinge
nicht anders: ,,Der Klerus ist unwissend, korrupt und unmora-
lisch; seine Bildung ist beschränkt, pedantisch und von
Aberglauben durchsetzt." Ähnlich sah es auch in Santo Stefano
di Camastra aus: ,,Die Geistlichen sind von äußerster Ignoranz,
ihr Leben besteht aus Müßiggang, Faulheit und Unzucht; Fälle
öffentlicher Konkubinarier sind ungemein häufig." In Palermo
,,führen die Geistlichen durchweg ein bürgerliches Leben". Die
Zahl der Beispiele ließe sich beliebig vermehren.

Das zweite Problem von brennender Aktualität, mit welchem
sich das Märchen auseinandersetzt, ist das der Abtreibung.
Auch hier ist die Übereinstimmung mit den realen Verhältnissen evident. Im Jahre 1878 erschien in Palermo ein merkwürdiges Buch mit dem Titel *Le cronache delle assise di Palermo* –
Berichte aus dem Schwurgericht von Palermo. Der anonyme
Verfasser muß ein Journalist vom Schlage jener Gerichtsbe-
richterstatter gewesen sein, die noch bis vor kurzem in Italien
bei Gelegenheit berühmter Prozesse ein halbgebildetes Publikum mit ihren Reportagen aus dem Gerichtssaal in Bann zu

schlagen pflegten. Der Stil ist sentimental und nicht ganz frei
von uneingestandenen literarischen Ambitionen. Aber das soll
uns hier nicht weiter interessieren. Wenden wir uns lieber gleich
den Tatsachen zu. Schon der erste, die Gerichtschronik einlei-
tende Bericht behandelt einen Abtreibungsfall mit Todesfolge.

Marianna, ein Bauernmädchen aus Ventimiglia, einem Dorf
im Hinterland von Palermo, wenige Kilometer von der Hauptstadt entfernt, ist von einem jungen Herrn geschwängert worden und beschließt abzutreiben, um sich seine Ehre zu retten.
Es wendet sich an den Barbier, einen Vorbestraften ohne Skru-
pel, der regelmäßig ins Haus kommt. Dieser verschafft dem
Mädchen gegen ein hübsches Sümmchen ein mörderisches Pulver, das es zusammen mit dem Fötus binnen drei Tagen vom
Leben zum Tode befördert. Es kommt zum Skandal. Der Pfarrer, der Arzt, der Bürgermeister, der Karabinieribrigadier
schreiten ein: der Barbier wird verhaftet und vom palermitani-
schen Schwurgericht zu sieben Jahren Gefängnis verurteilt. Er
hatte dem Mädchen Sabina- und Rautenpulver verabreicht, traditionelle Abortive der Volksmedizin, sich aber in der Dosis
geirrt. Der Barbier, die Kräuter, die Ehre – dies alles sind cha-
rakteristische Ingredienzien der im Volk regelmäßig praktizierten Abtreibung, und nur der Tod des Mädchen macht diesen
Fall zu einem Sonderfall, der vor Gericht kommt und akten-
kundig wird. Bei weitem der größte Teil der in allen Bevölkerungsschichten vorgenommenen Abtreibungen ist nie gerichts-
notorisch geworden. Der Jurist R. Balestrini, Verfasser einer
1888 in Turin erschienenen Monographie über dieses Thema,
gibt an, daß im Jahre 1881 in ganz Italien nur dreizehn Fälle von
Abtreibung vor Gericht gekommen seien, wobei in vier Fällen
nicht einmal der Anklage stattgegeben wurde. Das damals auch
in Sizilien geltende sardinische Strafrecht verfolgte die Abtreibung mit Gefängnisstrafen von fünf bis zu zehn Jahren, die
reduziert werden konnten, wenn Ehrenmotive mit im Spiel waren. Eine sehr viel rigorosere Haltung nahm hingegen die Kirche ein, der Abtreibung ja von jeher als Mord gegolten hatte.
Das Beichtbrevier des hl. Alfons von Liguori aus dem 18. Jahrhundert, das auch für die Beichtiger des 19. Jahrhunderts noch
maßgebend blieb, wies ausdrücklich darauf hin, daß die Abtrei-

bung zu den Reservatfällen gehörte, d. h. daß nur der Bischof die Frau von der Exkommunikation lösen konnte, der sie durch ihr Vergehen automatisch verfallen war.

Das Märchen sieht also die Dinge in ihrer ganzen kruden Realität und hält dem Priester vor: Du predigst Wasser, während du Wein trinkst. Welchen anderen Sinn könnte es sonst haben, den Priester in einer Situation zu zeigen, in der ihn nur eine Abtreibung von der illegitimen und unerwünschten Schwangerschaft befreien kann. Die Polemik der Frau gegen den Priester äußert sich in der Vertauschung der Rollen, die auch die Suche nach dem Abortiv kennzeichnet. Nicht von ungefähr dient zu dieser Suche der Beichtstuhl, eben der Ort, wo die Kirche das Abtreibungsverbot einschärft und überwacht. Alle drei Frauen, an die sich der Geistliche in seiner Not wendet, werden uns ja als seine Beichtkinder vorgestellt, d. h. es sind Frauen, die regelmäßig bei ihm beichten. Von ihnen erfährt er, daß die Abtreibung ein durchaus übliches Verfahren darstellt, von dem nur wenig Kunde in den Beichtstuhl gelangt; denn wenn der Geistliche die Frauen jedesmal erst fragt, ob sie schon einmal abgetrieben haben, dann heißt das ja wohl, daß sie mit ihm während der Beichte noch nie darüber gesprochen haben. Ihrerseits legen die Frauen große Zurückhaltung an den Tag, ganz offensichtlich aus Furcht vor kirchlichen Strafen. Sie geben nur eine einzige Abtreibung zu und die Abortivmittel, die sie nennen – der unbefriedigte Heißhunger, der Sturz von der Treppe, beides typische Elemente des Volksglaubens –, könnten notfalls auch auf einen spontanen Schwangerschaftsabbruch schließen lassen. Auf diese Weise überlassen sie aber dem Geistlichen die volle Entscheidung darüber, diese Mittel auch anzuwenden, um bewußt einen Schwangerschaftsabbruch herbeizuführen. Nur die dritte Frau macht keinen Hehl mehr aus der Sache und rät offen zu einem starken Abführmittel. Erst jetzt ist das völlige Einverständnis zwischen Beichtvater und Beichtkind hergestellt und die Umkehrung der Rollen perfekt.

Aus welchem Grund aber assoziiert das Märchen die Frau so eng mit der Dienerschaft und überläßt die Initiative zum bösen Scherz ausgerechnet den beiden Dienstboten des Geistlichen oder, genauer gesagt, der Frau, deren Vorschlag der Diener nur folgt? Waren denn nicht gerade die Diener, die Knechte, nach den Worten der Hl. Schrift die auserwählten Kinder des Herrn, denen schon aufgrund ihrer gesellschaftlichen Stellung das Himmelreich gewiß war? Wir brauchen uns nicht allzuweit in Raum und Zeit zu entfernen, um eine Antwort auf unsere Frage zu finden. Aufschluß kann uns schon ein recht merkwürdiges, 1866 in Rom erschienenes Buch bieten. Es handelt sich um eine Sammlung von Heiligenleben mit dem sprechenden Titel: ,,Das Leben der Heiligen, welche Domestiken gewesen, zum Trost und Beispiel denjenigen erzählt, die dem gleichen Dienst oblie- gen.'' Der Verfasser, ein gewisser Costantino Zanzarri, ist zwar alles andere als ein Fachmann auf dem Gebiet der Quellenkritik hagiographischer Texte, kennt sich dafür aber um so besser in der Bibel aus. Wer hätte schon vermutet, daß es unter den Heiligen so viele Diener gegeben hat? Die Lektüre von Zanzar- ris Buch klärt uns aber darüber auf, daß ihre Zahl in die Legion ging oder doch immerhin groß genug war, um mit ihren erhe- benden Taten einen voluminösen Band von fünfhundert Seiten füllen zu können. An trefflichen Vorbildern fehlte es dem Hauspersonal also nicht. Die Diener brauchten ihnen nur nach- zueifern, und die Sache erledigte sich von selbst, d. h. das Him- melreich stand ihnen offen. Was es zu tun galt? Das ist schnell gesagt und zwar am besten mit den Worten unseres Hagiogra- phen. ,,Alles kommt darauf an, den mit dem dienenden Stand verbundenen Pflichten Genüge zu leisten gemäß den vom gött- lichen Gesetz vorgeschriebenen Geboten.'' Und das waren vier: 1. Den Herrschaften Respekt zu beweisen und ihnen in allem, was nicht den Gesetzen Gottes widerspricht, mit Eilfertigkeit zu gehorchen. 2. Der Herrschaft treu zu sein in allem, was deren Habe, Geschäfte und Interessen betrifft. 3. Mit Geduld und Sanftmut nicht nur die standesbedingten Mühen und Un- annehmlichkeiten, sondern auch die Launen und Verschroben- heiten der Herrschaft, ihre ungerechten Vorwürfe und alle an- dere von ihr ausgehende Unbill zu ertragen. 4. In ihrem ganzen Dienst kein anderes Ziel anzustreben, als Gott zu gefallen und in der Person des Dienstherren Jesus Christus selbst zu vereh- ren, von dem allein sie den Lohn für ihren Dienst erwarten sollen – allerdings nicht schon auf dieser Welt, sondern einst in der himmlischen Glorie. Um seine vier goldenen Regeln zu formulieren, brauchte Zanzarri seinen Kopf nicht weiter anzustrengen. Er konnte sich darauf beschränken, ein paar einschlägige Stellen aus den Apostelbriefen zu paraphrasieren (Erster Petrusbrief, 2, 18–25; Briefe des hl. Paulus an die Korinther, 7, 20–24, an die Kolosser, 3, 22–25, an Titus, 2, 9–10).

War das die christliche Auffassung vom Dienen, so ist auch leicht verständlich, warum das Märchen eine Gleichung zwischen den beiden Gegensatzpaaren Frau-Priester und Diener-Herr aufstellt: die Frau steht zum Priester, wie der Diener zum Herrn steht. Das christliche Ideal der Familie, wo Frau, Kinder und Knechte gleichermaßen der väterlichen Gewalt unterworfen sind, war im Laufe der Zeit in ganz Europa in Krise geraten, behauptete jedoch in Sizilien noch hartnäckig seine Stellung. Zwar verlor auch hier dieses Ideal allmählich seine Macht über die Dienerschaft; der Frau gegenüber aber bewahrte es noch ungebrochen seine Geltung. August Schneegans, deutscher Konsul in Messina gegen Ende des vergangenen Jahrhunderts, wunderte sich darüber, daß sich die Frauen in Sizilien noch völlig dem allmächtigen Willen des Ehemannes zu beugen hatten und ihnen einzig die Hausarbeiten oblagen. Die Stellung der Frau und die Stellung der Domestiken entsprachen einander auf das genaueste: Frauen und Diener waren ein- und dasselbe.

Daß das Märchen Fragen von brennendster Aktualität aufgreift, kann also keinem Zweifel unterliegen. Das erstaunlichste ist aber, daß es ihm gelingt, Inhalte von derart schmerzlicher Dramatik in die lebhaft kecke Form des Schwanks zu kleiden. Der leichte, scherzhafte Ton, die feine Ironie, das geistreiche Spiel der Andeutungen, die seine Ausdrucksform kennzeichnen, erzeugen eine herzerfrischende Komik, deren feines Filigran um so deutlicher hervortritt, je aufmerksamer wir das Märchen gegen das Licht lesen.

Das Schema der Erzählung folgt dem von Vladimir Propp aufgestellten Typ des Zaubermärchens. Folgen wir der in der *Morphologie des Märchens* entwickelten Syntax der Erzählfunktionen, so ergibt sich folgende Rollenverteilung: den Helden spielt der Geistliche, die Prinzessin die Kirche, den Widersacher die beiden Dienstboten, den Spender der Zaubergaben die drei Frauen. Entsprechend dieser Festlegung der handelnden Personen auf bestimmte narrative Funktionen, läßt sich das Kompositionsschema des Märchens folgendermaßen rekonstruieren: Dem Helden ist ein Verbot auferlegt (d. h. dem Geistlichen ist die Sexualität untersagt), dessen Übertretung (Anspielung auf das notorische Konkubinat des sizilianischen Klerus) die Handlung in Bewegung setzt und es dem Widersacher ermöglicht, dem Helden eine Falle zu stellen. In diese fällt er dann auch tatsächlich, nimmt schweren Schaden und gerät in eine Notlage (die Schwangerschaft könnte ihn den Ausschluß aus der Kirche, d. h. den Verlust seiner mystischen Braut kosten), die ihn zu einem „suchenden" Helden macht (seine Suche gilt den Abortivmitteln) und ihn zum Aufbruch zwingt. Der Held begibt sich auf den Weg und begegnet dem Spender, der ihn dreimal auf die Probe stellt und ihm erst beim dritten Mal das Zaubermittel aushändigt (das englische Salz). Nun kehrt der Held zum Ausgangsort zurück und nimmt den Kampf gegen den Widersacher auf (gegen die Diener, die bis zum Schluß die Abtreibung leugnen), den er gewinnt. Auf diese Art macht er das ihm zugestoßene Unheil und seine ursprüngliche Schuld rückgängig und erringt den Preis: die Hand der Prinzessin, d. h. der Kirche, seiner mystischen Braut, mit der er dank der fiktiven Abtreibung in Form einer ebenso konkreten wie stinkenden Stuhlentleerung aufs neue vereint wird.

Die Gegenüberstellung von Inhalt und Erzählschema macht auf diese Weise die Ironie und den Spott deutlich, die das Märchen durchziehen. Sie bewirken, daß ein harter und leidvoller Konflikt, wie ihn die Abtreibung darstellt, sich in der Posse auflöst.

Das freimütige, ungehemmte Lachen, daß den Arroganten der Lächerlichkeit preisgibt, hat jedoch – das sei nochmals hervorgehoben – eine völlig andere Funktion als das Hohngelächter des Mächtigen über den Unterdrückten. Jenes hebt die Gewalt auf und nimmt die Befreiung vorweg; dieses bekräftigt die Gewalt und bestätigt nur aufs neue die Unterdrückung. Der Mechanismus der Gewalt, der das Verhältnis von Mann und Frau bestimmt, so warnt das Märchen, fällt unweigerlich auf den Mann selbst zurück und verweist auf die Herrschaft, die der Mensch über das Tier ausübt. Gerade aus diesem Grunde wird die Küchenschabe, die dem Märchen den Titel gibt, eines der verachtetsten und ekelhaftesten Geschöpfe der Tierwelt, in der Vorstellung des Volks zum Symbol des Priesters: „Büttel, Knoblauch und Priester, rühr sie nicht an oder schlag sie tot." Diesen Rat gibt ein sizilianisches Sprichwort.

Im sizilianischen Märchen gebärdet sich der Geistliche wie ein Herr; der Geistliche des toskanischen Märchens wird im Text auch ganz offen als Herr bezeichnet – das erste Mal, als die Wirtin ihrem Mann erzählt, der Bauer habe ihr den Urin „seines Herrn" anvertraut; das zweite Mal, als der Bauer mit der Hiobsbotschaft von der angeblichen Schwangerschaft des Pfarrers aus der Stadt zurückkommt und in die Worte ausbricht: „O mein Herr, ich schäme mich, es euch zu sagen!" Als Herr, und zwar als Herr eines Knechts, der diesmal ein Bauer ist, tritt der toskanische Landpfarrer also hier auf. Schon gleich zu Beginn des Märchens heißt es, daß der Pfarrer „seinen Bauern" zum Arzt in die Stadt schickt, d.h. daß der Bauer aufgrund eines persönlichen Abhängigkeitsverhältnisses, das hier die Form eines Arbeitsverhältnisses hat, vom Pfarrer Befehle empfängt. Wenn der Knecht aber als Bauer und der Herr als Landpfarrer bezeichnet wird, dann muß dieses Abhängigkeitsverhältnis mit dem Boden zusammenhängen. Was aber hatte ein toskanischer Landpfarrer des 19. Jahrhunderts, dessen Hauptaufgabe die Seelsorge war, mit dem Boden zu tun?

Den zahlreichen Untersuchungen über das toskanische Flurbuch können wir entnehmen, daß im 19. Jahrhundert in der Toskana die Mehrheit der Pfarreien ein Landgut besaß, oft sogar mehrere. Dies aber bedeutete, daß in fast jeder toskanischen Pfarrei eine oder mehrere Bauernfamilien im Dienste des Pfarrers den Boden bestellten. Für das Kirchengut galten bekanntlich andere Normen als für das Privateigentum. Das Kirchengut war unveräußerlich, doch lief es stets Gefahr, der Gefräßigkeit des Staates zum Opfer zu fallen, da sein enormer Umfang unweigerlich den Appetit des weltlichen Machthabers reizten. Maßnahmen zur Einziehung von Kirchengut folgen einander denn auch in der europäischen Geschichte mit Regelmäßigkeit. So verabschiedete schon wenige Jahre nach der politischen

Einigung Italiens das Parlament ein Gesetz zur Einziehung des Kirchenguts. Von dieser Maßnahme ausgenommen war jedoch das Eigentum der Pfarreien, dessen Unveräußerlichkeit bei dieser Gelegenheit erneut bestätigt wurde. Ein königlicher Erlaß aus dem Jahre 1871 stellte kurz darauf das Pfarreigentum rechtlich dem Privateigentum gleich und erkannte dabei dem Pfarrer das volle Recht auf dessen Nutznießung und Verwaltung zu. Aufgrund des weltlichen Gesetzes war der Pfarrer also in jeder Hinsicht der Herr des Bauern. Für den Bauern bedeutete dies jedoch ein höchst beschwerliches Dasein. Im 19. Jahrhundert war die Halbpacht, die *mezzadria*, das in der Toskana am weitesten verbreitete agrare Pachtsystem, bei dem der Ertrag zu gleichen Teilen zwischen Eigentümer und Bauer aufgeteilt wurde. In der bereits anläßlich der sizilischen Verhältnisse erwähnten Agrarenquête (die Toskana ist im dritten, 1881 erschienenen Band behandelt) wird die Halbpacht als das für den Grundbesitzer vorteilhafteste Pachtsystem gerühmt, und das ist leicht erklärlich: die Halbpachtverträge setzten weder dem Arbeitstag noch den Arbeiten, zu denen der Bauer verpflichtet war, irgendwelche Grenzen, so daß der Grundbesitzer nach Belieben von seinen Bauern jederzeit zusätzliche Arbeiten verlangen konnte. Der Ausbeutungskoeffizient war dementsprechend äußerst hoch. Von dieser Ausbeutung war nicht nur der Bauer selbst, sondern auch seine ganze Familie betroffen, denn alle Familienmitglieder waren zur Arbeit auf dem Pachtgut verpflichtet, ja selbst „der Einsatz von den geringsten, sich stets in Aktion befindlichen Kräften", d. h. der Alten, Kranken und Kinder, war, wie wir in der Agrarenquête lesen können, miteingeplant. Die herrschaftliche Kontrolle über die Produktion erstreckte sich folglich bis auf das Familienleben, wodurch auch die persönliche Freiheit des Bauern erhebliche Einbußen erlitt. Kein Familienmitglied durfte sich ohne die Erlaubnis des Besitzers vom Gut entfernen oder heiraten, während andererseits die ganze Bauernfamilie ihrem eigenen Familienoberhaupt, der für alle Verfehlungen seiner Angehörigen dem Gutsherrn gegenüber persönlich verantwortlich war, blinden Gehorsam schuldete. Der heilige Respekt vor der väterlichen Autorität wurde damit, ebenso wie sittliches Verhalten und Pflichtgefühl, zur

Grundlage der Produktion. Mit diesen Grundsätzen war wenig zu spaßen. Die Halbpachtverträge – die Agrarenquête führt einige Beispiele an – sahen fristlose Kündigung in all den Fällen vor, bei denen sich der Pächter nicht streng an die Abmachungen hielt.

Der bekannteste, aktivste und aufgeklärteste toskanische Grundbesitzer der damaligen Zeit, Bettino Ricasoli, genannt „der eiserne Baron", der nicht von ungefähr in den Jahren 1866/67 das Amt des italienischen Ministerpräsidenten bekleidet hat, riet einst seiner Tochter in einem Brief, sie solle einen „aufsässigen" Pachtbauern umgehend entlassen, falls dieser nicht um Verzeihung bitte. Diese elementare Ethik der Unterwerfung des Bauern unter den Herrn gründete sich nach Auffassung dieses überzeugt katholischen, doch liberalen Grundbesitzers auf die „in evangelischem Sinne christliche Religion". „Es wird keinen industriellen (d. h. wirtschaftlichen) Fortschritt geben", schrieb er bei anderer Gelegenheit, „falls diesem nicht wenigstens einen Schritt lang ein religiös moralischer Fortschritt vorangeht."

Der Kanonikus Lambruschini, Mitstreiter Ricasolis um die nationale Einigung Italiens, rühmte die Verdienste seines Freundes in einem von ihm verfaßten, zum bäuerlichen Gebrauch bestimmten Gedicht, in dem es heißt: „Segne vor allem den Herrn, den du uns gegeben hast und der uns wie ein Vater beisteht, der uns unsere Pflichten lehrt und uns von dir erzählt." Dank diesem Rollentausch redete also der Herr von Gott und der Kanonikus vom Herrn. Das Bündnis war perfekt. Einen unentbehrlichen Beitrag zu diesem Pakt lieferte ein zweiter Kanoniker namens Ignazio Malenotti, der wenn zwar keine Gebete, so doch gleich ein ganzes Handbuch mit praktischen Anweisungen für den Grundbesitzer verfaßt hat. *Il padrone contadino* (Der Herr als Bauer) – so der Titel seines Buches –, d. h. der Grundbesitzer, der nicht in der Stadt, sondern auf dem Lande lebt und dadurch seine Bauern direkt unter Kontrolle hält, konnte seiner Meinung nach den größten Erfolg verbuchen. Malenotti erteilte den Gutsherren in seinem Buch wertvolle Ratschläge, wie sie ihr Land „noch ertragreicher machen" und dabei zugleich verhindern könnten, von ihren Bauern bestohlen zu werden. Seine eindringlichste Empfehlung war aber diese: „Ich rate dem Herrn, den Bauern sofort zu entlassen, sobald er sich als unfähig erweist, die guten Sitten in seiner Familie zu wahren." – Aber wenden wir uns nun einer neuen Figur auf der Märchenbühne zu – dem Wirt. Ebenso wie der Bauer dem Grundbesitzer feindlich gegenüber stand, war der Wirt ein Antagonist des Priesters, denn der von der christlichen Moral dem Bauern zum Ausleben seiner Laster bestimmte Ort war bekanntlich das Wirtshaus. Hier wurde getrunken, gespielt und geflucht. Gegen die Bauernschenken wetterte nicht nur Malenotti. Auch die Agrarenquête hat sie scharf kritisiert.

Ebenso wie das sizilianische Märchen ist also auch sein toskanisches Gegenstück in der Realität der gesellschaftlichen Verhältnisse verwurzelt. Der soziale Konflikt tritt in diesem toskanischen Märchen so stark in den Vordergrund, daß sogar das Interesse am Konflikt der Geschlechter – hier vertreten durch das Motiv des schwangeren Mannes – in den Hintergrund rükken kann. Nur eine weibliche Figur tritt in diesem Märchen auf – die Wirtin –, die die Initiative jedoch ihrem Mann überläßt: der Wirt wirft die Flasche mit dem Wasser des Pfarrers um und heißt dann seine Frau, es mit dem eigenen Wasser zu ersetzen. Die Schwangerschaft – will das Märchen hiermit bedeuten – ist eine Angelegenheit der Frauen, über die ohne ihre Einwilligung nicht verfügt werden kann. Die Aufgabe, die Schwangerschaft polemisch gegen den Priester zu kehren, wird hingegen ganz dem Mann überlassen: dem Bauern, der die Flasche zur Wirtin und von der Wirtin zum Arzt bringt, der die Schwangerschaftsdiagnose stellt; dem Wirt, der die Frau überredet, das Wasser des Pfarrers mit dem eigenen zu ersetzen – wobei er nicht als Wirt, sondern als der Mann der Wirtin bezeichnet wird, um seine familiäre Funktion hervorzuheben, der gegenüber die berufliche ins zweite Glied rückt. Das alles gilt auch für die Abtreibung: der Bauer, den der Pfarrer um Rat fragt, erklärt, keinen Rat zu wissen. Die Autonomie der weiblichen Thematik wird in diesem Märchen zwar anerkannt und respektiert, doch gleichzeitig wird diese spezifisch weibliche Thematik in einen größeren gesellschaftlichen Rahmen gestellt, der ausschließlich von männlichen Konflikten beherrscht zu sein scheint.

In der bäuerlichen Gesellschaft der Toskana war indes die Frau integrierender Bestandteil einer komplexen Familienorganisation, die von oben herab, im Hinblick auf die Erfordernisse der Produktion, programmiert und geregelt war. Das Familienoberhaupt, der *capoccio*, übte, wie wir schon sahen, im Auftrag und Interesse des Herrn die Macht in der Familie aus. Dabei stand ihm die *massaia*, gewöhnlich seine Ehefrau, zur Seite, die in beträchtlichem Maße Anteil an der Macht hatte, da sie die Aufsicht über Haus und Hof, zwei fundamentale Bestandteile des Familienbetriebes, führte. Die in der Familie herrschende Rangordnung nahm also ebenso wie die Religion und die Moral, welche sie rechtfertigten, auf das Arbeitsverhältnis Bezug. Alles war den Interessen des Herrn untergeordnet, sogar die Sexualität, die nur dann gestattet war, wenn sie dem Grundbesitzer den Kinderreichtum garantierte, der für die einträgliche Bewirtschaftung seiner Güter erforderlich war. Bei dieser Lage der Dinge wird jetzt auch verständlich, warum das Märchen den Hauptakzent auf die Feindseligkeit gegenüber dem Herrn und seinem Verbündeten, dem Priester, legt. Alle anderen Konflikte, die in der bäuerlichen Gesellschaft schwelen mochten, gingen in dieser Feindseligkeit auf.

Nachdem seine ersten Abtreibungsversuche fehlgeschlagen sind, beschließt der Pfarrer, sich von einem Baum zu stürzen. Dabei fällt er auf ein Hasennest und verursacht die Flucht eines kleinen Hasen. Er stürzt symbolisch herab aus der Höhe seiner gesellschaftlichen Stellung in den Abgrund der der Abtreibung anhaftenden Schmach. Aber sein Sturz zerstört die symbolische Ordnung und stellt die natürliche wieder her. In der natürlichen Zeugungsordnung, die polemisch durch das Tier versinnbildlicht wird, trägt und gebiert nicht der Mann, sondern die vom Mann befruchtete Frau das Kind. Schwangerschaft und Geburt verleihen indes der Mutter keine Gewalt über das Kind, denn der kleine Hase hüpft frei und ungehindert davon. Doch wenn schon die Natur der Mutter keine Gewalt über das Kind verleiht, wie kann sie dann der Vater, der sooft im Tierreich anonym bleibt, für sich beanspruchen? Das Märchen bietet also dem Priester Schach und sagt: Wenn ihr Priester dem Vater die Macht über das Kind übertragt, dann könnt ihr euch dabei nicht auf die Natur berufen. Eure Investitur dient einzig dazu, die herrschaftlichen Interessen zu wahren.

Dem so entlarvten priesterlichen Herrn bleibt nur ein magerer Trost. Er rächt sich, indem er das Kind seiner langen Ohren wegen verspottet.

# Zweiter Teil

## I.

### 1. Zwei mittelalterliche Äsopische Fabeln

Das Folkloremotiv des schwangeren Priesters, wie es uns in den beiden italienischen Märchen entgegentritt, reicht in die fernste Vergangenheit Europas zurück. Es ist erstmals, soweit ich feststellen konnte, in einer anonymen Sammlung von Äsopischen Fabeln in lateinischer Sprache mit dem Titel *Romulus* nachweisbar. Die älteste Rezension dieser Sammlung ist in das 9. Jahrhundert datiert worden. Jedoch sind die beiden Varianten des uns hier interessierenden Motivs erst in zwei deutschen Handschriften überliefert, die eine jüngere und erweiterte, vor allem in Nordwesteuropa verbreitete Fassung des *Romulus* bieten. Diese Fassung ist mit Sicherheit monastischen Ursprungs und mit großer Wahrscheinlichkeit von der in der zweiten Hälfte des 12. Jahrhunderts von Marie de France angefertigten altfranzösischen Übersetzung des *Romulus* entstanden. Sie wurde nicht nur ins Altfranzösische, sondern auch ins Mittelenglische und später in verschiedene italienische Dialekte, vor allem ins Toskanische, übersetzt.

#### a) „Der Dieb und der Käfer"

*Es war einmal ein bekannter Dieb, der sich gerne die nächtliche Stille zunutze machte. So geschah es einmal, daß er, des nächtlichen Umherstreifens müde, an eine Wiese kam. Es war Sommer, die Wiese war mit Blumen und Gräsern geschmückt, und durch die Wiese floß ein lieblich murmelnder Bach. Das alles lud den müden Dieb zur Rast ein. Von der Milde der Jahreszeit und der Lieblichkeit des Ortes verführt, legte sich der Dieb ins Gras und*

*überließ seine Glieder der Ruhe. Doch kaum war er eingeschla-
fen, da drang ein Käfer in ihn ein, und wenn du mich nach der
Pforte fragst, so wisse, daß er, seiner stinkenden Natur einge-
denk, den unteren Eingang benutzte. Als der Dieb aber die
unangenehme Gegenwart seines Gastes fühlte, wachte er plötzlich auf und verspürte in der Gegend, die der Käfer besetzt
hatte, einen heftigen Schmerz. Da lief er zu den Ärzten und
befragte sie über den Fall. Die Ärzte sagten ihm, daß er schwanger sei, und er glaubte es ihnen auch, denn auch er, sagte der
Dieb, habe diesen Eindruck. Die Kunde von diesem unerhörten
Ereignis verbreitete sich in der ganzen Gegend, und alle, die
davon hörten, verwunderten sich und fürchteten sich sehr, weil
es hieß, daß dieses Ereignis ein Unheil ankündige. Sie drängten
sich um den Dieb und beobachteten ihn, wie er stöhnte und litt,
denn sie wollten sehen, wie die Sache ausgehen würde, und die
Gefahr erkennen, die dieses Ereignis anzukünden schien. Doch
während der Dieb stöhnte und schrie, als ob er in Wehen läge,
kroch der Käfer, der großen Anstrengung müde, plötzlich auf
demselben Weg wieder ins Freie, auf dem er eingedrungen war.
Und so kam es, daß dieses Insekt, das gewöhnlich die Pferde
quält, einen Dieb quälte und von ihm zur Welt gebracht wurde.
Moral: Die Menschen haben die schändliche Angewohnheit,
sich über jede Neuigkeit zu freuen und sich selbst dann noch
nach Neuigkeiten zu sehnen, wenn sie Gefahr mit sich bringen.*

### b) „Der Arzt, der Reiche und seine Tochter"

*Ein reicher Herr zapfte sich Blut ab und vertraute es seiner
Tochter an, damit der Arzt es bei Gelegenheit untersuchen und
daraus die untrüglichen Zeichen seiner Krankheit erkennen
könne. Aber die Tochter war nachlässig und bewahrte es nicht
gut auf. Ein Hund vergoß einen Teil des Blutes und den Rest
leckte er aus. Als es das Mädchen bemerkte, war es sehr betrübt
darüber, denn es fürchtete den Zorn seines Vaters, und so erzählte es die ganze Angelegenheit sogleich einer Freundin. Diese
tröstete es und sagte: ,Ich weiß, was du tun mußt. Fülle dein
eigenes Blut in das Gefäß und zeig es dem Arzt, wenn dein
Vater es dir befiehlt. Keiner wird es merken.' Der Rat gefiel*

*dem Mädchen, und so schritt es gleich zur Tat. Doch der Arzt, der in seiner Kunst bewandert war, bemerkte, kaum hatte er das Blut gesehen, die untrüglichen Zeichen der Schwangerschaft und sagte zum Herrn: ‚Nach allen Regeln meiner Kunst bin ich sicher, daß sich in diesem Blut die Schwangerschaft dessen offenbart, von dem es stammt.' Der Herr ist überrascht und fragt sich verwundert, wie sich dieses unerhörte Ereignis in seinem Inneren zugetragen haben könne, und eine große Furcht vor der kommenden Geburt überfällt ihn. Auch das ganze Haus staunt und wundert sich und ist um den kranken Herrn besorgt, doch da niemand weiß, was zu tun sei, hält man den Arzt für einen Lügner und Betrüger. Und während sie ratlos dastehen und das kommende Unheil fürchten, forschen sie genauer nach, wie die Sache sich verhält, und als sie entdecken, daß das Blut verschüttet worden ist, fragen sie das Mädchen aus und treiben es in die Enge, um die Wahrheit zu erfahren. Als das Mädchen erkennt, daß es ihm nicht gelungen ist, den Arzt zu täuschen, erzählt es, wie sich alles zugetragen hat und gesteht dem Vater seine Schande.*

*Moral: So kommt gewöhnlich das ans Licht, was der Ungetreue und der Nachlässige an Unehrenhaftem getan haben.*

## 2. Christentum gegen Folklore

Die beiden Äsopischen Fabeln verfolgen eine ganz bestimmte, leicht zu durchschauende Absicht. Es ging den Verfassern darum, die abergläubische Leichtgläubigkeit des einfachen Volks anzuprangern, das stets bereit war, die Folgen banaler Mißverständnisse für übernatürliche Ereignisse zu halten. Aber warum wählten die Verfasser dazu ausgerechnet zwei Fabeln, die den schwangeren Mann zum Thema haben? Die Antwort liegt auf der Hand: Weil die Mönche, die den *Romulus* schrieben, dieses Motiv für so weit verbreitet und gefährlich hielten, daß es ihnen notwendig erschien, dagegen anzukämpfen. Das beweist schon die literarische Form, die sie für ihre Gegenoffensive wählten, denn die Äsopische Fabel ist ein Genre, das form- und inhaltsmäßig der mündlichen Kultur sehr nahe steht. Daß das Motiv des schwangeren Mannes in der Folklore tatsächlich weit verbreitet war, kann keinem Zweifel unterliegen. Doch stammen alle unsere diesbezüglichen Informationen für die Zeit des frühen Mittelalters aus literarischen Quellen, die dem Motiv entgegenwirken wollen und es in polemischer Absicht verzerren. Wir können allerdings versuchen, uns dem Motiv mit Hilfe der Mythologie zu nähern, dürfen dabei jedoch nicht außer acht lassen, daß es in unterschiedlichen Kulturen und Religionen, vor allem in den außereuropäischen Kulturen, auch unterschiedliche Bedeutungen aufweisen kann.

In seinem Aufsatz *Struktur und Dialektik* hat der französische Anthropologe Claude Lévi-Strauss das Motiv des schwangeren Mannes in der Mythologie der nordamerikanischen Pawnee-Indianer untersucht. Hier hebt der Mythos eine Reihe von Gegensätzen hervor, insbesondere den Gegensatz zwischen den Generationen. Er ist nämlich gegen das Ritual gerichtet, das den Sohn zwingt, sich dem Vater zu unterwerfen und sich von ihm symbolisch befruchten zu lassen, um erwachsen werden zu können. Lévi-Strauss' Untersuchung zufolge kreist der Mythos um einige Gegensätze, die in dialektischem Verhältnis zu einem dem eigenen Stammesritual entgegengesetzten Ritual stehen, das von verwandten und benachbarten Stämmen praktiziert wird. Das von Lévi-Strauss entwickelte Schema bietet ein Modell, das auch anhand unserer Texte verifiziert werden kann, vorausgesetzt freilich, daß wir ihren sozialen und religiösen Kontext nicht aus dem Auge verlieren.

Beginnen wir also mit dem von Lévi-Strauss im amerikanischen Mythos aufgedeckten Gegensatz zwischen der *Vermischung der Geschlechter* und der *Unterscheidung der Geschlechter*, der auch in den beiden Äsopischen Fabeln auf den ersten Blick deutlich wird. Die Fabeln verfolgen ganz eindeutig das Ziel, den angeblichen Glauben des Volks an die Schwangerschaft des Mannes zu desavouieren. Dabei verschweigen sie allerdings nicht, daß das Volk in diesem Wunder ein Zeichen kommenden Unheils erblickt. Auf diese Weise wird aber deutlich, daß auch die Mönche, die den *Romulus* verfaßten, sehr wohl wußten, daß das Motiv des schwangeren Mannes sich gegen die Vermischung der Geschlechter richtete, die mit der männlichen Schwangerschaft zwangsläufig verbunden ist. Es bekämpft diese Konfusion, damit die Menschheit nicht wieder dem Chaos verfällt, dem sie gerade erst entronnen ist. Aus diesem Grunde auch wird das Wunder als Strafe empfunden. Einen Beweis hierfür kann uns außerdem die germanische Mythologie liefern, in der der Mythos des schwangeren Mannes eindeutig negative Züge aufweist. Als Protagonist des germanischen Mythos tritt mehrmals Loki auf, eine unheilvolle Gottheit, die Dumézil als „das wahrhaft dämonische Element des germanischen Pantheons" bezeichnet hat. Loki wurde der perversen Neigung beschuldigt, sich gerne in eine Frau zu verwandeln, um gräßliche Ungeheuer gebären zu können. Das ist aber noch nicht alles. Der schwedische Mythologe F. Ström hat ausgeführt, daß diese Anschuldigung nur Teil eines umfassenderen Vorwurfs war. Man bezichtigte Loki nämlich des *ergi*, d. h. der Homosexualität. *Ergi* wurde aber gewöhnlich den Männern vorgeworfen, die *seidr* betrieben, d. h. eine Wahrsagekunst ausübten, die nach alter Tradition den Frauen vorbehalten war. Der Vorwurf des *ergi* war für einen Mann entwürdigend und läßt sich als Reaktion auf den Einbruch des Mannes in eine der Frau vorbehaltene Sphäre erklären, den das allgemeine Bewußtsein bekämpfte und als unstatthaft zurückwies. Am stärksten widersetzten sich diesem Einbruch in ihren Bereich die Frauen selbst, da sie die Ausübung des *seidr* durch den Mann einer der wenigen Rollen zu berauben drohte, die ihnen gesellschaftliches Ansehen verliehen. Nicht von ungefähr machte sich ja der Vorwurf des *ergi* das negative Vorzeichen zunutze, mit dem die Weiblichkeit im Laufe der Zeit versehen worden war. Denn war das weibliche Geschlecht dem männlichen unterlegen, dann war die Anschuldigung, eine weibliche Rolle auszuüben, zwangsläufig entehrend. Trotz allem blieben den Frauen in der germanischen Religion bis zum Ende wichtige priesterliche Funktionen, deren sie erst das Christentum endgültig beraubte, das, wie wir noch genauer sehen werden, wiederum die alte Vermischung der Geschlechter akzentuierte.

War aber das Christentum für die neuerliche Vermischung der Geschlechter, die eine ausgeprägt frauenfeindliche Note trug, verantwortlich, dann wurde verständlich, daß die Mönche in den beiden Äsopischen Fabeln unter dem Vorwand, den Aberglauben bekämpfen zu wollen, sich in Wahrheit gegen die Rache des Volks zur Wehr setzten, das dem Priester vorwarf, ein männlich-weibliches Zwitterwesen zu sein. Eine der Funktionen des Motivs des schwangeren Mannes in der europäischen Folklore ist eindeutig die Rache dem Priester gegenüber.

Die Mönche spielen bei ihrer Polemik gegen das Folkloremotiv geschickt mit der Vertauschung von Symbol und Realität. Sie schreiben dem Volk den Glauben an die Realität der männlichen Schwangerschaft zu und können ihn auf diese Weise mühelos als Aberglauben abtun. Dabei setzen sie stillschweigend voraus, daß wundersame Ereignisse nur dann als wahre Wunder gelten dürfen, wenn sich in ihnen Gottes Allmacht offenbart – wie eben im Fall von Evas Geburt aus der Seite Adams. Alle Texte der Folklore lassen jedoch eindeutig erkennen, daß das Volk nie ernsthaft an das Wunder der männlichen Schwangerschaft geglaubt hat, sondern sich nur gegen die symbolische Funktion des christlichen Mythos zur Wehr setzte, weil es dessen Folgen in den Gesellschafts- und Machtverhältnissen zu spüren bekommen hatte.

Der christliche Mythos ist ganz einfach die ideologische Projektion des Rituals, das im Ehesakrament praktiziert wird. Das Folkloremotiv des schwangeren Mannes bekämpft dieses Ritual, den Mythos, der dies Ritual im Bilde darstellt, und letztlich die Machtverhältnisse, die beide verherrlichen. Es will besagen, daß der Gegensatz zwischen Herr und Knecht wie der zwischen Mann und Frau, Vater und Kindern nicht etwa in der natürlichen Ordnung, sondern einzig in der Gewalt der Stärkeren begründet ist. Die beiden Äsopischen Fabeln bekämpfen also das Folkloremotiv, wie das Folkloremotiv sich dem Eheritual und dem christlichen Mythos der Geburt Evas, das es bildlich darstellt, widersetzt.

## 3. Vater gegen Kinder

Wenn in der bildlichen Darstellung das Wunder der männlichen Schwangerschaft sich nur mit göttlicher Hilfe verwirklichen kann, dann muß in der Polemik der Folklore logischerweise der symbolische Vater an die Stelle des realen, von Adam abstammenden Vaters treten. So ist denn auch im ganzen christlichen Europa der schwangere Mann der Volksüberlieferung ein Priester, d. h. derjenige, der als Stellvertreter Gottes auf Erden das durch das Sakrament der Ehe geheiligte Machtverhältnis legitimiert. Und es ist ebenso logisch, daß in den Äsopischen Fabeln, die das Folkloremotiv bekämpfen, der symbolische Vater wieder durch den realen Vater ersetzt wird. Der reale Vater erstattet hier denn auch der Tochter die reale Schwangerschaft zurück und behält sich selbst nur die symbolische vor, die sich in der väterlichen Gewalt über die Tochter verkörpert, aufgrund derer der Vater die Tochter für ihre illegitime Schwangerschaft bestraft. Der Dieb ist das Spiegelbild der Tochter, denn auch er bricht das Gesetz. Bezeichnenderweise wird der Vater in der zweiten Fabel zunächst als reich (*dives*) und dann als Herr (*dominus*) – d. h. als Herr des Hauses und Familienoberhaupt – bezeichnet, dessen Gewalt auch die Knechte unterworfen sind. Die erste Eigenschaft – das Reichsein – prädestiniert ihn dazu, bestohlen zu werden; die zweite – das Herrsein – unterstreicht seine Eigenschaft als *pater familias*, obgleich die Rechtsinstitute, die seine diesbezüglichen Rechte garantierten, nicht mehr ganz die gleichen waren wie in der römischen Antike. Die beiden Äsopischen Fabeln verknüpfen also Diebstahl und Sexualität in negativem Sinn, in positivem Sinn aber Besitz und Keuschheit. Der Verzicht auf Sexualität geht parallel zur Achtung vor dem Eigentum – zwei typisch christliche Tugenden, die die Unterwerfung unter den Herrn und Vater als die beste Wegzehrung auf dem Pfad zur Erlösung preisen.

Die Bestrafung der Schuldigen erreicht den Höhepunkt der Perfidie in der ersten Fabel. Hier wird der Dieb, der nur allzu rasch davon überzeugt ist, schwanger zu sein, deshalb verspottet, weil er es gewagt hat, sich männlichen Allmachtsphantasien hinzugeben, denn nur solche konnten ihn ja veranlassen, widerstandslos an seine illusorische Schwangerschaft zu glauben. Die polemische Retorsion macht nicht einmal vor dem Zeugungsgeschehen halt. Durch das Eindringen und Herausschlüpfen des Käfers, eines typisch fäkalen Insekts, von dem man glaubte, es ernähre sich von Kot und werde aus dem Kot geboren, werden nicht nur Penetration und Expulsion, die beiden Akte parodiert, die den Zeugungsvorgang einleiten und beschließen, sondern sie erhalten dadurch, daß sie durch den After geschehen, auch ein ausgesprochen negatives Vorzeichen und werden in den Schmutz gezogen. Durch diese verleumderische Fäkalisierung wird letztlich die ganze Sexualität ins Ekelhafte verkehrt.

Wenn man zudem bedenkt, daß die Klöster, in denen die beiden Äsopischen Fabeln entstanden sind, mächtige Wirtschaftszentren waren, dann wird der wirtschaftliche Aspekt ebenso wichtig wie der religiöse. Die Einpassung der Kirche ins Feudalsystem war verwirklicht worden. Weltliche und kirchliche Herrschaft waren eng miteinander verflochten, ja oft durch die gleiche Person vertreten. Der Widerstand gegen die Vermischung der Geschlechter konnte nicht vom Widerstand gegen die Ausbeutung und Unterjochung durch die kirchliche und weltliche Feudalität getrennt werden, von denen Männer und Frauen gleichermaßen betroffen waren.

In der zweiten Äsopischen Fabel tritt schließlich der Arzt auf, treffend gekennzeichnet in seinen berufsspezifischen Eigenheiten und in seinem rationalistischen Wissen, das polemisch dem Aberglauben des Volks gegenübergestellt wird. Im Volk erfreute sich nämlich die traditionelle Heilkunst immer noch größten Ansehens, zu deren Ausübung weniger bestimmte Kenntnisse als vielmehr angeborene Kräfte erforderlich waren. Nur wer eine besondere Berufung aufweisen konnte und über irgendwie übernatürliche, schamanenartige Kräfte verfügte, war befähigt, diese magische Heilkunst zu praktizieren. Zur Ausübung der professionellen Medizin war hingegen keine besondere psychologische Prädisposition erforderlich. Es genügte der Besuch von medizinischen Schulen, den Vorläufern unserer modernen medizinischen Fakultäten.

In der magischen Volksmedizin hatten die Frauen seit altersher eine große Rolle gespielt. Doch mit der zunehmenden Verbreitung der medizinischen Wissenschaft und der mit ihr Hand in Hand gehenden Zurückdrängung der alten Volksmedizin wurden die Frauen aus einem Tätigkeitsbereich vertrieben, der ihnen gesellschaftliches Ansehen verliehen hatte und für den sie eine besondere Begabung gezeigt hatten.

In der Fabel erscheint der Arzt, umgeben von der ganzen Aureole seines gerade erst zurückerworbenen gesellschaftlichen Prestiges, wie ein *deus ex machina* auf der Bühne des Geschehens, um mit einer rationalistischen Erklärung das Rätsel des schwangeren Mannes zu lösen. Der Arzt vertritt in der Fabel also den Mönch, der der eigentliche Drahtzieher hinter den Kulissen bleibt. Religion und medizinische Wissenschaft haben einander als Verbündete im Kampf gegen Frauen und Folklore erkannt.

In der europäischen Folklore ist im Gegensatz zum nordamerikanischen Mythos nicht der Sohn, sondern der Vater, und zwar der symbolische, nicht der wirkliche Vater, der schwangere Mann. Im christlichen Mythos der Geburt Evas stellt die symbolische Schwangerschaft des Vaters die Macht des Mannes über Frau und Kinder dar, und gegen diese symbolische Schwangerschaft kämpft das Folkloremotiv. Der amerikanische Mythos und das europäische Folkloremotiv haben also unterschiedliche Bedeutung. Aber abgesehen vom spezifischen Gehalt, kann das von Lévi-Strauss entwickelte Modell durchaus auf das europäische Folkloremotiv übertragen werden. Auch dieses ist nach einem Gegensatzschema strukturiert und steht in dialektischem Verhältnis zu einem Ritual, das als aufgezwungen und oppressiv empfunden wird.

## 4. Exkurs: Christentum und Kastration

Der spezifische Charakter der christlichen Misogynie ist im Grunde wenig erforscht, die von Paulus entwickelte Erbsündenlehre nach wie vor ein ungelöstes Problem, obwohl die Psychoanalyse der Forschung in dieser Hinsicht Perspektiven von großer wissenschaftlicher Relevanz eröffnet hat. In einem Aufsatz über den Heiligen Geist hat Ernest Jones mutig das wissenschaftliche Seziermesser in das Dreifaltigkeitsdogma angesetzt und konnte auf diese Weise höchst bedenkenswerte Hypothesen formulieren, die anhand der neutestamentlichen und patristischen Quellen noch einmal sorgfältig überdacht und verifiziert werden müßten. Eine solch aufwendige Überprüfung ist freilich an dieser Stelle nicht möglich, doch wollen wir wenigstens die Gedankengänge Jones hier kurz nachzeichnen.

Als erstes fiel Jones auf, daß in der christlichen Trinität das weibliche Element fehlt: Vater und Sohn sind präsent, „aber die Mutter . . . ist durch die rätselhafte Gestalt des Heiligen Geistes ersetzt worden". Die Muttergottheit, die in den vorchristlichen Religionen, aber auch im Judentum, wenngleich verhüllt, eine so große Rolle spielt, verwandelt sich in den Heiligen Geist und wechselt das Geschlecht. Denn obwohl der Heilige Geist in der Trinität den Platz der Mutter einnimmt, weist er doch eindeutig männliche Merkmale auf, die sich vor allem im Geheimnis der Menschwerdung des Messias offenbaren. Die menschliche Geburt des Gottessohns wird ja erst durch den Heiligen Geist möglich. „Siehe, du wirst empfangen und einen Sohn gebären", sagt der Engel im Lukasevangelium zu Maria (1, 31), und deren Zweifel an der Möglichkeit, ohne die Erkenntnis eines Mannes zu empfangen, beschwichtigt er mit den Worten: „Heiliger Geist wird über dich kommen und die Kraft des Höchsten wird dich überschatten" (1, 35). Genauere Einzelheiten über den Anteil des Heiligen Geistes an der Empfängnis bietet die armenische Fassung des apokryphen *Kindheitsevangeliums* (Ed. Peeters, S. 97). In diesem Text heißt es: „Das Wort Gottes drang durch das Ohr in sie ein". Wie die Leser von Jones' Aufsatz über die Empfängnis durch das Ohr wissen, wurde diese Version auch von den Kirchenvätern, insbesondere vom hl. Augustinus akkreditiert. Thomas von Aquin vertrat später sogar die Auffassung (*Summa contra gentiles*, IV, 46), daß im Heiligen Geist die gleiche aktive Kraft wirksam sei wie im menschlichen Samen. Die Mitwirkung des Heiligen Geistes bei der Empfängnis Jesu hat die Kirche nie geleugnet, ebenso wie sie auch dessen männlichen Charakter jeder Kritik gegenüber stets verteidigt hat.

Die aus der Dreifaltigkeit vertriebene Mutter kehrt im Geheimnis der Menschwerdung des Gottessohns als eine einfache Frau wieder, die alle Attribute der Göttlichkeit verloren hat. Bedenkt man aber, daß alle heidnischen Religionen Muttergott-

heiten verehrten, dann nimmt diese Vertreibung den Charakter
einer Entthronung an. Als eine solche ist sie tatsächlich im frühen Christentum auch begriffen worden. Den Beweis hierfür
liefern alle jene heterodoxen Strömungen, die in unterschiedlicher Weise auf eine Wiederherstellung des göttlichen Charak-
ters des weiblichen Elements hinarbeiteten. In dieser Hinsicht
ist es bezeichnend, daß christliche Texte wie das apokryphe
Johannesevangelium (Mitte des 2. Jahrhunderts) oder die *Acta
Thomae* (Mitte des 3. Jahrhunderts) dem Heiligen Geist weibliches Geschlecht zuschreiben. Noch aufschlußreicher ist die Häresie der Kollyridianer (4. Jahrhundert), die die Jungfrau Maria
als Göttin verehrten. Der hl. Epiphanius, dem wir die Informationen über diese Häresie verdanken, gibt an, daß es sich dabei
um eine rein weibliche Sekte gehandelt habe, die in Skythien
entstanden war und sich von dort aus bis nach Arabien ausge-
breitet hatte. Mittelpunkt des Kultes war das Opfer des Brotes,
das von den Frauen in Nachahmung des Meßopfers verzehrt
wurde. Der hl. Epiphanius beruft sich bei der Widerlegung dieser Häresie auf die vom hl. Paulus vorgezeichnete Diskriminierung der Frau: Einer Frau darf kein Opferritus dargebracht
werden, erst recht nicht der Muttergottes, die eine sterbliche
Kreatur war und deshalb keinerlei Ehren mit Gott teilen kann.

Wurde auch der Muttergottes die Göttlichkeit aberkannt, so
gestand man ihr doch immerhin die Vollkommenheit zu, als
deren untrügliches Merkmal die Jungfräulichkeit galt, und zwar
Jungfräulichkeit vor, während und nach der Geburt. Das Dogma von der jungfräulichen Geburt führt uns aber hin zum großen christlichen Thema der Kastration. Die Jungfräulichkeit
wird nämlich gerade deshalb als das vorzüglichste Mittel zur
Erreichung der Vollkommenheit angesehen, weil sie jede Form
von Sexualität ausschließt: Mann und Frau sind gleichermaßen
von dieser symbolischen Konstruktion betroffen und bezahlen
für die Erlösung den gleichen, hohen Preis. Jones' Analyse ist
gerade in dieser Hinsicht besonders interessant. Er weist darauf
hin, daß Gottvater bei der Empfängnis nicht auftritt. Die Befruchtung kommt auf geheimnisvolle Weise mittels eines
Hauchs durch den Heiligen Geist zustande, der dabei die Gestalt eines Engels oder – wie es vor allem in der ikonographi-

schen Tradition der Fall ist – einer Taube annimmt: ,,Die Befruchtung durch *action à distance,* durch bloße Boten, und die Wahl des gasförmigen Weges enthüllen eine Vorstellung von ungeheurer Potenz, welcher der Sohn durchaus unterworfen ist. Andererseits ist das Werkzeug, das zur Befruchtung ausersehen ist, keineswegs ein besonders männliches. Trotzdem die Taube offensichtlich ein phallisches Symbol ist, ... dankt sie doch die Verbindung mit Liebe hauptsächlich der zarten und liebkosenden Natur ihres Werbens. Wir können also sagen, daß sie eines der weibischsten phallischen Symbole ist. Es ist also klar, daß die Macht des Vaters sich nur auf Kosten einer Verbindung mit beträchtlicher Verweiblichung ausdrückt. Das gleiche Thema kommt beim Sohn noch deutlicher zum Ausdruck. Er erreicht Größe, welche den endlichen Besitz der Mutter und die Versöhnung mit dem Vater einschließt, aber erst nachdem er sich der größten Demütigung, verbunden mit einer symbolischen Kastration und dem Tod, unterzieht. Einen ähnlichen Pfad muß jeder Anhänger Jesu verfolgen; die Erlösung wird nur durch Sanftmut, Demut und Unterwerfung unter den Willen des Vaters erreicht.''

Die Vertreibung der Frau aus dem Priesteramt ist demnach nur der hervorstechendste Aspekt einer symbolischen Konstruktion, in welcher sich in der Figur des Priesters der Verzicht auf die männliche Potenz mit der Annahme von spezifisch weiblichen Attributen verbindet. Jones hat dies ausdrücklich hervorgehoben: ,,Dann die weibische Kleidung der Priester, das erzwungene Zölibat, die Tonsur usw., all das bedeutet Entzug der männlichen Attribute und ist somit gleichbedeutend mit symbolischer Selbstkastration.'' Im Matthäusevangelium ist denn auch ausdrücklich von dieser symbolischen Selbstkastration die Rede. Als Jesus mit seinen Jüngern über die Ehelosigkeit spricht, sagt er: ,,Nicht alle fassen dieses Wort, sondern die, denen es gegeben ist. Denn es gibt Verschnittene, die vom Mutterleib an so geboren sind, und es gibt Verschnittene, die von den Menschen verschnitten wurden, und es gibt Verschnittene, die sich selbst verschnitten haben um des Himmelreiches willen. Wer es fassen kann, der fasse es'' (19, 11–12). Bekanntlich mangelte es in den ersten christlichen Jahrhunderten nicht an

übereifrigen Nachfolgern Christi, die diese Worte nur allzu
wörtlich nahmen. Der bekannteste Fall ist der des Origenes,
aber er war keineswegs der einzige. Bereits im Jahre 325 war das
Konzil von Nicäa gezwungen, sich gleich im ersten Kanon mit
diesem Problem ernstlich auseinanderzusetzen. Wer aus falsch
verstandenem asketischen Übereifer zum drastischen Mittel der
Selbstkastration gegriffen hatte, wurde vom Priestertum ausgeschlossen. Spätere Konzilien bestätigten erneut diese Bestimmung, die schließlich auch in das *Corpus iuris canonici* aufgenommen wurde. Die Selbstkastration mußte ein symbolischer
Akt bleiben, um sich im asketischen Ideal der Enthaltsamkeit
konkretisieren zu können. Die Kirche hatte allerdings einige
Mühe, den Klerus von diesem Ideal zu überzeugen. Nachdem
sie gut tausend Jahre lang Toleranz und Nachsicht den verheirateten Klerikern gegenüber hatte walten lassen, erklärte sie
schließlich auf dem 2. Laterankonzil des Jahres 1139 die dau-
ernde Enthaltsamkeit zur unverzichtbaren Voraussetzung für
das Priesteramt. Das Ergebnis war trotzdem nicht ganz so zu-
friedenstellend, wie man gehofft hatte. Auch in den folgenden
Jahrhunderten bot sich den Moralpredigern noch reichlich Anlaß, ihrer Entrüstung darüber Ausdruck zu geben, daß ein beträchtlicher Teil des Klerus allen Bannstrahlen zum Trotz un-
beirrt am Konkubinat festhielt. Die reale Selbstkastration, so
barbarisch sie auch erscheinen mag, hatte der symbolischen gegenüber immerhin den Vorzug, das peinigende Problem der
Askese auf radikale Weise aus der Welt zu schaffen. Über die
symbolische Bedeutung der Enthaltsamkeit kann aber kein
Zweifel bestehen. Eine Bestätigung der von Jones gegebenen
Interpretation kann uns auch das von den Jesuiten herausgege-
bene *Dictionnaire de Spiritualité* liefern (II, Paris 1953, Sp. 780).
Die Keuschheit wird hier als ,,die schönste aller Tugenden''
gepriesen, weil sich in ihr ,,das typisch weibliche Zartgefühl mit
der energischen Selbstbeherrschung des Mannes verbindet:
Keuschsein verlangt Bedacht auf die jungfräuliche Unversehrt-
heit; Keuschsein erfordert die kompromißlose Tapferkeit der
allermännlichsten Kraft.''
  Von der Misogynie führt der Weg, wie wir sehen, zwangsläufig zu einer Verneinung der Sexualität überhaupt. Die generelle

Ablehnung alles Sexuellen, die ja eines der Hauptmerkmale der christlichen Religion ist, schafft aber eine Diskriminante, die Hierarchie begründet: Der Vorrang gebührt den Jungfräulichen, denen, die sich von der Sexualität fernhalten. Sie sind die Reinen, die Besten, denen die Führung der Unreinen, derer, die im Gegensatz zu ihnen die Sexualität ausüben und deshalb leicht vom Weg zum Himmelreich abkommen, aufgetragen ist. In der christlichen Religion wird der Verzicht auf die Sexualität also durch einen Machtzuwachs kompensiert. Die Unterscheidung zwischen Reinen und Unreinen bildete die Grundlage für das Gesellschaftsmodell des mittelalterlichen Christentums, dem Georges Duby jüngst eine größere Untersuchung gewidmet hat. Die durch die Jungfräulichkeit begründete Superiorität stieß natürlich auf den Widerstand der Laien, besonders der Mächtigen, die deshalb, weil sie schon Macht besaßen, wenig Bereitschaft zeigten, auf die Sexualität zu verzichten. Die Superiorität der Jungfräulichkeit eröffnete andererseits auch den Frauen, die begierig waren, wenigstens einen Zipfel der ihnen von der Gesellschaft der drei Stände vorenthaltenen Macht zu erhaschen, eine Möglichkeit: Die von Evelyne Patlagean untersuchte Geschichte der als Mönch verkleideten Frau bot ein hagiographisches Muster, dessen Nachahmung gesellschaftlichen Aufstieg gewährleisten konnte. Die Frau, die bereit war, sich als Mönch zu verkleiden und damit auf Weiblichkeit und Sexualität gleichermaßen zu verzichten, wurde mit dem Privileg der Heiligkeit belohnt.

Der Primat der Keuschheit und der ihn stützende androgyne Kompromiß blieben die Jahrhunderte hindurch unerschütterliche Eckpfeiler der christlichen Lehre. Auch die Reformation hat in dieser Hinsicht recht wenig reformiert. Es genüge das Beispiel Luthers, des großen Rebellen. Nie ist es ihm in den Sinn gekommen, in seine Kritik der römisch-katholischen Tradition auch den androgynen Kompromiß miteinzubeziehen, denn obwohl er den Priestern die Ehe gestattete, galt ihm doch die Keuschheit als das höchste Gut. Ja, er hielt sie für eine so vollkommene Tugend, daß er meinte, sie könne nur von ganz wenigen – gleich ob Geistlichen oder Laien – verwirklicht werden. In seiner Abhandlung *Von den guten Werken* (1520) mach-

te er sich ausdrücklich noch einmal die alte christliche Lehre
vom Primat der Keuschheit zu eigen. Den Kampf gegen die
Unkeuschheit bezeichnete Luther als eine der ersten und am
schwersten zu befolgenden Christenpflichten („Sanct Augustin
spricht, das unter allenn streytten der Christen sey der keuschheit streyt der hertist allein darumb das er teglich weret") und
empfahl als beste Waffe in diesem Kampf den Glauben. Das
Neue an Luthers Lehre ist also, auch was diesen Punkt anbelangt, die Erlösung allein durch den Glauben. Auch an anderer
Stelle, in seiner Schrift *De votis monasticis* (1521), hat Luther
das noch einmal wiederholt, wenn er schreibt: „Die Ehe ist das
Gute, die Jungfräulichkeit das Bessere, die Freiheit des Glaubens aber das Beste." Der Reformator hat die Nützlichkeit der
guten Werke, nicht aber den Primat der Jungfräulichkeit in
Frage gestellt, ebenso wenig wie es ihm eingefallen wäre, am
Dogma der Trinität oder dem Geheimnis der Fleischwerdung
Gottes zu rütteln. Die Frage der weiblichen Inferiorität ist von
ihm überhaupt nicht angeschnitten worden. Mochte ihm auch
die Distanz zwischen einem protestantischen Pastor und einem
einfachen Christenmenschen geringfügig erscheinen, so genügte
sie doch, die Frauen vom Priesteramt auszuschließen. Dieser
Sachverhalt ist Jones nicht entgangen. Er untersuchte auch die
reformierte Variante des androgynen Kompromisses und wies
nach, daß diese nirgends von der ursprünglichen christlichen
Lehre abweicht.

Das Unbehagen an der Entthronung der Mutter und das damit verbundene Bedürfnis, sie auf irgendeine Art wieder in ihre
alte Stellung einzusetzen, hat sich ganz im Gegenteil gerade
innerhalb der katholischen Orthodoxie Raum verschafft. Ma-
rienkult und Mariologie mit ihren verschiedenen Richtungen
sind eine ausschließlich römisch-katholische Angelegenheit.
Die Verkündung der Dogmen von der Unbefleckten Empfängnis und der leiblichen Aufnahme Mariens in den Himmel auf
dem Ersten bzw. Zweiten Vatikanischen Konzil bilden die
Hauptetappen auf diesem Weg zu einem neuerlichen Aufstieg
des weiblichen Elements, ohne daß damit jedoch die alte Lehre
irgendwie angetastet worden wäre. Maria erhält durch diese
Dogmen keine göttlichen Attribute zurück. Sie bleibt ein einfa-

ches irdisches Geschöpf, auch wenn ihr in der Heilsordnung
eine Vorzugsstellung eingeräumt ist. ,,In Maria ist schon im
voraus die Erlösung mit der ganzen Fülle ihrer Wirkungen rea-
lisiert", schreibt einer der modernsten Mariologen, aber mehr
oder weniger dasselbe hatte schon im 2. Jahrhundert Irenäus
von Lyon, einer der ältesten Kirchenväter, ausgesprochen: ,,Die
Jungfrau Eva ist ungehorsam und wird so zur Ursache des
eigenen Todes und des Todes der ganzen Menschheit. Die ge-
horsame Jungfrau Maria wird zur Ursache ihrer eigenen Rettung und der Rettung des ganzen Menschengeschlechtes" (*Adv.
Haeres.*, III, 22, 4). Wenn der Ungehorsam die größte Sünde ist,
für die Adam und Eva mit der Vertreibung aus dem Paradies
bestraft worden sind, dann ist der Gehorsam die unerläßliche
Voraussetzung für die Erlösung, und eben darum ist das Christentum eine Religion der Kastration, sind doch die Haupttu-
genden, die es fordert, Gehorsam und Unterordnung.

Es ist sicher kein Zufall, daß Hegel, der größte politische
Denker der Neuzeit, seine Forschungen mit einer Untersuchung über die christliche Religion einleitete. Um die Autorität
mit der freien Zustimmung in Einklang zu bringen, postulierte
der große Philosoph, der auch ein *Leben Jesu* geschrieben hat,
eine Volksreligion, ,,ein System von religiösen und moralischen
Wahrheiten, das aller oder doch der meisten freien Beifall haben
könnte". Nietzsche aber legte den ganzen Trug dieses ausgetüf-
telten Systems bloß, indem er schrieb: ,,Eine Lehre und Religion der ‚Liebe', der *Niederhaltung* der Selbstbejahung, des
Duldens, Tragens, Helfens, der Gegenseitigkeit in That und
Wort kann innerhalb solcher Schichten vom höchsten Werthe
sein, selbst mit den Augen der Herrschenden gesehn: denn sie
hält die Gefühle der Rivalität, des ressentiment, des Neides
nieder, die allzu natürlichen Gefühle der Schlechtweggekom-
menen, – sie vergöttlicht ihnen selbst unter dem Ideal der De-
muth und des Gehorsam das Sklave-sein, das Beherrschtwer-
den, das Armsein, das Kranksein, das Unten-stehn. Hieraus
ergiebt sich, warum die herrschenden Classen oder Rassen und
Einzelnen jeder Zeit den Cultus der Selbstlosigkeit, das Evangelium der Niedrigen, den Gott am Kreuze aufrecht erhalten
haben."

# II.

## 5. „Wie der Fuchs zu seinem Namen kam"
### Ein dänisches Märchen

*Es war einmal ein Mönch, der hieß Herr Michel. Einst war er dünn und lang wie eine Hopfenstange gewesen, aber in der letzten Zeit hatte er an Leibesfülle immer mehr zugenommen und war schließlich so dick und fett geworden, daß es fast anstö-ßig war. Überall sprach man von nichts anderem mehr als vom dicken Herrn Michel. Da alles aber so schnell gekommen war, dachten die Leute, es könne nicht mit rechten Dingen zugehen. ,Hier stimmt etwas nicht', sagten sie, ,hinter der ganzen Sache muß noch etwas anderes stecken.' Der gute Mönch war anschei-nend auf Abwege geraten. Wie peinlich! Ausgerechnet er, der fromme Mann!*

*Dem Herrn Michel entging nicht, daß die Leute den ganzen Tag über ihn schwatzten, denn man zeigte mit den Fingern auf ihn, und die Kinder liefen hinter ihm her. Auch seine Mitbrüder im Kloster machten sich über ihn lustig, weil er immer dicker wurde, so daß zum Schluß auch mit ihnen kein Auskommen mehr war. Schließlich glaubte der Herr Michel selbst, daß hier etwas nicht mit rechten Dingen zugehe. Er schämte sich so sehr, daß er wie ein Geächteter in den Wald floh. Hier ernährte er sich von wilden Früchten und Wurzeln, und so verging eine geraume Zeit.*

*Eines Tages war er sehr in Unruhe und fürchtete, daß ihm etwas zustoßen könne. Deshalb lief er den ganzen Tag rastlos umher, bis er sich völlig erschöpft auf einen kleinen Erdhügel niedersetzte. An dessen Seite befand sich eine Mulde, und als der Herr Michel da saß, sprang aus der Mulde ein Fuchs heraus, der ihm zwischen den Beinen durchschoß. ,Lob sei Gott', rief da der Mönch. ,Jetzt bin ich erlöst.' Aber als er genauer hinschaute und sah, worum es sich handelte, sagte er: ,Was für ein häßliches Tier ist da in meine Familie geraten. Wart nur, daß ich dich zum Christen mache und dir einen Namen gebe!' Doch der Fuchs rannte davon und wollte weder vom Christentum noch vom Namen etwas wissen. ‚Was immer du auch sein magst‘, rief der Mönch ihm nach, ‚wenn ich dir schon nichts auf den Weg mitgeben kann, so will ich dir doch wenigstens meinen Namen vermachen. Du sollst Michel heißen wie dein Vater‘. Und diesen Namen hat der Fuchs bis heute behalten.*

*Als der Mönch an sich herabblickte, begriff er, daß wirklich ein Wunder geschehen war. Er war wieder genauso dünn wie zuvor. Glücklich und zufrieden kehrte er deshalb in sein Kloster zurück.*

## 6. Folklore gegen Christentum

Das oben abgedruckte dänische Märchen ist gegen Ende des 19. Jahrhunderts vom Folkloristen Jens Kamp im Amt Holbäk auf der Insel Seeland aufgezeichnet worden. Auf Seeland gab es vor der Reformation mehrere bildliche Darstellungen der Geburt Evas, davon mindestens zwei im Amt Sorö: eine unter den Wandmalereien in der Kirche von Vigerstedt und eine weitere unter den Holzschnitzereien des Chorgestühls in der Kirche von Ringstedt.

Interessant ist an diesem Märchen vor allem die Figur des Protagonisten: ein Mönch. Das Märchen muß demnach in die vorreformatorische Vergangenheit Dänemarks zurückreichen, als Mönche und Klöster noch nicht dem neuen reformierten Glauben hatten weichen müssen. Doch wie kommt es, daß der Mönch fast vier Jahrhunderte lang den Sieg des lutherischen Bekenntnisses überlebte? Warum war er nicht längst durch den protestantischen Pastor ersetzt worden? Die nächstliegende Antwort lautet: Weil der protestantische Pastor nicht wie der Mönch an das Keuschheitsgelübde gebunden war und sich deshalb weniger gut als Zielscheibe für die alte Polemik gegen das Christentum eignete; weil ohne Keuschheitsgelübde die protestantische Kirche offenbar keinen Angriffspunkt mehr bot, immun geworden schien gegenüber dem Vergeltungsangriff des Volks, dessen Träger das Motiv des schwangeren Mannes bildete. In einer beträchtlichen Anzahl unveröffentlichter deutscher und finnischer Märchen, die Ende des 19. und in der ersten Hälfte des 20. Jahrhunderts aufgezeichnet worden sind, ist die Hauptperson jedoch gerade der protestantische Pastor, dem oft seine Frau zur Seite steht, wie z. B. auch in einem russischen Märchen der schwangere Mann ein verheirateter Pope ist. Der Ehestand bewahrte den Pastor also nicht vor der Schwangerschaft. In einigen dieser Märchen spielt die Frau des Pastors sogar die Rolle eines willigen Werkzeugs der Rache des Volks. Alter und neuer Glaube unterschieden sich nicht voneinander, was ihre Auffassung von der Macht anbelangte, und deshalb bestand auch keine Veranlassung, Änderungen an der Figur des Protagonisten vorzunehmen. In ihrer Auffassung von der Macht entsprachen sich der katholische Mönch der mittelalterlichen Vergangenheit und der protestantische Pastor der Gegenwart auf das genaueste, und der Mönch konnte deshalb ruhig an seinem Platz belassen werden. ,,Die Existenz eines Folklorewerkes", schrieben R. Jakobson und P. Bogatyrev in ihrem grundlegenden Aufsatz *Die Folklore als eine besondere Form des Schaffens,* ,,muß eine aufnehmende und sanktionierende Gruppe zur Voraussetzung haben", und eben diese ,,Präventivzensur der Gemeinschaft" bestimmt die Transformationen der folkloristischen Texte. ,,In der Folklore", fahren sie fort, ,,erhalten sich nur diejenigen Formen, die sich für eine gegebene Gemeinschaft funktionell bewähren." Der Mönch bleibt der Protagonist des Märchens, weil er auf perfekte und stets aktuelle Weise den androgynen Kompromiß des Christentums repräsentiert.

Über die beiden Äsopischen Fabeln hinaus enthält das dänische Märchen einige Elemente, die uns erlauben, es mit der von uns angenommenen, ursprünglichen deutschen mittelalterlichen Version des Motivs in Verbindung zu setzen. Verantwortlich für die Vermischung der Geschlechter ist hier direkt der Mönch. Er treibt diese Konfusion bis hin zum Extrem, der männlichen Schwangerschaft, zieht hierdurch den Makel der degradierenden Weiblichkeit auf sich und fordert so die Verachtung seiner Mitbrüder und den Spott der Leute heraus, provoziert also in seiner Gruppe und in der Gesellschaft die gleiche Reaktion wie eine ledige Mutter. Da er wie diese gegen die

Norm verstoßen hat, wird er aus der Gemeinschaft der Mönche und aus der menschlichen Gemeinschaft überhaupt ausgestoßen und mit Hohn und Verachtung überschüttet. Es bleibt ihm kein anderer Ausweg als die Flucht in den Wald, die Zuflucht zur Natur, die ihn ernährt und ihm schließlich Erlösung von seiner unheilvollen Schwangerschaft bringt. Doch hier gerät die Zuflucht zur Natur in einen unüberbrückbaren Gegensatz zur Rückkehr in die Kultur. Die Flucht des Fuchses stellt die Verlängerung der Flucht des Mönches dar, zugleich aber auch deren äußerste Grenze, die der Mönch nicht überschreiten kann. Von seiner schweren symbolischen Bürde befreit, folgt der Mönch dem Fuchs nicht auf seiner Flucht, sondern kehrt glücklich und zufrieden in sein Kloster zurück, nicht ohne zuvor dem Tier den eigenen Namen zu vermachen, der bis heute in Dänemark die volkstümliche Bezeichnung für den Fuchs geblieben ist. Die Flucht zusammen mit dem Fuchs war dem Mönch zu gefährlich erschienen.

In einer schwedischen Variante dieses Märchens erscheint anstelle des Fuchses ein Hase. Auch er flieht in den Wald und verschmäht Namen und Taufe. In der europäischen Folklore haben Fuchs und Hase einen stark magischen Charakter, und Luther bezeichnet sie deshalb in seinen *Tischreden* (4, 4040) als Inkarnationen des Bösen. Das Namen und Taufe verweigernde Tier wird also mit dem Teufel assoziiert, wie andererseits der Teufel mit der Taufe in Verbindung gebracht wird. In einer alten Abschwörungs- und Glaubensformel aus dem 8. Jahrhundert, die bei der Taufe von bekehrten Germanen gesprochen wurde, heißt es nämlich: ,,Schwörst du dem Teufel ab? Ich schwöre dem Teufel ab. – Und aller Gemeinschaft mit dem Teufel? Aller Gemeinschaft mit dem Teufel. – Und allen Werken des Teufels? Ich schwöre allen Werken und Worten des Teufels, Thunaer, Woden, Saxnote und allen anderen Bösen ab, die ihresgleichen sind." Die gleiche oder eine ähnliche Formel wurde wahrscheinlich in späteren Jahrhunderten auch in Skandinavien bei der Bekehrung der Wickinger angewandt. Über den Teufel sind wir auf diese Weise zu den alten Göttern der Germanen und zur altskandinavischen Religion gelangt.

Die durch das Christentum bewirkte Verwandlung der alten,

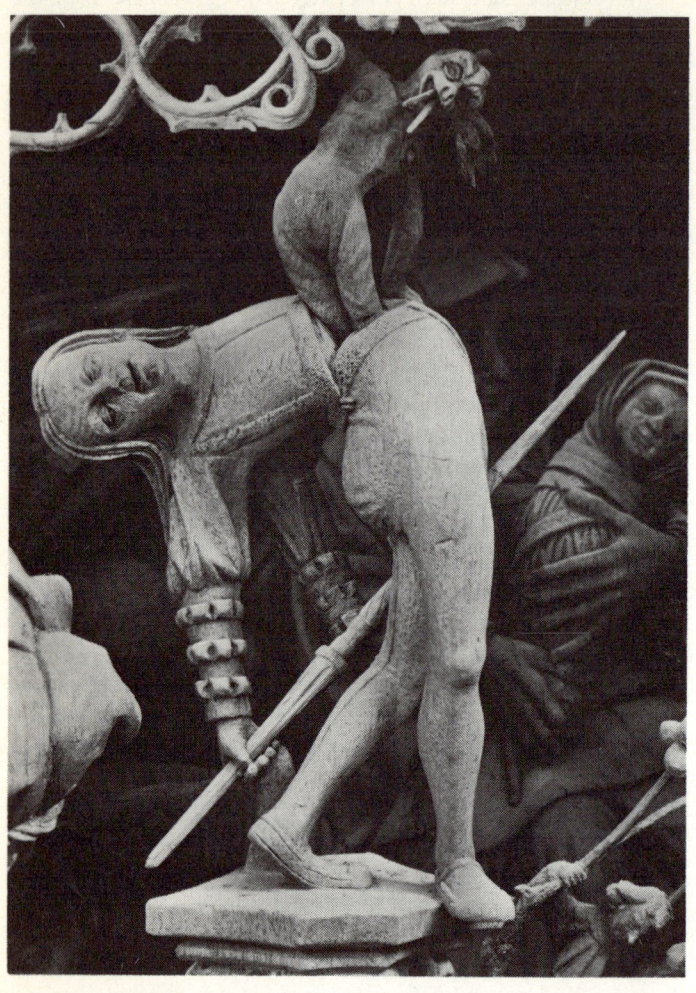

10. Heinrich Douvermann, Altar der sieben Schmerzen Mariens

heidnischen Götter – als „Götter im Exil" hat Heine sie bezeichnet – in Teufel ist im Altar der sieben Schmerzen Mariens,
den der Bildschnitzer Heinrich Douvermann in den Jahren
1518–21 für die St.-Nikolai-Kirche in Kalkar am Niederrhein
geschaffen hat, auch bildlich dargestellt worden (*Abb. 10*). Eine
männliche Figur mit einem langen, spitzen Stab in der Hand
steht stark nach hinten gebeugt auf einer Säule, die höchstwahrscheinlich die Irminsul, die von Karl d. Gr. zerstörte heilige
Säule der Sachsen, darstellen soll. Aus dem quer aufgeschlitzten
Leib der Figur geht ein fratzengesichtiges Teufelchen mit zwei
langen spitzen Zähnen hervor. Die Säule mit der daraufstehen-
den Figur bildet den Mittelpunkt der die Flucht nach Ägypten
beschreibenden Szene, und wir können in ihr wahrscheinlich
eine Anspielung auf einen Bibelvers erblicken, der lautet: „Die
Götter Ägyptens beben vor ihm" (*Jesajas* 19, 1). Das heißt:
Christi Geburt kündigt die Niederlage der heidnischen Götter
an, die durch das Christentum zu Teufeln degradiert werden;
die Geburt Christi aus der Jungfrau bewirkt die Geburt des
Teufels aus dem Götzen. Doch wenn der Künstler mit dem Bild
der widernatürlichen Geburt die Umwandlung der alten Götter
in Teufel darstellt, dann deckt er damit auf, daß es sich um eine
Verfälschung handelt, die einzig dazu dient, die heidnische Religion zu verleumden. Ein Einfluß des Folkloremotivs des
schwangeren Mannes ist wahrscheinlich, denn der Mönch im
Märchen zeugt den Fuchs, wie der Götze den Teufel zeugt. Das
Ergebnis ist in beiden Fällen das gleiche: Fuchs und Teufel
widerstreben beide beharrlich dem Christentum.

Zur germanischen Religion führt uns, zwar auf anderen Wegen, doch stets über den Teufel, auch der Name, den der Mönch
im Märchen dem Fuchs vermacht. Es ist der Name des Erzengels Michael, der sich im ganzen christlichen Mittelalter in allen
europäischen Ländern und vornehmlich in Skandinavien großer
Beliebtheit erfreute. Sein Kult war weit verbreitet. Im vorrefor-
matorischen Dänemark waren dem hl. Michael zwanzig, wenn
nicht mehr Kirchen geweiht. Die älteste dieser Michaelskirchen
befindet sich in Slagelse auf Seeland und wurde schon im
11. Jahrhundert errichtet. Auch in der sakralen Kunst ist der
hl. Michael sehr häufig dargestellt. Er wird zumeist, mit Lanze

11. Kampf des hl. Michael mit dem Drachen

oder Schwert bewaffnet, als Sieger im Kampf gegen den Drachen abgebildet. Der Drache versinnbildlicht bekanntlich den
Teufel, der Erzengel Michael aber repräsentiert Christus selbst,
wie neuere ikonographische Untersuchungen deutlich gemacht
haben. Ein kupferverkleidetes Holzkreuz aus dem 11. Jahrhundert (heute im Nationalmuseum in Kopenhagen) zeigt bezeichnenderweise auf der Vorderseite die Kreuzigung Jesu, auf der
Rückseite aber den Kampf des hl. Michael mit dem Drachen
(*Abb. 11*). Dieser wurde so zum Symbol für die Taufe und ist
deshalb auch auf mehreren Taufbecken dänischer Kirchen dargestellt. Der Sieg des Erzengels über den Drachen symbolisiert
also, wie Jacques Le Goff hervorgehoben hat, den Triumph des
Christentums über das Heidentum. Zwischen dem Michaels-
kult und der Eroberung Dänemarks durch das Christentum
besteht demnach ein inniger Zusammenhang, und zwar nicht
nur in symbolischer, sondern auch in historischer Hinsicht: Die
Verehrung des hl. Michael ist der erste nachweisbare Heiligen-
kult in diesem Land, der sogar in der Heldendichtung des
10. Jahrhunderts erwähnt wird. Und das ist sicherlich kein Zufall, ist doch der Erzengel Michael ein kriegerischer Heiliger,
Verteidiger der Kirchen und Beschützer des zum Christentum
bekehrten Dänemark. Die Lanze oder das Schwert, mit denen
er auf den Darstellungen abgebildet wird, sollten bedeuten, daß
das Christentum in Dänemark und den übrigen skandinavischen Ländern durch die Waffen zum Sieg gelangt ist.

Die Geschichte der Christianisierung Dänemarks ist immer
aus der Sicht der Sieger geschrieben worden, und es ist hier
sicher nicht der Ort, sie vom Standpunkt der Besiegten aus neu
zu schreiben. In dieser Geschichte gibt es – wie überall in der
Geschichte der Christianisierung – viele Opfer und ein paar
illustre Märtyrer, denen sofort die Ehre der Altäre zuteil wurde.
Wir wollen uns hier mit dem Hinweis begnügen, daß nicht
wenige dieser skandinavischen Märtyrer aus der Christianisie-
rungszeit Könige waren. Die berühmtesten sind Knut von Dänemark, Olaf von Norwegen und Erik von Schweden, aber sie
stehen nicht allein. Von ihnen wird berichtet, daß sie, von heili-
gem Missionseifer durchglüht, weder Mühen noch Beschwerden scheuten, um ihre Völker dem Christentum zuzuführen,

und dabei natürlich auch nicht vor Kreuzzügen gegen ihre widerspenstigen Untertanen zurückschreckten.

Die Heiligkeit war also so etwas wie ein königliches Privileg. Die Könige waren der Kirche nicht nur im Leben, sondern auch noch nach dem Tode nützlich, und wenn sie auch im Leben alles andere als heilig gewesen waren, so erwarben sie die Heiligkeit doch nach dem Tode. Das alles aber bedeutet, daß die Kirche die Strategie verfolgte, das Christentum von oben herab, von den Zentren der Macht aus, den widerspenstigen Völkern aufzuzwingen, denn der heidnische Widerstand war erbittert und konnte allein mit Gebeten nicht gebrochen werden. Da mußte auch das Schwert ein wenig nachhelfen. Wie hartnäckig der Widerstand gegen das Christentum war, beweisen schon die Volksaufstände gegen Knut von Dänemark oder gegen Olof Skötkung von Schweden, der aus dem Reich gejagt wurde, weil er den Christenglauben angenommen hatte. Die Politik des *compelle intrare,* d. h. der Zwangschristianisierung, erwies sich als die einzig gangbare. Nach Ansicht der Historiker war die einschneidendste Konsequenz der Christianisierung für die nordischen Länder die Einführung monarchischer und feudaler Institutionen aus dem christlichen Europa. Diesmal wenigstens ist ihre Ansicht zutreffend.

Das Märchen vom schwangeren Mönch, der dem Fuchs seinen Namen gibt, führt uns also in die tragischen Zeiten der Christianisierung Dänemarks zurück und legt die unterschwellige Gewalttätigkeit bloß, die bis heute dem Taufritus innewohnt. Das Christentum, will das Märchen sagen, wurde den Dänen mit der gleichen Gewalt aufgezwungen, mit der es bis heute in der Taufe den Kindern aufgezwungen wird. Niemand fragt die Kinder, ob sie Christen werden wollen, genauso wenig, wie der Mönch im Märchen den Fuchs um seine Einwilligung bittet. Der Wille des Kindes steht nicht zur Debatte. Es wird ein Christ, weil die Eltern es wollen, nicht anders als der Fuchs, der nach dem Willen des Mönchs den Namen Michel erhält.

Die Folklore interpretiert jedoch, wie Jacques Le Goff deutlich gesehen hat, den Kampf mit dem Drachen anders als das Christentum. Der christlichen Auffassung nach muß der Drache getötet oder gezähmt werden. Im Gegensatz dazu kann der Fuchs des Märchens frei und ungehindert in den Wald entfliehen und Namen und Taufe verweigern. Es ist bezeichnend in dieser Hinsicht, daß in der schwedischen Variante des Märchens der Hase, der hier an die Stelle des Fuchses tritt, nicht den Namen Michael, sondern den Namen Jösse, d. h. Jesus, zurückweist.

Den Mönch kümmert es wenig, daß der Fuchs davonläuft. Ihm liegt einzig daran, daß er von seiner eingebildeten, aber deshalb nicht minder bedrückenden Schwangerschaft befreit worden ist. Das Wunder – denn als solches wird es im Märchen ausdrücklich bezeichnet – der wiedererlangten Schlankheit besiegelt die Geschichte. Der Mönch kann so auf seinen angestammten Platz in der Gesellschaft zurückkehren. Das alte Wunder der männlichen Geburt, das am Beginn der Menschheit die Geburt Evas aus Adams Seite ermöglicht hatte, erneuert sich hier mit all seinen bekannten ideologischen Implikationen. Glücklich, die mit der symbolischen Schwangerschaft verbundene Übergangsphase der weiblichen Identifikation überwunden zu haben, erstattet der Mönch der alten Hierarchie ihre ganze Kraft zurück: zuerst der Vater, dann die Mutter, ganz zum Schluß das Kind. Das häßliche rote Tier, das so dreist war, sich in seine Familie einzuschleichen, ist nur der Verachtung und des Mitleids wert.

## 7. „Der Herr, der einen Knecht für sein Haus suchte" Ein finnisches Märchen

*Es war einmal ein Herr, der suchte zu Land und zu Wasser einen Knecht für sein Haus, bis er schließlich unterwegs einem Fremden begegnete. Den fragte er, woher er komme und wohin er gehe. Ich bin der siebte Sohn von Tappola und suche Arbeit, war die Antwort. Darüber freute sich der Herr und versprach dem Mann Arbeit und guten Verdienst. Zuvor fragte er ihn aber noch, ob er das Ding besitze, das man zur Liebe braucht, und als er hörte, daß der Mann es nicht besaß, freute er sich noch mehr, denn er fürchtete die Geilheit seiner Tochter. So gingen sie zu-*

sammen nach Hause, wo der Herr dem Fremden verschiedene
Arbeiten aufzutragen begann. Auf diese Weise verging der Tag,
bis abends nach dem Nachtmahl beschlossen wurde, schlafen zu
gehen – der Herr und seine Frau in das eigene Bett, der Fremde
aber mit der einzigen Tochter zusammen, denn im Haus war
die Wäsche knapp. Es bestand ja auch keine Gefahr, daß sich der
Knecht von den Gelüsten des Mädchens anstecken lassen könnte. In der Nacht begann aber plötzlich der Herr es mit seiner
Frau zu treiben, denn er dachte, die jungen Leute schliefen
schon. Aber die Tochter lag wach, weil sie die Wärme des Mannes neben sich spürte, und als sie das Geächze hörte, das aus dem
Bett der Eltern kam, gab sie dem Mann einen kräftigen Stoß
und fing auch an zu ächzen. Sie fragte ihn, was der Vater da
mitten in der Nacht im Sternenlicht der Mutter zu sagen habe.
Anfänglich tat der Mann so, als ob er die Qual des Mädchens
nicht bemerkte, aber weil er kein Kind aus einer Familie von
Schüchternen war, sagte er schließlich, daß der Vater die Mutter
im Sternenlicht bürste. Das Mädchen verlangte darauf, daß der
junge Mann ihm erkläre, was es mit dem Bürsten auf sich habe.
Dieser zögerte zunächst, dann aber erklärte er es ihm und
schließlich bürstete er es auch.

So verging die Nacht, bis die Sonne den Morgen brachte und
der Herr seine Leute aufs Feld führte, um Heu zu machen. Der
Bursche aber schien müde und matt und hielt sich abseits und
schärfte seine Sense, zum großen Verdruß des Herrn, der ihm
vorwarf, den Tag zu vergeuden. Wütend warf der Knecht da
die Sense ins Gras und lief mit dem Schleifstein in der Hand
davon. Vergebens rief der Herr ihm nach, der Knecht kam nicht
zurück. Als das Mädchen dies alles bemerkte, lief es dem Knecht
trotz der Schelte des Vaters nach und krächzte: Du Dieb, gib
mir meine Bürste wieder, gib mir meine Bürste wieder! Der
Bursche aber rannte weiter, bis er auf einer Brücke, die über
einen tiefen Fluß führte, mit einem Geistlichen zusammenstieß.
Da warf er den Schleifstein von der Brücke hinab ins Wasser
und lief rasch weiter.

Kurz darauf kam das Mädchen angelaufen und zog, ohne in
der Eile den Geistlichen zu bemerken, rasch seine Kleider aus,
um in den Fluß zu steigen und den Schleifstein zu suchen, denn

es glaubte, der Bursche habe seine Bürste ins Wasser geworfen. Verblüfft blickte ihm der Geistliche von der Brücke aus nach und fragte: Was suchst du da? Das Mädchen im Wasser antwortete ihm: Ach ich Ärmste, ich suche die Bürste, die der Fremde mir ins Wasser geworfen hat. Der Geistliche war nicht ohne Herz und wollte dem Mädchen helfen. So entkleidete auch er sich, ließ seine Kleider auf der Brücke zurück und stieg in den Fluß. Aber kaum erblickte das Mädchen das Ding, das man zur Liebe braucht, so zog es den Geistlichen zu sich herab, und im Durcheinander kam der Geistliche unter das Mädchen zu liegen. Dann schwamm er davon, um wieder ans Ufer zu gelangen. Das Mädchen aber lief eilends nach Hause zurück und sagte zum Vater: Der Geistliche hatte meine Bürste, auch wenn ich wirklich nicht weiß, wie er sie mir hat stehlen können. Als der Vater diese Worte hörte, stürzte er sich voller Zorn auf die Tochter und tötete sie, da er sie von der Lust besessen glaubte.

Auch der Geistliche war, als er das Wasser verlassen hatte, wieder nach Hause zurückgekehrt. Bald darauf bekam er starke Schmerzen. Er fragte deshalb die Gevatterinnen, wer wohl schwanger werde und das Kind bekomme, wer im Wasser oben oder wer im Wasser unten gelegen habe. Die Gevatterinnen antworteten ihm, daß derjenige, der unten gelegen habe, in die Wehen komme. Da bekam der Geistliche es mit der Angst zu tun, denn er hatte ja im Wasser unter dem Mädchen gelegen. Deshalb schickte er seinen Knecht zum Doktor, um Näheres zu erfahren. Aber der Knecht kehrte unverrichteter Dinge zurück und berichtete, daß der Doktor erst etwas sagen könne, wenn er den Urin gesehen habe. So füllte der Geistliche sein Wasser in ein Gefäß aus Birkenrinde und schickte den Knecht damit zum zweiten Mal zum Doktor, um sein Urteil zu hören. Doch auf einer Wiese stolperte der Knecht und verschüttete den Inhalt des Gefäßes. Darüber war er sehr erschrocken und wußte nicht ein noch aus, bis sein Blick auf eine gescheckte Kuh fiel, die dabei war, ihr Wasser in einen Graben abzulassen. Je größer die Not, desto näher die Hilfe! Schnell lief der Knecht mit dem Gefäß zur Kuh und hielt es ihr unter, bis es voll war. Dann setzte er fröhlich seinen Weg fort, bis er zum Doktor kam. Dieser untersuchte das braune Wasser im Gefäß und sagte: Ein geschecktes

*Kalb wird hier zur Welt kommen, das sieht man schon am Wasser. Der Knecht eilte nach Hause zurück und berichtete dem Geistlichen die volle Wahrheit, so wie er sie vom Doktor gehört hatte. Der Geistliche bekam darauf heftige Schmerzen. Eilends verließ er sein Haus und floh in den Wald, um hier abzuwarten, daß sein Zustand sich erfülle. Nachdem er drei Tage im Wald herumgeirrt war, kam er an ein Haus und bat hier um Obdach. Er wollte jedoch in der Sauna schlafen, und nachdem er die Türe verriegelt hatte, zog er die Stiefel aus, stellte sie neben den Ofen und legte sich zur Ruhe. Kurz zuvor war aber ein geschecktes Kalb in die Sauna gelegt worden, und als der Geistliche am Morgen erwachte und das Kalb sah, glaubte er sofort, daß es sein Kind sei. Voller Grauen floh er aus der Sauna und ließ seine Stiefel dort zurück. Als die Leute den Geistlichen zum Frühstück holen wollten, fanden sie nur noch seine Stiefel und glaubten, daß das Kalb ihn gefressen habe. Dafür prügelten sie das Kalb so heftig, daß es laut blökend sein Leben ließ. In der Nähe befand sich aber ein Steinbrecher, der sich über den Lärm, den das Kalb machte, sehr erboste. Er füllte deshalb das Kalb mit Pulver und sprengte es in die Luft, weil es den Geistlichen gefressen und ihn selbst so sehr belästigt hatte.*

## 8. Kinder gegen Vater

Dieses noch unveröffentlichte finnische Märchen ist im Jahr 1889 in Laihia in Westfinnland aufgezeichnet worden, wo es ein 60jähriger Kammacher namens Samuli Suurtalo dem Volkskundler Alexander Lindquist erzählt hat. Wir wollen versuchen, es mit Hilfe von drei weiteren, ebenfalls unveröffentlichten finnischen Märchen und einer russischen, veröffentlichten Variante zu interpretieren.

- *Der Knecht ohne Hoden*, 1890 in Tyrvää von einem 30jährigen Schneider namens Saxbäck erzählt (*a*)
- *Die Entbindung des Geistlichen*, 1893 in Norrmarkku vom 22jährigen Scharfschützen Frans Viktor Snäll erzählt (*b*)
- *Märchen ohne Titel*, 1896 in Sahalahti von Herrika Erikintytär, einer 71jährigen Frau erzählt (*c*).

Die russische Variante, hier mit R bezeichnet, trägt den Titel *Der Kamm* und ist erstmals im Jahre 1883 in französischer Übersetzung veröffentlicht worden, aber weder der Name des Informanten noch der Ort der Aufzeichnung werden angegeben. Der um seine Anonymität besorgte Aufzeichner war hingegen der bekannte russische Folklorist Alexander Afanasjew, der im Jahre 1871 starb. Das Märchen muß also einige Zeit vor diesem Datum aufgezeichnet worden sein.

Das finnische Märchen steht in einem noch engeren Zusammenhang mit den Äsopischen Fabeln als das zuvor untersuchte dänische Märchen. Hier treten dieselben Personen auf wie in den beiden Fabeln: Der Vaterherr, die Tochter, der Dieb, der Arzt, das Tierkind, der Chor der Leute. Einige dieser Figuren erscheinen der Erzähltechnik wegen in doppelter, wenn nicht gar mehrfacher Gestalt. Die Vaterfigur wird sowohl vom eigentlichen Vater als auch vom Geistlichen verkörpert. Der Knecht tritt gleich dreimal auf: als Knecht des Herrn, als Knecht des Vaters und als der Steinbrecher am Schluß des Märchens. Zwar gibt es nur ein Tierkind, dafür hat es jedoch an Umfang zugenommen. Aus dem winzigen Käfer der Äsopischen Fabel ist im finnischen Märchen das monumentale Kalb geworden. Auch das zweite Tier der Äsopischen Fabeln, der Hund, wird im finnischen Märchen durch ein anderes Tier ersetzt, nämlich durch die Kuh, die jedoch dem Hund gegenüber ein neues Element darstellt: Die Kuh ist mit dem Kalb verbunden, weil sie es zur Welt bringt, während zwischen Hund und Käfer kein Zusammenhang besteht. Symmetrisch zur Kuh tritt im finnischen Märchen noch eine gänzlich neue Figur auf: die Frau des Herrn und Mutter der Tochter.

Eine Reihe von gemeinsamen Zügen verbindet also die Personen des finnischen Märchens mit den Figuren der Äsopischen Fabeln. Daß der Geistliche das Duplikat des Vaters darstellt, ist evident; das beweist zunächst schon die von den beiden Figuren ausgeübte Erzählfunktion. Eventuelle Zweifel ließen sich auch durch die oben genannte Variante *b* ausräumen, in der der Geistliche von Anfang an mit allen natürlichen Requisiten eines Vaters ausgestattet ist und ganz eindeutig dessen Stelle einnimmt. Es handelt sich nämlich hier um die Figur des protestantischen Pastors, die mit der Reformation auch in Finnland heimisch geworden war. Dieser Pastor ist natürlich verheiratet und hat obendrein eine Tochter. Als Herr tritt der Geistliche in allen vier Varianten des Märchens auf, denn stets hat er einen Knecht oder auch mehr als einen. Die Identität zwischen dem Knecht des Herrn und dem Knecht des Geistlichen ist offenkundig. Der Knecht des Märchens ist aber zugleich auch der Dieb der Äsopischen Fabel, denn als Dieb wird er vom Mädchen apostrophiert, als er mit der Bürste davonläuft. Ein Dieb ist der Knecht jedoch vor allem dem Herrn und Vater gegenüber, denn er stiehlt ihm die Arbeitszeit, indem er seine Zeit damit vertut, die Sense zu schärfen, anstatt das Gras zu mähen. Ein noch größerer Dieb ist er in anderen Varianten: Unter dem Vorwand, ihm eine Bürste kaufen zu wollen, entwendet er dem Mädchen auch noch Geld. In der Variante *c* stiehlt das Mädchen dem Vater das Geld, womit ihm der Knecht eine Bürste kaufen soll. Im finnischen Märchen ist der Dieb also in den Kontext der bäuerlichen Gesellschaft versetzt worden. Er gehört hier zur Randgruppe der Ärmsten, der Arbeitslosen und Vagabunden, die regelmäßig zu Dieben wurden.

Das Gegenstück zum Dieb in der ersten Äsopischen Fabel ist der Reiche in der zweiten Fabel. Im Märchen werden die beiden Abstraktionen – der Dieb und der Reiche – konkretisiert. Der Dieb steht hier mitten in der greifbaren Wirklichkeit der gesellschaftlichen Verhältnisse, wie sie im 19. Jahrhundert in Finnland auf dem Lande herrschten. Der Reiche ist der ,,kleine Herr'' – der Kulak oder reiche Bauer –, der Dieb der Knecht, der als Tagelöhner für ihn arbeitet. Aus Sparsamkeitsgründen läßt der Herr den Knecht mit seiner Tochter in einem Bett schlafen, weil er, wie es in der Variante *a* ausdrücklich heißt, ,,ein sehr geiziger Herr'' ist. Wie in den beiden Äsopischen Fabeln verbindet sich auch hier der Geiz mit der Eifersucht. Der Herr ist nicht nur darauf bedacht, nicht bestohlen zu werden, sondern kontrolliert auch die Sexualität der Tochter und verlangt vom Knecht die Kastration. Der Vater fürchtet die sexuelle Initiative der Tochter, die das Märchen ihr hingegen voll zugesteht. Diese Initiative findet ihre Entsprechung im Verlangen des Knechts, der vorgibt impotent zu sein, um den

Herrn besser hinters Licht führen und seinen Geiz ausnutzen zu können, mit dem Ziel, die Tochter in ihrem eigenen Bett zu verführen. In der Variante *a* hört der Knecht des Nachbarn davon, daß der Herr und Vater einen impotenten Knecht sucht und bewirbt sich bei ihm, nachdem er symbolisch seinem Pferd den Schwanz abgeschnitten hat, mit den Worten: „Grüß dich! Hier hast du ein Pferd ohne Schwanz und einen Knecht ohne Hoden." Die Einfalt des Mädchens ist ebenso vorgetäuscht wie die Impotenz des Knechtes. Von Anfang an ist klar, daß die beiden jungen Leute trotz aller Verbote des Vaters und Herrn das gleiche wollen. Das Märchen entlarvt so die Unhaltbarkeit des väterlichen Anspruchs, die den beiden jungen Leuten nicht zugebilligte Sexualität sich selbst vorzubehalten: im eigentlichen Sinne der sexuelle Verkehr mit seiner Frau, im symbolischen Sinne auch der mit der Tochter. Der Vater folgert dieses Verfügungsrecht über die töchterliche Sexualität aus seinem Verzicht auf eine direkte Ausübung der Sexualität mit der Tochter, den ihm das Inzesttabu auferlegt. Das Märchen ficht jedoch die Unausweichlichkeit dieser Folgerung an und erkennt der Tochter das Recht zu, allein über ihre Sexualität verfügen zu dürfen. Die Beziehung zwischen den jungen Leuten ist von beiden frei gewählt und entspringt einzig dem gegenseitigen Verlangen. Auf diese Weise zeigt das Märchen die Möglichkeit einer anderen Sexualität auf, die sich nicht, wie sonst allgemein in Europa üblich, auf Gewalt und Ungleichheit gründet. Doch gerade deshalb wird sie als ein schwerer Verstoß gegen die geltende Norm angesehen, dem bezeichnenderweise ein zweiter Verstoß parallel läuft: der Diebstahl der dem Herrn geschuldeten Arbeitszeit. Dieser zweite Verstoß wird als eine direkte Konsequenz des ersten hingestellt: Der Knecht arbeitet am Tag nicht auf dem Feld, weil er in der Nacht mit dem Mädchen Liebe getrieben hat. Der Symbolismus der mit dem Schleifstein geschärften Sense ist ambivalent. Er verweist ebenso auf die nächtliche Liebe wie auf die verweigerte Arbeit am folgenden Tage. Die Sense evoziert nämlich nicht nur die die Arbeit begünstigende Kastration, sondern auch ihr Gegenteil, d. h. die Sexualität, die die Arbeit behindert. Die Reintegration des Phallus geht auf Kosten der Arbeit und hat in der Variante *c* auch

den Erwerb der Bürste, d. h. des vom Vater und Herrn ausge-
merzten Phallus, zur Folge. Die Bürste aber wird mit Hilfe der
Tochter erworben, die dem Vater das für diesen Kauf erforder-
liche Geld stiehlt. Der Knecht entschädigt sich für die ihm vom
Herrn auferlegte Kastration durch einen doppelten Diebstahl.
Er entwendet dem Vaterherrn nicht nur etwas von seinem
Reichtum, sondern auch die vom Vater für sich beanspruchte
Sexualität, und zwar mit dem Einverständnis der Tochter. Der
Reiche, der Dieb und die Tochter der mittelalterlichen Äsopi-
schen Fabeln stehen einander also erneut gegenüber. Der Vater
reagiert auf die beiden Verstöße gegen die Norm mit Zorn und
Gewalt. Er macht dem müßigen Knecht Vorwürfe und zwingt
ihn, den Dienst aufzugeben, ja er tötet sogar die Tochter, als er
von ihrer Liebschaft erfährt. Zuvor aber hatte das Märchen
noch die Figur des Geistlichen in die Erzählung eingefügt. Der
Geistliche ist der Protagonist des zweiten Teiles und sein erster
Auftritt erfolgt bezeichnenderweise auf einer Brücke, die zwei
Ufer verbindet, denn der Geistliche übt im Märchen die Funktion eines Verbindungsgliedes aus. Er führt in das Geschehen
des zweiten Teils die gleichen Thematiken und Personen ein,
die schon den ersten Teil beherrscht hatten. Auf der Brücke
begegnet er nämlich dem fliehenden Knecht und setzt sich sofort an dessen Stelle, indem er dem Mädchen hilft, den Schleifstein zu suchen, und mit ihm sexuell verkehrt.

Die Varianten sind hier noch präziser. In der Variante *a* heißt
es ausdrücklich: ,,Als es dem Geistlichen gelang, aus dem Wasser zu kommen, wollte die Tochter nochmals die Bürste kosten,
stieß den Geistlichen unter sich und legte sich selbst auf ihn.''
Auch die anderen Varianten sprechen von einem Koitus in umgekehrter Stellung auf Veranlassung des Mädchens, das diese
Stellung aber nur beim Koitus mit dem Geistlichen, nicht mit
dem Knecht einnimmt. Da die Gevatterinnen erklären, das
Kind bekomme, wer beim Beischlaf unten gelegen habe, nimmt
der Geistliche an, schwanger zu sein. Doch es handelt sich um
ein Mißverständnis, das eine Reihe von Entlarvungen auslöst.
Denn die Gevatterinnen wollten ja nur sagen, daß die Frauen
schwanger werden, wenn sie beim Beischlaf unten liegen, wie
Kirche und Medizin seit Jahrhunderten gelehrt hatten. Das Ge-

schlecht des Untenliegenden stand gar nicht zur Debatte. Verantwortlich für dieses Mißverständnis war also der Geistliche
selbst, denn gerade er glaubte ja an das Wunder der männlichen
Schwangerschaft und leitete daraus die in Familie und Gesellschaft herrschenden Machtverhältnisse her. Er ist es, der der
väterlichen Gewalt die höchste Sanktion verleiht, die Sexualität
verhindert, die Kastration zum Programm erhebt und die Ausbeutung rechtfertigt. Der Geistliche war der Haupturheber der
bestehenden Ordnung, und deshalb lädt ihm das Märchen in
seiner Erzählkonstruktion ganz zu Recht die Hauptlast auf.
Wenn nämlich derjenige den Kindern befehlen darf, dessen
Werk sie sind, und der Vater Kindern befiehlt, weil sie sein
Werk sind, dann folgt daraus logischerweise, daß derjenige, der
tagtäglich diese Lehre predigt, d. h. der Geistliche, der ja schon
seinem Wesen nach ein Vater, nämlich der Vater der Gläubigen
ist, besser als jeder andere geeignet ist, Kinder zur Welt zu
bringen. Die Kinder sind das Eigentum des Vaters. Sie gehören
ihm, weil Gott es so angeordnet hat, erklärt die christliche Lehre. Und aus diesem Grunde, antwortet das Märchen, entscheidet der Vater auch über ihre Sexualität und ihr Leben und darf
sogar die Tochter töten, weil sie ohne seine Einwilligung über
ihre Sexualität verfügt hat. Das Märchen führt die Eifersucht
und den durch sie bewirkten Mord tatsächlich auf das Inzesttabu
bu zurück, denn der Geistliche, der sich an die Stelle des
Knechtes setzt und mit dem Mädchen sexuell verkehrt, begeht
ja tatsächlich einen Inzest, weil er dem Begriff nach ein Vater
ist, wenn auch nur ein symbolischer. Aber diese dem Vater für
den Ungehorsam der Tochter zugestandene Entschädigung
dient einzig dazu bloßzulegen, daß die dem Vater von der Gesellschaft zugebilligte Kontrollgewalt über die Tochter nur die
Gegenleistung für den ihm vom Inzesttabu auferlegten Verzicht
auf das eigene Begehren ist.

Eben dies sagt die russische Variante ganz offen. Bis zur
Rückkehr des Mädchens vom Fluß folgt sie ziemlich genau dem
Erzählschema des finnischen Märchens, ohne jedoch auf die
Schwangerschaft des Geistlichen anzuspielen. Dafür tritt an die
Stelle der Tötung der Tochter der Inzest mit der Tochter. Im
russischen Märchen ist der Vater ein Pope, also zugleich der

Priesterherr, und als er die Tochter erblickt, die vom Fluß nach Hause zurückkehrt, spielt sich folgendes ab:

*Der Pope zieht aus der Hose seinen Popenknüppel, zeigt ihn der Tochter durchs Fenster und schreit: ,Töchterchen, he, Töchterchen! Hier ist dein Kamm!' – ,Ja, das ist meiner', sagt die Tochter, ,er ist am Ende ganz rot.'* Dann wendet sich der Pope an seine Frau und klagt, daß die Tochter ihre Ehre verloren habe. Aber die Popenfrau rät ihm, sich dessen erst zu vergewissern, bevor er solch schwerwiegende Folgerungen ziehe. *Der Pope läßt darauf seine Hose herunter und gibt seiner Tochter den Kamm. Und als er dabei ist, wiehert und schreit er: ,Nein, die Tochter hat ihre Ehre nicht verloren ...' Und die Popenfrau sagt zu ihm: ,Väterchen, stoß ihr die Ehre noch tiefer hinein!' – ,Keine Angst, Mütterchen, ich hab sie weit hineingestoßen, sie wird sie nicht fallen lassen.' Die Tochter ist aber noch jung und weiß noch nicht, wie man die Beine hochhebt und zusammenbiegt! Bieg sie noch mehr, Töchterchen, bieg sie noch mehr!' schreit die Popenfrau. Doch der Pope: ,Laß, Mütterchen, sie ist ja schon zusammengerollt wie eine Kugel!' Und so kam die Tochter des Popen zum Kamm. Seitdem kämmt der Pope sie beide und traktiert sie mit seinem Püppchen und verbringt seine Zeit damit, Tochter und Mutter zu vögeln.*

Die Ehre der Tochter ist ein dem Vater gewährtes Pfand, um ihn für seinen Verzicht zu entschädigen. Verliert die Tochter aber die Ehre, d. h. nimmt sie das Pfand zurück, dann erwirbt der Vater sein Recht zurück. Das Tabu fällt, und selbst die Ehefrau gibt ihre Einwilligung zum Inzest. Aber die Gesellschaft gründet sich auf das Inzesttabu und kann es nicht einfach fallen lassen, auch nicht im Märchen. An die Stelle des Inzests tritt deshalb gewöhnlich die Strafe. Das finnische Märchen präsentiert sie in ihrer extremen Form und rückt damit ihre durch nichts begründete Grausamkeit ins Licht. Die Tötung der Tochter, ferner Nachhall einer grausamen Vorzeit, die jedoch auch das römische Recht letztlich legitimiert hat, fehlt in den Varianten *a*, *b* und *c*. Doch ist in den Varianten *a* und *c* von der Todesstrafe in anderem Zusammenhang die Rede, nämlich von einem Tode durch Enthauptung. Das Recht zu töten steht in der modernen Gesellschaft nicht mehr dem Vater zu, sondern der öffentlichen Gewalt, die ihn repräsentiert. Deshalb hat sich in den Varianten nicht nur die die Strafe verhängende Instanz, sondern auch die Person des Schuldigen gewandelt. Hier ist der Schuldige ein Mann, über dessen Missetat, die ihn aufs Schafott gebracht hat, allerdings nichts gesagt wird. Es heißt nur, daß der Geistliche auf seiner Flucht an einem Schafott vorbeikommt, wo er einem hingerichteten Verbrecher die Stiefel samt den noch darinsteckenden Beinstümpfen wegnimmt. Die Beinstümpfe lassen später den Verdacht aufkommen, daß das Kalb den Geistlichen bis auf die Füße aufgefressen habe.

Als die beiden Varianten aufgezeichnet wurden, d. h. im letzten Jahrzehnt des vergangenen Jahrhunderts, wurde die Todesstrafe in Finnland nur bei wenigen, besonders schwerwiegenden Verbrechen wie Hochverrat und Zarenmord verhängt, aber nur selten vollstreckt, und dann sicherlich nicht öffentlich, geschweige denn am Wegesrand. Die Vollstreckung der Todesstrafe war, wie Michel Foucault hervorgehoben hat, seit dem Ausgang des 18. Jahrhunderts kein öffentliches Spektakel mehr. Die beiden Varianten nehmen also Bezug auf die Zeit der schwedischen Herrschaft, als die Todesstrafe noch oft verhängt und an den verschiedensten Orten öffentlich vollzogen wurde. Damals wurden auch noch Diebstahl und Blutschande mit dem Tode bestraft. Das Schafott mit dem Enthaupteten scheint also daran erinnern zu wollen, daß Blutschande und Diebstahl vor Zeiten mit der größten Strenge geahndet zu werden pflegten, und diese Mahnung gilt vor allem dem Geistlichen, der sie ja beide, wenn auch nur in der symbolischen Form, die all sein Sein und Handeln charakterisiert, begeht (das Mädchen beschuldigt ihn auch, die Bürste gestohlen zu haben). Der Geistliche, der den sexuellen Verkehr untersagt, erliegt der Versuchung durch das Mädchen und übt diesen selbst aus. Damit entschädigt er aber nicht nur den Vater für den Ungehorsam der Tochter, sondern auch die Tochter und den Knecht für die ihnen vom Vater auferlegte Kastration. Der Koitus findet im Wasser statt, eine offensichtliche Parodie auf den neutestamentarischen Symbolismus. Der Knecht wirft die Bürste ins Wasser – im Wasser findet das Mädchen sie wieder: Der Ritus des Ein- und Auftauchens, gleichbedeutend mit Tod und Wiedergeburt, ist der gleiche wie in der Taufe, nur steht hier nicht die Seele, sondern der Phallus auf dem Spiel. Diese parodistische Entweihung des Taufritus wird im Märchen bis zur letzten Konsequenz geführt, denn auch hier ist die Wiedergeburt aus dem Wasser eine Geburt aus dem Vater, während das Kind obendrein das Kalb aus dem Wunder des Wassersüchtigen ist. Die Exekration ist sarkastisch: Wenn das Kind vom Vater hervorgebracht wird, sagt das Märchen, dann soll alles auch ganz so ablaufen, wie es sich gehört. Der Geburt gehe der Koitus voraus, und wer das Kind zur Welt bringt, der liege unten. Der Geistliche liegt also beim Koitus unten, aber kein Kind, sondern ein Kalb ist das Ergebnis. Das Märchen zieht demnach folgenden Schluß: In der Natur wird das Kalb von der Kuh geworfen, ebenso wie die Mutter die Tochter gebiert. Um Kinder zu zeugen, bedarf es der Eltern, eines Beischlafs und der Schwangerschaft und Geburt durch die Mutter. Alles andere ist Konfusion und Betrug. Zu diesem Schluß kommt das Märchen unter Anwendung einer uralten, auch heute noch, vor allem in der Mathematik, gebräuchlichen Beweisführung, bei welcher aus einem Satz derart sinnwidrige Folgerungen gezogen werden, daß der Satz selbst damit *ad absurdum* geführt wird. Das Märchen führt folgenden Beweis: Der Vater erzeugt das Kind, so wie der Geistliche das Kalb gebiert; der Geistliche gebiert das Kalb, so wie das Kalb die Menschen frißt. Die aufgestaute polemische Spannung kann sich jetzt entladen: Der Steinbrecher füllt das Kalb mit Pulver und sprengt es in die Luft.

Keines der Elemente dieses Märchens ist also, wie wir sehen, von der christlichen Kulturübertragung kontaminiert. Das Märchen bleibt dem Schema des Widerstands gegen das Christentum treu, das sich schon im frühen Mittelalter mit dem Motiv des schwangeren Mannes in der Folklore herausgebildet hatte. Die beiden mittelalterlichen Äsopischen Fabeln sind also nichts anderes als eine kirchliche Transposition dieses Motivs zum Zwecke seiner Bekämpfung. Die meistangewandte Methode der Kirche im Kampf gegen die Folklore war es ja, wie J. Le Goff deutlich gemacht hat, die Motive der Folklore aufzugreifen, um sie in christlichem Sinne umzudeuten. Freilich handelte es sich dabei nicht um die einzige Methode. Die Kirche kannte auch andere Mittel, wenn sie gegen die Folklore zu Feld ziehen wollte.

In der Dorfkirche von Hattula in Westfinnland befindet sich auf den – zu Anfang des 16. Jahrhunderts von einem unbekannten Künstler geschaffenen – Wandmalereien eine der originellsten Darstellungen von Evas Geburt. In der Mitte des Bildes tritt Eva in der Höhe von Adams Oberschenkel in die Welt. Die Darstellung folgt also hierin dem mittelalterlichen Schema, das auch im 16. Jahrhundert in ganz Europa noch gerne nachgeahmt wurde. Gottvater steht auf diesem Bild jedoch nicht wie sonst üblich neben dem ersten Menschenpaar, sondern schaut aus dem Himmel auf Adam und Eva hinab; er ist von einem Wolkenkranz umgeben und von zwei geflügelten Engeln flankiert. Rechts neben dem Urelternpaar erblicken wir eine Sirene, ein Wesen mit dem Oberkörper einer Frau und dem Schwanz eines Fisches, sowie einige Tiere: vor der Sirene ein paar Fische, vor Adam und Eva einen Bären, der ein Kalb anspringt, und einen Fuchs mit einem erbeuteten Vogel im Maul. Ein weiterer Vogel sitzt in der Höhe des Bären auf einem Busch. Wenn wir davon absehen, daß die Tiere hier als Raubtiere auftreten, passen sie durchaus in die Tradition der bildlichen Darstellung von Evas Geburt. Nur die Sirene fällt aus diesem Rahmen heraus. Die europäische Ikonographie kennt allenfalls eine Schlange mit einem Frauenkopf, die dann aber gewöhnlich nicht in der Geburts-, sondern in der Versuchungsszene erscheint. Der unbekannte Maler von Hattula wählte also das Bild der Sirene, um auf Evas Verführungskünste anzuspielen. Die Sirene hat ebenso lange Haare wie Eva und stellt wie sie ihre weiblichen Reize zur Schau, eine Übereinstimmung, die zweifellos beabsichtigt ist. Es sollte damit bedeutet werden, daß Eva, die betend und gehorsam aus Adams Seite in die Welt tritt, ihren Gatten mit ihren Verführungskünsten ins Verderben stürzen wird.

Im *Fiore di virtù*, einer italienischen Kompilation aus dem 14. Jahrhundert, in der Laster und Tugenden samt ihren den Bestiarien entnommenen Symbolen unter Zuhilfenahme aller bekannten Enzyklopädien und Moralschriften des Mittelalters klassifiziert und beschrieben werden, heißt es, daß die Sirene das Laster der Schmeichelei symbolisiert, weil sie mit ihrem

süßen Gesang den Seefahrer in den gefährlichsten Augenblik-
ken der Fahrt einschläfert und ihn so schiffbrüchig werden
läßt. Der *Fiore di virtù* war in ganz Europa verbreitet und ist
auch in verschiedene andere Sprachen übersetzt worden. Er
spiegelt die Kultur der kirchlichen Kreise Europas wider und
kann deshalb ohne Schwierigkeiten zur Erklärung der spätmit-
telalterlichen Ikonographie eines finnischen Wandgemäldes
herangezogen werden, besonders wenn dieses einen schlafenden Mann und eine von seiner Seite wegschlüpfende Frau darstellt. Die Mahnung war unmißverständlich: Ihr Söhne
Adams, seid auf der Hut! Die Schmeicheleien der Evastöchter
werden euch teuer zu stehen kommen. Evas Verführungskünste hatten – diesen Schluß ließ schon der biblische Rahmen zu
– ganz offensichtlich mit Sexualität und Fortpflanzung, mit der
verbotenen Frucht vom Baum der Erkenntnis zu tun und gaben Antwort auf Fragen, wie sie die Kinder zu stellen pflegen,
wenn sie sich nach der Herkunft der Neugeborenen erkundi-
gen. Die Tiere auf dem Bild legen den Verdacht nahe, daß das
als Schmeichelei und Verführung verdächtigte Wissen um die
Sexualität mit dem Folkloremotiv des schwangeren Mannes in
Zusammenhang stehen könnte, denn das Kalb und der Fuchs
sind als Tierkinder auch die Protagonisten des finnischen bzw.
des dänischen Märchens, wenngleich mit umgekehrten Eigenschaften: Auf dem Bild ist das Kalb nicht mehr der Angreifer,
sondern der Überfallene, der Fuchs nicht mehr der Flüchtige,
sondern der Räuber. In Polemik zum Märchen scheint das
Bild die Dinge wieder an ihren rechten Platz rücken zu wollen. Es sagt: Das Kalb frißt keine Menschen, sondern wird
vom Bären gefressen. Wer hier frißt, ist der Fuchs – und zwar
Hühner. Dabei wird auf die tägliche Erfahrung der Bauern
verwiesen, denn nicht selten kam es in Finnland vor, daß ein
hungriger Bär über das Vieh herfiel oder der Fuchs ein Gemetzel im Hühnerstall veranstaltete. Im dänischen Märchen verweigert der Fuchs die Annahme des Christentums, während er
im *Fiore di virtù* im gleichen Kapitel wie die Sirene als der
Protagonist der Äsopischen Fabel erwähnt wird, in der er dem
Raben mit seiner Schmeichelei das Stück Fleisch abschwatzt,
das dieser im Schnabel hält; d. h. der Fuchs umschmeichelt und

hintergeht die Vögel auf die gleiche Art, wie es die Sirene mit den Menschen tut. Mit der Schmeichelei ist aber die Lüge verbunden – die Lüge nämlich, daß der Geistliche ein Kalb zur Welt bringt und das Kalb Menschen frißt. Der zweckbedingten „Absurdität" des Märchens hält das Bild die Evidenz der von der Erfahrung bezeugten Realität entgegen.

Die Geistlichen, die dem Künstler in Hattula das Programm vorschrieben, bedienten sich der üblichen Methode. Sie stellten die „absurden" Behauptungen des Märchens, die ja einzig den Widersinn der Dinge bloßlegen wollten, als affirmative Aussagen hin. Die finnischen Bauern wußten aber sehr genau, daß Kälber keine Menschen fressen und hatten in dieser Hinsicht wahrhaftig keine Belehrung nötig. Sie gingen auch nicht in die ihnen gestellte Falle, sondern erwiderten der Geistlichkeit, daß allenfalls schon einmal der Wolf Menschen frißt. In der Variante *b* erblickt der Geistliche auf der Flucht ein Paar Stiefel in noch gutem Zustand und nimmt sie an sich. „Drinnen steckten noch die Füße eines Mannes. Der Wolf hatte den Mann gefressen, aber es war ihm nicht gelungen, auch die Füße in den Stiefeln zu fressen." Mit dieser Stelle stimmt wörtlich eine andere Stelle in der gleichen Variante überein. Als nämlich die Leute am Morgen den Geistlichen nicht mehr antreffen und an seiner Statt nur noch die Stiefel mit den Beinstümpfen finden, geben sie ihrem Erstaunen mit den gleichen Worten Ausdruck: „Dieses Teufelskalb hat den Mann gefressen, aber es ist ihm nicht gelungen, auch die Füße in den Stiefeln zu fressen." Der Unterschied zwischen affirmativer Aussage und einem Beweis *per absurdum* wird so mit der größten logischen Konsequenz wiederhergestellt. Bei der Widerlegung der vom Märchen vorgebrachten Argumentation hatten die Geistlichen allerdings das erste Glied der Beweiskette unangetastet gelassen, nämlich den Satz, daß der Vater das Kind erzeugt, wie Adam Eva geboren hat. Wenn nun auf dem Bild in der Kirche von Hattula nochmals das alte ikonographische Schema des aus der Seite gebärenden Adams aufgegriffen wird, dann wird dieser Satz mit unerschütterlicher Dreistigkeit erneut bestätigt.

Das Bild führte jedoch auch noch andere Argumente ins Feld, die es für ebenso überzeugend hielt. Es wandte sich an die

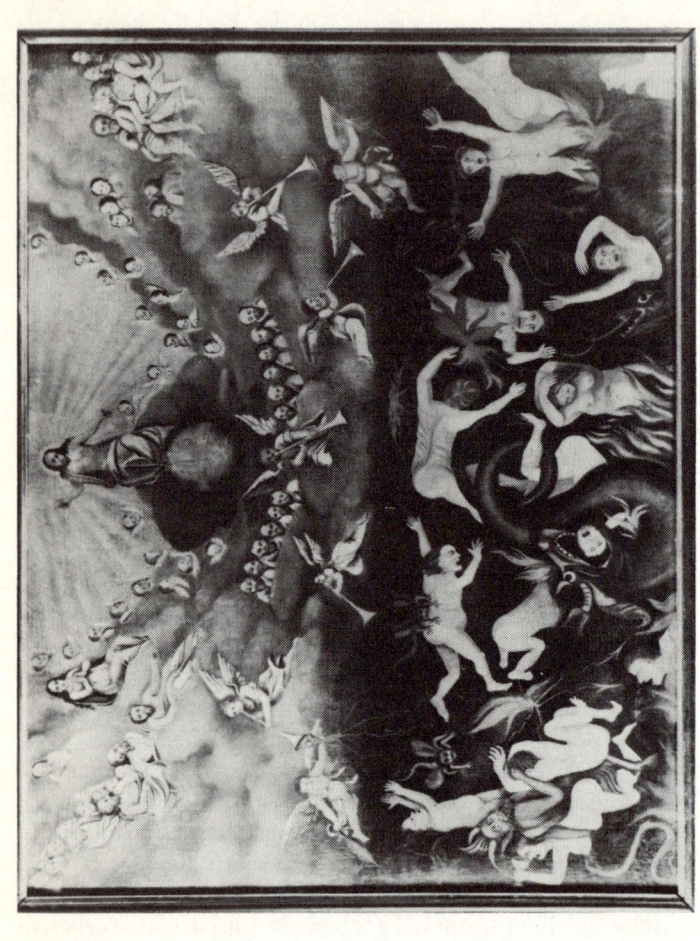

12. Das Jüngste Gericht

Männer, um sie vor dem fortgesetzten Anreiz zur Sünde zu warnen, der von den weiblichen Verführungskünsten ausgeht. Der Versuch, Männer und Frauen zu trennen und letzteren die Hauptverantwortung für die Sünde zuzuschieben, ist alt und durchzieht wie ein roter Faden die Geschichte der christlichen Kirchen und Konfessionen. In Finnland gibt es dafür ein höchst beredtes ikonographisches Zeugnis. Im Nationalmuseum von Helsinki befindet sich ein Gemälde, auf dem das Jüngste Gericht dargestellt ist (*Abb. 12*). Es stammt aus der Kirche von Keuruu – wie Hattula in Westfinnland gelegen – und gelangte im Jahre 1824 durch Schenkung ins Nationalmuseum. Die Zeit seiner Entstehung sowie der Maler sind unbekannt. Obwohl es den Stereotypen einer sehr viel älteren westeuropäischen Kunst folgt, scheint es doch erst zu Beginn des 19. Jahrhunderts gemalt worden zu sein. Es ist vor allem deshalb interessant, weil hier die Verschiedenheit der Geschlechter zum Kriterium der Erlösung erhoben wird. Die Seligen sind nämlich männlichen, die Verdammten aber weiblichen Geschlechts. Die einzige hervorstechende Ausnahme ist die Muttergottes, die in aller Evidenz, aber in der gebotenen Distanz zur Rechten des richtenden Christus thront. Außer den geschlechtslosen Engeln und einer Gruppe von drei jungen Mädchen, die neugierig nach rechts blicken, tragen die Seligen fast ausnahmslos lange Bärte. Bei größtmöglichen Skrupeln könnte man sich allenfalls fragen, ob die wenigen bartlosen Köpfe in der zweiten Reihe der rechten Kolonne und auf den letzten Plätzen der ersten Reihe nicht vielleicht doch Frauenköpfe seien. Restlose Sicherheit läßt sich hier wohl kaum gewinnen. Das Geschlecht der Verdammten läßt hingegen keinerlei Zweifel zu. Mit ihren runden Brüsten und Gesäßen sind sie eindeutig weiblichen Geschlechts. Kein einziger der Verdammten weist gleich unmißverständliche männliche Geschlechtsmerkmale auf, seien sie nun primärer oder sekundärer Art.

So verlockend der Preis auch erscheinen mochte, die finnischen Bauern zogen es dennoch vor, dem süßen Gesang der Sirene zu lauschen, die trotz ihres Fischschwanzes letztlich eine schöne Frau war. Den überzeugendsten Beweis hierfür liefert die Tatsache, daß die Mehrzahl der Erzähler der vierundsechzig finnischen Varianten des Märchens vom schwangeren Mann, die heute im Volkskundemuseum von Helsinki aufbewahrt werden, Männer sind – Männer jeden Alters. Doch wenn die Männer aus dem Volk das Märchen vom Geistlichen, der ein Kalb zur Welt bringt, erzählen, dann heißt das, daß sie es auch billigen und zugleich auch das in der Märchenstruktur zweifellos inbegriffene Element weiblicher Auflehnung gutheißen. Diese Billigung ist aber nicht uneigennützig. Die christliche Lehre von der Ungleichheit der Geschlechter, mit der die von der Ungleichheit des Alters eng verflochten war, war dem Verhältnis zwischen Herrn und Knecht nachgebildet. Sie enthielt eine ganz bestimmte Ideologie des Arbeitsverhältnisses und verklammerte aufs engste Produktion und Reproduktion. Diese Lehre bekämpft das finnische Märchen mit aller Entschiedenheit und bringt dabei ihre Grundlagen ins Wanken. Es setzt kühn die Unterordnung unter den Herrn mit Kastration, die Auflehnung gegen den Herrn mit sexueller Freiheit in Verbindung.

Die Schöpfung als Paradigma für den den Frauen angetanen Raub ihrer Zeugungskraft wird so hinfällig. Schöpfung und Zeugung rücken wieder in ihr natürliches Gleichgewicht. Der Vatergott wird zu dem, was er ist: zur Maske des Geistlichen, zur amplifizierten Projektion des ewigen Vaterherrn, zum allmächtigen Ordner der gesellschaftlichen Verhältnisse. Vergebens hebt ihn das Bild in Hattula wieder in den Himmel, in der Hoffnung, ihm ein klein wenig von dem Ansehen wiederzuverschaffen, das er sich auf Erden nicht zu bewahren vermochte.

Eines darf aber nicht vergessen werden: So sehr ein Märchen auch mit realen Elementen durchsetzt sein mag, es bleibt doch immer ein Märchen und ist nie eine Abbildung der Realität. Mit der Wirklichkeit verknüpft es nur Träume und Wünsche, die in dieser keinen Platz finden. Was den spezifischen Fall des finnischen Märchens betrifft, so liegt auf der Hand, daß es nur eine mögliche Lösung der Geschlechts-, Alters- und Gesellschaftskonflikte aufzeigen möchte. Die Realität der Verhältnisse war in Finnland natürlich die gleiche wie in allen anderen Ländern des christlichen Europa.

## 9. Edelmann gegen Bauer

Der Weg der beiden Äsopischen Fabeln durch das mittelalterliche Europa war lang und nicht ohne Überraschungen. Eine englische Übersetzung ist zwar bezeugt, aber nicht überliefert. Ins Altfranzösische wurden die Fabeln von Marie de France übertragen, einer Adeligen, die aus den französischen Reichsteilen König Heinrichs II. von England stammte und an seinem Hof lebte. Die Transposition der beiden uns interessierenden Texte aus dem ursprünglich monastischen ins höfische Milieu führte auch zu einer drastischen Verschärfung der Polemik gegen die Folklore und zur Androhung von härteren Strafen für alle, die es wagen sollten, gegen die christliche Ethik der Herrschenden zu verstoßen. Obwohl sich die Übertragung ins Altfranzösische ziemlich eng an das lateinische Original anschließt, akzentuieren doch die wenigen eingefügten Varianten den heftigen Ton der Vergeltungsdrohungen. Die Hauptperson ist hier nicht mehr wie in der Vorlage ein Dieb, sondern ein einfacher Bauer (*vilein*), was allerdings kein großer Unterschied ist angesichts der Tatsache, daß der Grundbesitzer den Bauern grundsätzlich für einen Dieb hielt, weil er es wagte, Anspruch auf die Erzeugnisse des Bodens zu erheben, auf die er als Eigentümer seiner Meinung nach allein ein Anrecht hatte. Sodann wird der Bauernstand eng mit dem Begriff der *folie* in Verbindung gebracht, ein Wort, das nicht nur den Wahnsinn im engeren Sinne, sondern auch totale Dummheit und ganz allgemein den völligen Mangel an Verstand bezeichnete. Die *vileins* glauben deshalb so hoffnungs- und vertrauensvoll an die Absurdität der Folkloremythen, weil sie *fols* sind, d. h. völlig unfähig, ihren Verstand zu gebrauchen. Die *folie* in der Bedeutung von Ignoranz und Dummheit galt als ein besonderes Kennzeichen der bäuerlichen Bevölkerung und stand im Gegensatz zu dem seiner Natur nach aristokratischen Wissen, das sich als Weisheit präsentiert und als Macht enthüllt: als die Macht, die Bauern auszubeuten, zu schikanieren und schließlich auch noch zu verspotten. Eine im Mittelalter sehr beliebte literarische Gattung, die antibäuerliche Satire, hat hier ihre Wurzel.

## 10. Frau gegen Frau

Auch die Übertragung der zweiten Fabel folgt ziemlich genau der lateinischen Vorlage, die nur an wenigen Stellen modifiziert wird. Die auffälligste Abweichung findet sich in der Schlußmoral. Nachdem der Arzt die Schwangerschaft diagnostiziert hat, ruft der Vater seine Tochter und zwingt sie, die Wahrheit zu gestehen. „Sie sprach vom verschütteten Blut und sagte, daß das andere ihr eigenes gewesen sei. Genauso ergeht es den Betrügern, Dieben und Verrätern, die in ihrer Untreue verharren. Gerade dann, wenn sie es am wenigsten erwarten, werden sie entdeckt und getötet." Dieser Schluß von den Sündern, die entdeckt und getötet werden, fehlt im lateinischen Original. Es handelt sich also um eine Zutat der Marie de France, die einer Erklärung bedarf.

Im mittelalterlichen England konnte die Todesstrafe keineswegs so leicht verhängt werden, wie es ihre Androhung in unserer Fabel glauben machen möchte. Nie aber wurde die *fornicatio*, die Buhlerei, mit dem Tode bestraft, mit welchem Wort man damals den Sexualverkehr zwischen freien, d. h. nicht verheirateten oder durch das Keuschheitsgelübde gebundenen Personen zu bezeichnen pflegte. Der dem Rannulf Glanvill, einem etwa gleichzeitig mit Marie de France am englischen Hof lebenden Juristen zugeschriebene *Tractatus de legibus et consuetudinibus regni Anglie* verzeichnet nur, daß das Vergehen der *fornicatio* für die Frau den Ausschluß von der Erbschaft zur Folge haben konnte. Die englischen Rechtshistoriker belehren uns außerdem, daß für die *fornicatio* das bischöfliche Gericht zuständig war, das die Schuldigen gewöhnlich zur öffentlichen Auspeitschung verurteilte und nur in sehr seltenen Fällen eine Gefängnisstrafe verhängte, niemals aber die Todesstrafe. Der wenig später lebende Theologe Thomas von Chobham wies zwar darauf hin, daß die *fornicatio* grundsätzlich als eine schwere Verfehlung zu betrachten sei, machte aber in seiner *Summa confessorum* immer spitzfindigere Unterscheidungen, um einen sorgfältig abgestuften Katalog von Fällen und Bußen aufstellen zu können. Der Kirche ging es im Grunde hauptsächlich darum, daß der öffentlichen Bestrafung der Sünder die Ehe als natürliche Wiedergutmachung folgte. Vom Tod hat auch der Theologe nicht gesprochen.

Der unerbittliche Extremismus der Marie de France kann also nur Verwunderung erregen. Das Mädchen in der Fabel verdient ihrer Auffassung nach für gleich zwei Verfehlungen eine so schwere Strafe wie den Tod, nicht nur für die verbotenen sexuellen Beziehungen, sondern auch für den Betrug, zu dem es Zuflucht nimmt, um seine Schande zu verbergen. Die beiden Verfehlungen sind zwar unabhängig voneinander, doch werden sie zum Schluß eng miteinander verknüpft, denn durch den Betrug kommt auch die Unzucht ans Licht. Die erste Sünde zieht die zweite automatisch nach sich, da beide der gleichen Gesinnung entspringen, nämlich der Untreue, die hier als Felonie *(felunie)* bezeichnet wird. Es handelt sich nach Ansicht der Marie de France um einen schweren Verstoß gegen das allgemeine Abhängigkeitsverhältnis, das die feudale Gesellschaftsordnung in allen ihren Aspekten kennzeichnete. Nur in diesem Zusammenhang kann die Sünde der Unzucht als so schwer angesehen werden, daß sie die Androhung der Todesstrafe herausfordert. Die Ethik, der Marie de France hier ohne jeden Vorbehalt das Wort redet, ist also die feudale Ethik, die mit der christlichen zusammen eine Einheit bildete und diese an Härte in manchen Punkten sogar noch übertraf. Eine solche sklavische Haltung gegenüber dieser Ethik muß vor allem deshalb verwunderlich erscheinen, weil hier eine Frau zu Frauen spricht.

Über den der Marie de France zugeschriebenen *Ysopet* ist nur wenig bekannt. Eines aber steht mit Sicherheit fest: das Geschlecht des Verfassers. Der *Ysopet* ist ganz eindeutig von einer Frau geschrieben worden, von einer Frau allerdings, die an der Spitze der gesellschaftlichen Hierarchie stand und dem höchsten Adel angehörte, nämlich dem Hofadel. Diese ihre hohe gesellschaftliche Stellung ermöglicht es ihr, aus der wortlosen Anonymität herauszutreten, die das Los der anderen Frauen war, und in den Olymp der Literatur aufzusteigen, der bis dahin vor allem den Klerikern vorbehalten war.

## 11. Jude gegen Jude

Irgendwann im Laufe ihrer gemeinsamen Wanderung trennten sich die beiden Äsopischen Fabeln und setzten jede für sich ihren Weg fort. Der zweiten Fabel – es ist die, in der das Blut vertauscht wird – begegnen wir in der hebräischen Sammlung von Äsopischen Fabeln des Berechiah ben Natronai Ha-Nakdam wieder, hier jedoch in überarbeiteter und erweiterter Fassung. Berechiah lebte an der Wende vom 12. zum 13. Jahrhundert teils in der Normandie, teils in England und interessierte sich als Kopist, Übersetzer und Grammatiker auch für Naturwissenschaften und Medizin. Als Vorlage für seine Übersetzung benutzte der jüdische Gelehrte aber, wie es scheint, nicht den lateinischen Text des *Romulus,* obgleich auch dieser ihm bekannt war, sondern die altfranzösische Übertragung der Marie de France, deren lehnrechtlichen Extremismus er hingegen nicht mitübernahm; denn bezeichnenderweise fehlt im hebräischen Text die Androhung der Todesstrafe für Diebe, Betrüger und Verräter, die sich nach Ansicht der Marie de France ebenso wie das junge Mädchen, das dem Vater unwissentlich ihre verbotenen sexuellen Beziehungen entdeckt, der *felunie,* d. h. der Untreue, schuldig machen.

Der Grund für diese Auslassung bedarf kaum der Erklärung, wurden doch gerade die Juden von der christlichen Gesellschaft als Heiden und antisoziale Elemente *par excellence* angesehen und aus diesem Grunde tagtäglich schikaniert und mit dem Tode bedroht. Gerade in England kam es im Jahre 1188 anläßlich des dritten Kreuzzuges zu mehreren grausamen Judenverfolgungen, und ähnliche Ausschreitungen werden zu Beginn des folgenden Jahrhunderts auch aus dem Süden Frankreichs, 1236 aus dem Osten des Landes und später erneut aus England gemeldet. Der Ablauf war immer der gleiche: Eine Mörderbande überfiel die jüdische Gemeinde und verlangte von den Juden die sofortige Bekehrung zum Christentum. Wer sich weigerte – es waren die meisten, – wurde auf der Stelle niedergemetzelt; Frauen, Kinder und Greise erfuhren dabei keine Schonung. Die kirchliche Obrigkeit billigte solche Ausschreitungen natürlich nicht, sondern war ganz im Gegenteil bemüht, die Juden unter ihren Schutz zu nehmen, aber ohne viel Erfolg. Die Massaker spielten sich zuweilen vor den Augen der Bischöfe, in ihren Palästen ab, in denen die Juden Zuflucht gesucht hatten. Die Barmherzigkeit des hohen Klerus erwies sich in der Praxis als wenig wirksam und konnte andererseits nicht über die schwere Verantwortung der Kirche hinwegtäuschen, die schließlich seit Jahrhunderten die Juden als die Hauptfeinde Jesu Christi beschrieben hatte. Selbst hohe Prälaten hatten hier und da ganz offen zur Judenverfolgung aufgerufen. Petrus Venerabilis, der Abt von Cluny, gehörte zweifellos zu den eminentesten Vertretern der französischen Kirche im 12. Jahrhundert. Doch im Jahre 1146, anläßlich des zweiten Kreuzzugs, schrieb er dem König einen Brief voll von Haß gegen die Juden, der zu den bestürzendsten Zeugnissen des mittelalterlichen Antisemitismus gehört (hg. von C. Constable, I, 327–330). „Was kann es nützen", schrieb er, „die Feinde des christlichen Glaubens in fremden, fernen Ländern zu verfolgen und zu bekämpfen, solange es die schändlichen, gotteslästerlichen Juden, die schlimmer sind als die Sarazenen, ungestraft und ohne Scheu wagen dürfen, in unserer Nähe, ja mitten unter uns, Christus und seine Sakramente zu verfluchen, zu zertreten und zu schänden? Freilich", fügte er großmütig hinzu, „Gott will nicht, daß sie getötet oder ausgerottet werden. Sie sollen nur wie der Brudermörder Kain zu ihrer größeren Qual und Schande ein Leben führen, das schlimmer noch ist als der Tod."

Schreibt schon ein hoher Prälat, von dem man annehmen sollte, daß er sich seiner Verantwortung bewußt ist, dergleichen Worte an seinen König, dann brauchen wir uns nicht zu wundern, wenn wir hören, daß im gleichen Jahre ein unbekannter Mönch namens Rudolf das Rheintal hinaufzog und die Bevölkerung aufrief, das Kreuz zu nehmen, um die Juden auszurotten (auch Otto von Freising berichtet hierüber in seiner Chronik). Als Bernhard von Clairvaux von den Massakern erfuhr, die die Predigten des Mönchs ausgelöst hatten, bezog er energisch Stellung und präzisierte, daß „die Juden für ihre ungeheuren Frevel nicht getötet, sondern nur zerstreut werden sollten." Obwohl er das Gemetzel mißbilligte, spricht der Heilige hier doch von Verbrechen und Strafe. In einem solchen Klima von grimmiger Intoleranz kam bezeichnenderweise auch das Märchen vom Ritualmord auf. Es hieß, daß die Juden von Zeit zu Zeit einen Christenjüngling zu ermorden pflegten, um die Passion Christi zu parodieren. Ein Jude, der den fortgesetzten Massakern entronnen war, konnte sich so zwar glücklich preisen, durfte sich deshalb aber noch lange nicht in Sicherheit wähnen, denn ein jeder konnte ihn ungestraft des Ritualmords anzeigen und damit auf den Scheiterhaufen bringen.

Der Verzicht auf die Androhung des Todes in unserem Text ist jedoch die einzige Konzession an die Gesetzesbrecher, und diese Konzession verliert auch noch viel an Wert angesichts der Haltung, die in der Fabel der Arzt dem Vater des Mädchens gegenüber einnimmt, den er aufgrund der Vertauschung des Blutes für schwanger hält. „Deine Schwangerschaft ist jedem Gesetz zuwider", sagt der Arzt voller Abscheu zum Vater. „Sie läßt sich nur als Strafe für deine Sünden erklären, für die du den Tod verdienst." Sinkt ein Mann so tief, daß er schwanger wird wie eine Frau, dann muß er mit der höchsten aller Strafen, dem Tod, bestraft werden. Der Tod kehrt aber als der Selbstmord wieder, mit dem die Juden auf die Verfolgung durch die Christen reagierten. Mit dem Selbstmord, dem häufig die Tötung aller Angehörigen vorausging, sollte den Mördern, den vermeintlichen Boten der göttlichen Gerechtigkeit, zuvorgekommen werden, um den Zorn Gottes über die Sünden seines auserwählten Volkes zu besänftigen. Der Selbstmord wird auf diese Weise zu einem tragischen Ritual, zu einer Form von introjizierter Gewalttätigkeit, die gegen sich selbst gerichtet werden muß, weil sie sich nicht gegen die Christen wenden kann. Es handelt sich dabei jedoch um eine sekundäre Gewalttätigkeit, um einen Reflex auf die primäre Gewalttätigkeit der Christen, und es ist erschütternd zu sehen, wie diese Gewalttätigkeit als Strafe für die Degradierung des Mannes zur Frau wiederkehrt. Der säkulare, rationalistische Rahmen der Fabel, der geistlichen Einfluß – gleich ob von Priestern oder Rabbinern – auszuschließen scheint, verdeckt also nur mühsam die altbekannte, engstirnig moralistische Grundhaltung.

Der jüdische Arzt zeigt den gleichen Eifer, wenn es darum

geht, die Hierarchie der Geschlechter und die dieser zugrunde-
liegende Gesellschaftsordnung zu verteidigen.

## 12. König gegen Königin

„Johans der jansen eninchel" – Johans, Enkel der Jansen –
nennt sich der Verfasser einer um das Jahr 1280 entstandenen
Weltchronik in mittelhochdeutscher Sprache. Johans war ein
wohlhabender Wiener Kaufmann, vielleicht böhmischer Herkunft, mäßig gebildet und ein großer Liebhaber von Geschichten jeder Art. Deshalb machte er sich eines schönen Tages daran, die vielen Geschichten, denen er bei seiner Lektüre begegnet
war, zu sammeln und aufzuschreiben. Seine Chronik ist denn
auch weniger ein Geschichtswerk als eine Aneinanderreihung
von Anekdoten, in der sich so ziemlich alles finden läßt, was
damals an Geschichten gang und gäbe war. Mit der Gelehrsam-
keit Johans' war es aber nicht allzu gut bestellt, und vor allem
konnte er kein Latein, ein für einen mittelalterlichen Schriftsteller sicher nicht zu unterschätzendes Hindernis. Die Freundschaft mit den Mönchen des altehrwürdigen Wiener Schotten-
klosters half Johans jedoch ein wenig über seine Bildungslücken
hinweg. Seine geistlichen Freunde nahmen es auf sich, ihm all
das, was sich in der Klosterbibliothek an lateinischen Texten
fand und für seine Chronik nützlich sein konnte, ins Deutsche
zu übersetzen. Aber auch die Mönche scheinen hin und wieder
ihre Schwierigkeiten mit dem Latein gehabt zu haben. Man hat
Johans nachgewiesen, daß er seine lateinischen Vorlagen an
mehr als einer Stelle mißverstanden hat, und an diesen Mißver-
ständnissen – das möge hier der Gerechtigkeit halber angemerkt
sein – hatten sicher auch die Mönche ihr Teil Schuld. Auf vornehmlich lateinische Vorlagen geht auch die in der Chronik
erzählte Geschichte von Achilles und Deidameia zurück, die
ihren Ursprung in der klassischen, dem Mittelalter hauptsächlich durch Statius vermittelten Legende von Achilles auf Skyros
hat. Es ist schwer zu bestimmen, ob Johans als erster das Motiv
des schwangeren Mannes in die klassische Legende eingefügt
hat. Gewiß aber war Johans selbst oder den von ihm benutzten

Quellen die zweite Äsopische Fabel bekannt, in der infolge der
Vertauschung des Blutes die Schwangerschaft der Tochter dem
Vater zugeschrieben wird. In der Weltchronik tritt jedoch, dem
medizinischen Fortschritt entsprechend, an die Stelle des Blutes
der Harn, und der Vater Deidameias, des Mädchens, das von
Achill geschwängert wird, ist nicht mehr nur ein reicher Mann,
sondern auch ein König. Ihm diagnostiziert der Arzt, der den
untersuchten Harn für den des Königs hält, die lebensbedro-
hende Schwangerschaft – lebensbedrohend, weil der Körper des
Mannes, wie sich der König mit Schrecken klarmacht, nicht
dazu geschaffen ist, die Schwangerschaft auszutragen. Der König gibt der Königin die Schuld an seinem Unglück, weil sie – so
lautet sein Vorwurf – beim Beischlaf immer habe oben liegen
wollen. Vergebens sucht die Königin sich zu rechtfertigen, indem sie beteuert, nur ihrem Gatten zuliebe habe sie diese Stellung eingenommen. Der König beharrt auf seinen Anschuldigungen und beruhigt sich erst, als ans Licht kommt, daß sein
Harn mit dem der Tochter vertauscht worden ist. An dieser
Stelle bricht die Erzählung ab; der Grund ist unbekannt. Es
fehlt also die Strafpredigt, die gewöhnlich der Vater der Tochter
ihrer illegitimen Schwangerschaft wegen zu halten pflegt.

Der Vorwurf, beim Beischlaf oben liegen zu wollen und auf
diese Weise die Hierarchie der Geschlechter umzukehren, der
zufolge die Frau unten liegen muß, erscheint erstmals in diesem
Text. Das Untenliegen – bedarf es des Hinweises? – symbolisiert höchst anschaulich und wirkungsvoll das Unterworfen-
sein, das mit unleugbarer Folgerichtigkeit auf den Unterschied
der Geschlechter zurückgeführt wird, vor dem auch die gesellschaftliche Position der Frau zweitrangig wird. Nicht einmal
der Gemahlin des Königs, einer Frau, die höher als alle anderen
Frauen steht, ist es erlaubt, beim Beischlaf eine Stellung einzu-
nehmen, die dem Mann vorbehalten ist. Umgekehrt darf der
Mann aber sehr wohl die Rolle der Frau spielen. Nach dem
Willen der Mutter, die ihren Sohn vor dem Tode bewahren will,
den das Schicksal ihm im trojanischen Krieg bestimmt hat, versteckt sich Achill, als Frau verkleidet, auf der Insel Skyros. In
Frauenkleidern verschafft er sich Zugang zum königlichen Palast und verführt hier des Königs schöne Tochter. Deren höch-

ster Wunsch ist es hingegen, ein Mann zu sein, um sich als fahrender Ritter die Gunst schöner Frauen erringen zu können. Achill erklärt ihr, daß nur ein Gott ihr diesen Wunsch erfüllen könne und daß es genüge, ein Gebet an diesen Gott zu richten; den dem Gott gebührenden Opferritus wolle er, Achill, sie lehren. Die Beschaffenheit dieses Opferritus ist unschwer zu erraten. Die Prinzessin wird so von ihrem Wunsch geheilt, ein Mann zu sein, und entdeckt bald, daß sie schwanger ist. Mutter und Tochter sind wieder zur Vernunft gebracht und gezwungen, die rechte Ordnung der Dinge anzuerkennen, die von ihnen verlangt, ihre ,,Unterlegenheit'' ohne Murren hinzunehmen.

Der Mann kann also, wie wir gesehen haben, die Stellung der Frau einnehmen, wenn auch nur zum Schein und ohne etwas von seiner Überlegenheit und seiner Macht einzubüßen. Ganz anders verhält es sich hingegen, wenn der Mann auf das Niveau der Frau herabsteigt und tatsächlich die weibliche Rolle auf sich nimmt.

## 13. Papst gegen Kaiser

In der Weltchronik des Bischofs Johannes von Nikiu, einem um das Jahr 700 in Ägypten teils in koptischer, teils in griechischer Sprache abgefaßten Geschichtswerk, von dem nur eine äthiopische Fassung erhalten ist, heißt es: ,,Nach dem Tode des Claudius herrschte in Rom der abscheuliche Nero, ein Heide und Götzenanbeter. Die Reihe seiner Missetaten gipfelte im Laster der Sodomie; wie eine Frau gab er sich zur Ehe hin. Als die Römer von dieser Schandtat erfuhren, wollten sie seine Herrschaft nicht länger mehr ertragen. Jeder verfluchte ihn, allen voran die Götzenpriester, und so beschlossen die Ältesten des Volks, ihn zu töten. Als der verbrecherische Mensch vom Plane der Ältesten erfuhr, verließ er heimlich seinen Palast und verbarg sich. Doch der Hand des allmächtigen Gottes konnte er nicht entgehen. Da sein Geist umnachtet war – infolge der Ausschweifungen, denen er sich auf weibische Art hingegeben hatte, war nämlich sein Leib angeschwollen wie der einer schwangeren Frau –, wurde er entthront. In seiner schlimmen Krankheit litt er fürchterliche Schmerzen. Deshalb rief er die Ärzte zu sich, damit sie ihn dort, wo er sich befand, untersuchen und ihm helfen sollten. Die Ärzte begaben sich zu ihm und im Glauben, er trüge ein Kind, öffneten sie ihm den Leib. Und auf diese elende Art und Weise kam er ums Leben."

Im Gegensatz zu allen anderen bisher untersuchten Texten gibt sich die Erzählung des Bischofs von Nikiu als historische Quelle aus, die Fakten, tatsächlich vorgefallene Ereignisse überliefern will. Mit dem gleichen Wahrheitsanspruch berichten auch antike Schriftsteller – insbesondere Tacitus und Sueton – mit großer Ausführlichkeit von den Schandtaten und Lastern Neros, natürlich auch von denen sexueller Natur. Die Ausschweifungen des Kaisers, sein Inzest mit der Mutter und der Muttermord, die homosexuellen, in aller Öffentlichkeit begangenen Hochzeiten – das alles sind die farbigen, allbekannten Ingredienzien der kaiserlichen Biographie. Sowohl Tacitus (*Annales,* XV, 37) als auch Sueton (*Nero,* 29) berichten von homosexuellen Hochzeiten, bei denen der Kaiser die Braut mimte, aber keiner von beiden spricht in diesem Zusammenhang auch von Schwangerschaft, Absetzung und Tod. Jedoch ist bei Sueton an anderer Stelle von Schwangerschaft die Rede, nämlich dort, wo Neros Biograph auf das Bühnenrepertoire des kaiserlichen Dilettanten zu sprechen kommt (*Nero,* 21). Nero gefiel sich in vielen Rollen und unter anderem auch, wie Sueton angibt, in der der Kanake. Es handelte sich bei diesem Stück wahrscheinlich um eine verlorengegangene Tragödie des Euripides, den *Aiolos,* in der im Laufe der Handlung Kanake auf der Bühne ein Kind zur Welt bringt. Die anderen dramatischen Rollen, die Sueton nicht ohne Anzüglichkeit dem kaiserlichen Komödianten und Helden seiner Biographie zuschreibt – Orest, Ödipus, Herkules –, entsprechen bezeichnenderweise genau den notorischen Lastern und Untaten des Kaisers. Welchem Laster aber entsprach die Rolle der Kanake?

R. M. Frazer hat nachgewiesen, daß dieses, für einen Kaiser freilich unverzeihliche Laster darin bestand, daß Nero trotz seiner krächzenden Stimme darauf bestand, als Sänger aufzutreten. Frazer stützt sich bei dieser Interpretation auf eine Plutarchstelle (*Moralia,* 567 F–568 A), wo es heißt, daß Neros Seele in den Körper eines Tieres, ,,das über den Sümpfen und Weihern singt" eingehen mußte, um sich hier auf eine neue Inkarnation vorzubereiten. Da die Seelen der Verstorbenen aber gemeinhin in Tiere einzugehen pflegten, die irgendwie ihren zu Lebzeiten geübten Lastern entsprachen, sollte mit diesen etwas dunklen Worten zweifellos ausgedrückt werden, daß Neros Laster sein quakender Gesang war. Auf Neros miserable Gesangskünste spielt höchstwahrscheinlich auch Sueton mit dem Namen Kanake an, der ja im Klang an den Ruf des Frosches erinnert. In der klassischen Antike scheint Nero also stets mit dem Frosch in Zusammenhang gebracht worden zu sein, und diese Tradition setzte sich auch im Mittelalter fort. Wenn Sueton Nero die Rolle der Kanake zuschreibt, dann will er also damit ganz eindeutig den schauspielerischen Dünkel des Kaisers lächerlich machen, zumal auch Dio Cassius an einer Stelle (72, 10, 2) in gleichem Sinne, aber mit noch unverhohlenerem Spott die von Nero verkörperte Rolle der Kanake erwähnt. Die beiden klassischen Geschichtsschreiber sprechen jedoch nur im Zusammenhang mit dem fiktiven Geschehen auf der Bühne von Schwangerschaft, und in keiner anderen antiken Quelle ist in dieser oder ähnlicher Form von einer Schwangerschaft Neros die Rede. Es vergehen viele Jahrhunderte, bis wir in der Weltchronik des Bischofs von Nikiu wieder auf einen – freilich stark verzerrten – Nachhall dieser antiken Tradition stoßen. Hier hat die Schwangerschaft die Theaterbühne verlassen und ist zu einer gewaltig aufgebauschten, historischen Realität geworden, die den Tod des Kaisers zur Folge hat. Den Schlüssel zur Interpretation dieses unerwarteten Wiederauflebens der antiken Tradition kann uns die lange Geschichte der christlichen Nerolegende geben.

Ist mit dem Tier in der *Offenbarung des Johannes* tatsächlich Nero gemeint, wie heute allgemein angenommen wird, dann muß diese Legende schon im ersten christlichen Jahrhundert, zu Lebzeiten Neros selbst entstanden sein. Die zum Programm erhobene Sittenlosigkeit des römischen Kaisers, der der neuen christlichen Sekte betont feindlich gegenüberstand, bot der christlichen Polemik einen willkommenen Anlaß, der alten,

durch Schandtaten aller Art besudelten Macht eine neue Macht
gegenüberzustellen – die Macht, die durch das Blut Christi gereinigt und von ihm legitimiert worden war. Jede andere Macht
wurde zum Teufelswerk und nahm die dämonische Gestalt Neros an. Dennoch war diese dämonische Macht von der Vorse-
hung eingeplant. Sie war die Strafe für die Sünden des Volkes
Gottes und zugleich die Voraussetzung für den Sieg des Lammes, des „Herrn der Herren und Königs der Könige". Erst
nach diesem Sieg sollte die Macht endgültig auf die Anhänger
des Lammes übergehen, auf jene Männer nämlich, die, wie es
aufgrund des üblichen sexualfeindlichen, der Kastration das
Wort redenden Unterscheidungskriteriums heißt, „sich nicht
mit den Weibern befleckten" (*Offenbarung*, 14, 4). Aus dieser
Sicht heraus ergab sich fast zwangsläufig die Identifizierung
Neros mit dem Antichristen, der wiederkommen sollte, um das
Ende der Zeiten und die Ankunft des Reichs einzuleiten. Die
mysteriösen Umstände von Neros Tod schienen diese Auffassung zusätzlich zu bestätigen, und so kam es, daß in den ersten
Jahrhunderten der christlichen Ära die Identifizierung Neros
mit dem Antichristen allgemein üblich wurde. Doch als Kaiser
Konstantin beschloß, sich dem Kreuz zu beugen, verlor diese
Identifizierung ihre Daseinsberechtigung, und in den maßge-
benden Theologenkreisen rückte man folgerichtig allmählich
von ihr ab. Nero werde niemals mehr auferstehen, hieß es nun,
aber sein irdisches Leben müsse zur Warnung dienen, denn die
Laster und die Grausamkeit des Kaisers seien die unvermeidli-
che Folge seines unersättlichen Machthungers gewesen – diese
Interpretation gab der hl. Augustinus im *Gottesstaat* (V, 19).
Die sexuellen Ausschweifungen des Kaisers traten so wieder in
den Vordergrund des Interesses und wurden im Laufe der Jahrhunderte stets dann als abschreckendes Beispiel angeführt,
wenn es darum ging, die der christlichen Macht gesetzten Grenzen aufzuzeigen. Der Kirchenhistoriker Orosius (*Historiarum*,
VII, 7) stellte einen ganzen Katalog von Lastern zusammen, in
dem weder der Inzest noch die homosexuellen Hochzeiten fehlen, ja, um die Sache noch etwas farbiger zu gestalten, erfand er
gleich noch ein paar Inzeste dazu. Augustinus und Orosius
überlieferten der christlichen Nachwelt also schon im 5. Jahr-

hundert ein Porträt Neros, auf dem der Kaiser als Inbegriff der bösen Macht erscheint, die Gott nur deshalb zugelassen hatte, weil er die Gläubigen für ihre Sünden bestrafen wollte. Diesem Bild fügte der Bischof von Nikiu dann nur noch den letzten Pinselstrich hinzu – nämlich die Schwangerschaft. Was mag ihn dazu veranlaßt haben? Gab es einen Zusammenhang zwischen Macht und Schwangerschaft?

Der Bischof von Nikiu hatte sein Werk in griechischer Sprache abgefaßt. Im Griechischen besteht aber, wie der französische Linguist Émile Benveniste deutlich gemacht hat, „eine enge begriffliche Verwandtschaft zwischen dem Präsens von *kueîn* = schwanger sein, im Schoß tragen, und *kûma* = Anschwellen der Wogen, Flut, einerseits und *kûros* = Kraft, Herrschaft und *kûrios* = Herrscher andererseits". Aus der ursprünglichen Bedeutung „Anschwellen" leitet sich, wie Benveniste erklärt, die Bedeutung „Kraft, Vollkraft" her, das „Anschwellen", verstanden als Zunahme und Mächtigkeit. Dieselbe Entwicklung läßt sich auch in anderen Sprachen beobachten, wie z. B. im Iranischen, Slawischen und im Baltischen. Aber in diesen Sprachen „beschreibt diese Entsprechung ein Adjektiv, das im Volksglauben, mag er auch unterschiedlich sein, einen stark religiösen Sinn bewahrt hat. Im Slawischen und im Baltischen gehört es zum christlichen Wortschatz und bedeutet heilig im Sinne von *sanctus*". Das Heilige wird hier also als eine „mit Autoritäts- und Wirkungsmacht begabte überschäumende Kraft" definiert, „die die Eigenschaft besitzt, sich selbst und andere zu vergrößern und zu erweitern." Dies die Schlußfolgerungen Benvenistes. Unter diesen Voraussetzungen wird nun auch verständlich, wieso der ägyptische Bischof den durch die Schwangerschaft angeschwollenen Leib aus der Vorstellung ableiten konnte, den er als Priester, der sakrale Funktionen ausübte, von der Macht hatte. Die Schwangerschaft ist aber unweigerlich mit der Weiblichkeit verbunden, und die Weiblichkeit mußte einem Bischof noch unannehmbarer erscheinen, wenn sie mit einem Manne in Verbindung gebracht wurde. Aber Nero war nicht Adam, und so konnte ihm ohne Schwierigkeiten das negative Attribut des Schwangerseins, zusammen mit dem Laster der Homosexualität zugeschrieben werden. Der ge-

schwollene Leib, von den Ärzten irrtümlich auf die Schwangerschaft zurückgeführt, war eine Folge der Sodomie, eines Lasters, für das der Kaiser von Gott mit dem Verlust von Thron
und Leben bestraft worden war. Die Schwangerschaft, ursprünglich ein Machtfaktor, wird so zum Anlaß von Erniedrigung und Tod.

„Der Lateranpalast gehörte einst Nero. Sein Name leitet sich
entweder von der Seite („*latus*") des nördlichen Bezirks her, in
dem er sich befindet, oder aber vom großen Frosch („*lata ra-
na*"), den Nero geboren haben soll, nachdem er sich einem
Manne hingegeben hatte. In diesem Palast befindet sich heute
die Hauptkirche von Rom". Mit dieser phantasievollen Etymologie im unverkennbaren Stil Isidors von Sevilla versucht
obenstehende Glosse den Namen des Palasts zu erklären, der
im ganzen mittelalterlichen Europa als die Residenz des Papstes
bekannt war. Die Etymologie ist im Glossarium eines lombar-
dischen Grammatikers aus dem 11. Jahrhundert namens Papias
verzeichnet, aber der Herausgeber des Glossariums, Georg
Goetz, konnte nachweisen, daß sie sehr viel älter ist: sie beruht
auf einer während des Pontifikats Benedikts III. (855–858) vom
gelehrten karolingischen Mönch Lupus von Ferrières in Rom
aufgezeichneten Überlieferung. Die christliche Legende des
schwangeren Nero hatte also bereits im 9. Jahrhundert, von
Osten nach Westen wandernd, Rom erreicht und war hier so
heimisch geworden, daß sie sich mit Hilfe der Etymologie, die
die alte Verknüpfung zwischen den Sangeskünsten des Kaisers
und dem Frosch wiederherstellte, fest mit dem Papstpalast verband. Die christliche Tradition hatte jedoch für die künstleri-
schen Ambitionen Neros nie Interesse gezeigt, dafür aber ihre
Aufmerksamkeit einem anderen, ebenso alten Attribut Neros
zugewandt. In der *Offenbarung des Johannes* (16, 13–14) speit
nämlich das Tier, mit dem Nero identifiziert worden war, „drei
unreine Geister wie Frösche" aus, die beauftragt sind, die Könige der Welt zum Krieg gegen Gott zu sammeln. In der christlichen Tradition wird also Nero mit dem Frosch in Zusammenhang gebracht, weil der Frosch ein teuflisches Tier war, das die
Ankunft des Gottesreiches auf Erden zu verhindern gesucht
hatte, und der Name des Papstpalastes wurde vom Frosch her-

13. Plan von Rom

geleitet, weil man damit an den Sieg Christi über den Satan
erinnern wollte. In dieser etymologischen Transposition der
Nerolegende entsprach der Sieg Christi über den Teufel dem
Sieg seines irdischen Stellvertreters über den römischen Kaiser.

Die in Rom zur Zeit Benedikts III. aufgezeichnete Glosse
findet ihre Erklärung in jener politischen Tradition, die in der
wohl berühmtesten Fälschung der Geschichte, der Konstantini-
schen Schenkung, ihren Ausdruck gefunden hat. Mit der von
ihnen angefertigten Urkunde wollten die geistlichen Fälscher
dem Anspruch des Papsttums auf die Nachfolge der römischen
Kaiser in der Stadt Rom, in Italien und im ganzen Westreich
eine rechtliche Grundlage geben. In dieser Urkunde schenkt
Kaiser Konstantin dem Papst Sylvester außer dem Reich und
den Reichsinsignien auch den Lateranpalast, ,,Sitz unseres Reiches, der sich unter allen anderen Palästen der Welt auszeich-
net". Der Lateranpalast galt also schon damals als der Sitz der
Macht und zugleich als ihr hervorstechendstes Symbol. Im frühen Mittelalter durfte sich ein Papst erst dann mit vollem Recht
Papst nennen, wenn er hier feierlich in sein Amt eingeführt
worden war. Auf dem Gelände, auf dem sich der Lateranpalast
erhob, waren damals die Spuren der großartigen römischen
Vergangenheit noch deutlich sichtbar. Auf dem Vorplatz stand
das später auf das Kapitol überführte Reiterstandbild Mark Aurels, daneben lagen auf dem Boden die Überreste einer zweiten
römischen Monumentalstatue, ein Kopf und eine Hand. Auch
das bronzene Standbild der römischen Wölfin befand sich damals hier. Der ganze monumentale Komplex machte schon auf
den ersten Blick die Kontinuität zwischen der alten römischen
Größe und dem Papsttum deutlich. Auf dem ältesten Plan von
Rom, der aus dem 13. Jahrhundert stammt, ist im Vordergrund
der Lateranpalast abgebildet, neben ihm werden die Statue
Mark Aurels und die Fragmente der zweiten römischen Statue
sichtbar. Die Inschrift auf dem Palast lautet: ,,*Palacium Neronis
Lateranense*" (*Abb. 13*). Es erübrigt sich fast zu erwähnen, daß
Nero in der historischen Wirklichkeit kaum etwas mit diesem
Palast zu tun gehabt hatte, der in der Antike der Sitz der alten
römischen Familie der Plautii Laterani gewesen war. Aber wer
hätte schon besser als Nero die dämonische Macht repräsentie-

ren können, die von der Kirche besiegt und unterjocht worden
war? Die Glosse des Papias hatte wohlweislich erwähnt, daß die
Geburt des Frosches eine Folge des homosexuellen Verkehrs
war und damit an die in der christlichen Tradition seit altersher
bestehende Verknüpfung zwischen männlicher Geburt und
Homosexualität erinnert, die der Bischof von Nikiu bezeugt.
Die mit der Homosexualität verbundene Schande konnte sich
allerdings auf die Dauer als kompromittierend erweisen. Zwar
war die Homosexualität eine Komponente der bösen Macht,
doch begünstigte andererseits die von Gott gerechtfertigte
Macht die Kastration, die schlecht mit der Heterosexualität vereinbar ist. In der *Graphia aureae Urbis Romae*, einer Beschrei-
bung der Stadt Rom aus der Zeit um 1030, wird die Glosse des
Papias erneut zitiert, aber es fehlt bezeichnenderweise der Hinweis auf die Homosexualität des Kaisers. Er war allem Anschein nach der Zensur zum Opfer gefallen und taucht seitdem
in der Überlieferung nicht mehr auf.

Die Legende von Neros Schwangerschaft war im ganzen europäischen Mittelalter weit verbreitet. Der vom Kaiser zur Welt
gebrachte Frosch (in den deutschen Texten wird er zur Kröte)
entflammte die Phantasie der Schreibenden, und zwar nicht nur
derer, die Historiographie oder das, was man dafür hielt, betrieben. Neros angebliche Schwangerschaft lieferte im 12. Jahrhundert den Stoff zu einem der farbigsten Kapitel der sogenannten
*Kaiserchronik*, einem mehrere tausend Verse umfassenden Geschichtswerk in mittelhochdeutscher Sprache, deren Verfasser
geistlichen Standes waren. In der *Kaiserchronik* ist Neros
Schwangerschaft nicht eine Folge der Homosexualität, sondern
der kaiserlichen Laune. Nero befiehlt die Ärzte des Reiches zu
sich und zwingt sie unter Androhung des Todes, ihm den
Wunsch zu erfüllen, wie eine Frau zu gebären. Der Trank, den
die Ärzte dem Kaiser bereiten, läßt eine Kröte in seinem Leibe
entstehen, die Nero dann genauso wie das Tier in der *Offenbarung* wieder ausspeit. Im 13. und 14. Jahrhundert fand die Nerolegende Eingang in zahlreiche Chroniken und Epen, wo sie
mit immer phantastischeren Einzelheiten angereichert wurde.
In Deutschland und England, Frankreich und Italien wurde die
Geschichte vom schwangeren Nero auf lateinisch oder in der

Volkssprache, als ein Wunder oder zur Unterhaltung erzählt. In welcher Form aber auch immer sie auftrat, stets handelte es sich um die gleiche erbauliche Geschichte vom Kampfe zwischen der bösen und der guten Macht.

Die Macht wird jetzt auch ganz konkret durch das Blut der Märtyrer gereinigt. Im Laufe ihrer erfolgreichen Wanderung durch die europäische Literatur des Mittelalters verschmolz die Nerolegende nämlich mit der Legende vom römischen Märtyrertod der Apostel Petrus und Paulus, in der auch Simon der Magier, der samaritanische Messias, auftritt. In dieser, erstmals in der *Kaiserchronik* bezeugten Version der Legende erscheint ein Motiv, das für unser Thema von größter Bedeutung ist. Die Geburt der Kröte wird hier nämlich mit einem Volksglauben in Verbindung gebracht, der zwar erst im 19. Jahrhundert in der europäischen Folklore belegt, aber zweifellos sehr viel älter ist. Diesem Volksglauben zufolge sollte im Magen dessen, der mit Froschlaich verseuchtes Wasser trinkt, ein Frosch entstehen. Johann Fischart nimmt ganz eindeutig in seinem Roman *Gargantua* auf diesen Volksglauben Bezug, denn hier geben die Ärzte Nero, wie ausdrücklich angemerkt wird, Wasser mit Froschlaich zu trinken. Aber nicht nur dieses Detail weist darauf hin, daß die Nerolegende schon früh mit der Folklore in Berührung gekommen ist. In der *Kaiserchronik* wird berichtet, daß Simon der Magier, der mit den Aposteln im Wettstreit liegt, sich, von Teufeln getragen, von einer „Irminsul" herabstürzt, um die Wahrheit seines Glaubens unter Beweis zu stellen. Die Irminsul und die immer wieder auftretenden Teufel lassen ebenfalls auf den Kontakt der Nerolegende mit der Folklore schließen, wurde doch die Folklore vor allem deshalb von der Kirche bekämpft, weil in ihr die alten heidnischen Religionen weiterlebten. Auch die *Weltchronik* unseres alten Bekannten, des Wiener Kaufmanns Johans Enichel, kann das eben Gesagte bestätigen. Auch hier wird die Legende mit all den üblichen Zutaten erzählt. Da Johans sich aber damit vergnügte, Quellen verschiedenster Herkunft und Beschaffenheit durcheinanderzuwürfeln, kamen noch ein paar neue Einzelheiten dazu. Die von Johans erzählte Geschichte hat Märchencharakter und ist deshalb auch von Gottfried Keller in eine seiner Novellen eingefügt worden. Der von Nero zur Welt gebrachte und als sein Nachfolger ausersehene Frosch wird in einer mit Edelsteinen besetzten Kutsche unter dem Jubel des Volks durch die Straßen Roms gefahren. Doch auf einer Brücke veranlaßt ihn das Gequake seiner Artgenossen, Reißaus zu nehmen und mit einem gezielten Sprung in den Fluten des Tibers zu verschwinden. Noch eine andere Einzelheit weist in Johans' Chronik auf die Folklore hin, diesmal sogar direkt auf das Motiv des schwangeren Mannes, denn die Ärzte diagnostizieren hier die Schwangerschaft aus dem Urin des Kaisers. Der böse, lasterhafte Nero sollte im Kampf der Kirche gegen die Folklore den Priester ersetzen, gegen den sich ja das Folkloremotiv des schwangeren Mannes so heftig wendet. Nicht der Priester, sondern Nero, die Inkarnation des Bösen, war der Repräsentant der Macht – der von Gott verdammten, der bösen Macht natürlich. Unter diesen Voraussetzungen konnte das Folkloremotiv auch in die christliche Legende aufgenommen werden, denn ihm war auf diese Weise sein ursprünglicher Charakter und die eigentliche Bedeutung genommen worden. Um auf das analphabetische oder gewiß doch ungebildete Volk Einfluß nehmen zu können, mußte man aber noch zu anderen Mitteln greifen. Es bedurfte der Vermittlung von Sprachexperten, die in der Lage waren, einen direkten Kontakt zur Welt der Ungebildeten herzustellen, der Mithilfe nämlich von Hagiographen und Predigern. Die *Legenda aurea* des Dominikaners Jakob von Varazze, dem die Ehre der Seligsprechung zuteil wurde, eine Legendensammlung aus der zweiten Hälfte des 13. Jahrhunderts, ist bekanntlich eine Art „Summe" der verchristlichten und in das Gewand der Heiligenvita gekleideten Folklore. Die Nerolegende wird hier in die Vita des hl. Petrus eingefügt, in der der Feldzug der Kirche gegen die Folklore dem sieggekrönten Kampf der Apostel Petrus und Paulus gegen Simon den Magier, den falschen Messias, gleichgesetzt wird. Die Geburt des Frosches aus dem Mund des Kaisers beschließt die erbauliche Geschichte, ohne daß dabei jedoch auf die Etymologie des Lateranpalastes angespielt würde. Wie man im 11. Jahrhundert die Verknüpfung von Schwangerschaft und Homosexualität für kompromittierend gehalten hatte, hielt man jetzt wohl in diesem Zusammenhang die Erwähnung des Papstpalastes für unangebracht. Man wollte verständlicherweise diesen Palast, der in den Augen des Volkes ein nur allzu deutliches Symbol für die Kontinuität der Macht darstellte, nicht mehr mit Nero in Verbindung bringen. Aus der *Legenda aurea* des Jakob von Varazze übernahm Arnold von Lüttich die Geschichte des froschgebärenden Nero mit den formalen Änderungen, die der neue Zweck erforderlich machte, in das *Alphabetum Narrationum*, die große Exemplasammlung des 14. Jahrhunderts. Im gleichen Jahrhundert fand sie Eingang in eine Exemplasammlung in niederdeutscher Sprache mit dem Titel *Der große Seelentrost* und im darauffolgenden Jahrhundert auch in deren schwedische Übersetzung sowie in eine katalanische Exemplasammlung. In allen diesen Fassungen der Legende ist jedoch nie vom Lateran die Rede. Er wird im 14. Jahrhundert nur noch einmal von zwei wenig gelesenen geistlichen Schriftstellern erwähnt, die dabei eine gewisse Verlegenheit nicht ganz verhehlen können. Der englische Mönch Ranulph Higden entnahm den Hinweis auf den Palast der Chronik Martins von Troppau, mißverstand ihn aber ganz bewußt. Statt vom Papstpalast spricht er von ,,einem gewissen Turm'', in dem Nero den Frosch untergebracht haben sollte. Der Lütticher Notar Jean des Preis, genannt Outremeuse, erzählt hingegen, daß Nero den Frosch in einem großen römischen Palast namens Lateran zur Welt gebracht habe, ohne jedoch anzumerken, daß es sich bei diesem Palast um die Residenz des Papstes handelte. Ranulph Higden und Jean des Preis wandten sich an ein gelehrtes Publikum, und die Verbreitung ihrer Werke war, wie wir aus den wenigen überlieferten Handschriften ersehen, gering, jedenfalls nicht im entferntesten zu vergleichen mit der Verbreitung der Exemplasammlungen. Deren kapillare Verbreitung bedeutete zudem – und das ist zweifellos der wichtigste Aspekt an der ganzen Angelegenheit –, daß die Legende von Nero und dem Frosch in den Kirchen Europas wie eine Art Kontrapunkt zur Bilder-Litanei der Geburt Evas widerhallte. Die Exempla bildeten das beste Rüstzeug für die Predigt, denn mit ihrer überwältigenden Evidenz verliehen die angeführten Beispiele der fürchterlichen Eloquenz der Bettelmönche noch größere Durchschlagskraft.

Die ideologische Berieselung führte jedoch nicht zum gewünschten Erfolg, sondern erzeugte eher den entgegengesetzten Effekt. Daß die Figur Neros über die Predigt in die Folklore gelangte, lassen einige, in verschiedenen Teilen Italiens im vergangenen Jahrhundert schriftlich festgehaltene Volksüberlieferungen deutlich erkennen. Doch hier bestätigt der Kaiser mit seinem Beispiel nur das Sprichwort: „Was danach kommt, ist immer noch schlimmer." Hier eine Version dieser Überlieferung aus Umbrien: „Ein altes Weib begegnete Nero und sagte zu ihm: ‚Gott schenke euch, daß ihr tausend Jahre leben möget.' – Der Tyrann, wohl wissend, daß er von allem Volk gehaßt war, wunderte sich über diesen Wunsch und fragte die Alte: ‚Warum wünschst du mir tausend Jahre, wo doch alle mir den Tod wünschen?' – ‚Weil das, was danach kommt, immer noch schlimmer ist', antwortete ihm die Alte. ‚Ich erinnere mich noch gut an euren Großvater, der war schon übel; an euren Vater, der war noch schlimmer; und jetzt kenne ich euch, der ihr ein wahrer Teufel seid. Was soll aus uns werden, wenn noch ein anderer kommt?' "

Der Nachfolger Neros, der seinen Sitz im Lateran nahm und die kaiserliche Macht fortsetzte, ist jedermann bekannt und der Papst hatte damit einen Hieb weg. Die kleine Anekdote ist im Jahre 1869 aufgezeichnet worden. Bis 1859 aber hatte Umbrien zu eben jenem Kirchenstaat gehört, den Kaiser Konstantin dem Papst Sylvester und seinen Nachfolgern zusammen mit dem Lateranpalast und der ganzen westlichen Reichshälfte geschenkt haben soll.

## 14. Exkurs: Homosexualität und männliche Schwangerschaft

Daß zwischen männlicher Schwangerschaftsphantasie und Homosexualität ein enger Zusammenhang besteht, gilt in der psychoanalytischen Forschung als allgemein anerkannte Tatsache, die auch in der ethnologischen Literatur eine interessante Bestätigung gefunden hat. Freud hatte diesen Zusammenhang erstmals in seiner klinischen Untersuchung über den Fall des soge-

nannten „Wolfsmanns" aufgedeckt und anschließend in einer
zweiten Studie theoretisch untermauert. Zwanzig Jahre später
konnte George Devereux diese Verknüpfung zwischen männlicher Schwangerschaft und Homosexualität auch im ethnologischen Bereich nachweisen. Über die aus seinen Beobachtungen
an Ort und Stelle gewonnenen Erkenntnisse hat er 1937 in einem Aufsatz berichtet.

Ausgehend von der Krankengeschichte des sogenannten
„Wolfsmanns", hatte Freud die männliche Schwangerschaftsphantasie als eine Regression auf die kindliche „Kloakentheorie" interpretiert, in der die Vagina als der Ort des Geschlechts-
verkehrs und der Geburt durch den Darmausgang ersetzt wird.
Diese Regression ist nach Freud von der Tendenz zu einer starken weiblichen Identifizierung begleitet, die aber, weil sie auf
gesellschaftliche Ablehnung stößt, verdrängt und in ein Sym-
ptom verwandelt werden muß. Im Fall des „Wolfsmanns"
drückte die Schwangerschaftsphantasie, die sich in häufigen
Darmstörungen manifestierte, den Wunsch nach dem Verzicht
auf die Männlichkeit aus, um auf diese Weise die Liebe des
Vaters gewinnen und ihm ein Kind schenken zu können. Die
von Devereux beobachteten nordamerikanischen Mohave-In-
dianer nahmen hingegen der Homosexualität gegenüber eine
sehr tolerante Haltung ein und erkannten ihr eine Art institu-
tionalisierten Sonderstatus zu. In den als „passiv" geltenden
Homosexuellen unterlag die Schwangerschaftsphantasie keinerlei Verdrängung und konnte sich frei und zwanglos durch eine
getreue Nachahmung der realen Schwangerschaft und eine an-
schließende, fäkale Geburt Ausdruck verschaffen. Im klinischen Fall wie im ethnologischen Bereich koinzidieren also
männliche Schwangerschaftsphantasie und Homosexualität mit
einer vollständigen oder doch zumindest tendenziell vollständigen Identifizierung des Mannes mit der Frau. Wie Sandor Ferenczi hervorgehoben habt, fühlt sich der „passive" Homosexuelle „als Weib, und zwar nicht nur beim Genitalverkehr, sondern in allen Beziehungen des Lebens".

In den Zeugnissen, die wir bis jetzt untersucht haben, war
diese Identifizierung des Mannes mit dem Weiblichen jedoch
stets transitorisch und zweckbedingt, und zwar sicherlich nicht

allein aus Furcht vor dem negativen Urteil der Gesellschaft über die Homosexualität. Der Hauptgrund ist ein anderer und basiert auf der Freudschen Unterscheidung zwischen Fixierung und Symbolverhalten. Wie Freud darlegt, hat die Fixierung ihren Ursprung in einer Verwechslung von Wunsch und Realität, die über viele Abstufungen hinweg in extremen Fällen sogar bis zur Psychose führen kann. Das Symbolverhalten schließt hingegen von vornherein jede Verwechslung von Wunsch und Realität aus und setzt die stillschweigende Übereinkunft voraus, daß es sich um vorgespiegelte Tatsachen handelt. Ebenso wie der Homosexuelle sich bemüht, schwanger zu erscheinen, gibt auch der Vaterherr die Schwangerschaft nur vor und weiß sehr wohl, wie alle anderen auch, daß er nicht schwanger ist noch schwanger sein kann. Aber das ist noch nicht alles. Eine solche Fiktion kann überdies dazu dienen, in der Entwicklung der Libido den Übergang von einer Phase zur anderen zu erleichtern. Beim Übergang von der Kindheit zur Adoleszenz hilft die Identifizierung mit dem Vater, die durch die Vorstellung einer Wiedergeburt aus dem Vater symbolisiert wird, dem Jugendlichen, erwachsen zu werden, wie es der Vater ist. Wie Theodor Reik gezeigt hat, liegt hier der tiefere Sinn der Intitiationsriten. Diese Symbolvorstellung wird allerdings für die Zwecke der Macht ausgenutzt. So erweist sich die Identifizierung als eine Falle, und der Sohn wird, statt erwachsen, zum Knecht.

Der Vaterherr wird nicht schwanger, weil er sich mit der Frau identifizieren will, sondern im Gegenteil, weil er der Frau das Potenzattribut rauben will, das die Schwangerschaft darstellt, genauso wie der Neid der Frau auf die Potenz des Mannes bei ihr den Wunsch nach Kastration entstehen läßt. Jedes Geschlecht will dem anderen seine spezifische Potenz rauben, statt den schöpferischen Beitrag des anderen Geschlechts zu nutzen. Das alles aus dem einfachen Grund, weil es in Wahrheit nicht um die geschlechtliche, sondern um die gesellschaftliche Potenz geht, die als Herrschaft auftritt und die Kontrolle über Gesellschaft und Familie ermöglicht. Die Identifizierung dient also ganz bestimmten Zwecken: einerseits um zu enteignen und andererseits um anzuklagen und anzuschwärzen. Aus diesem

Grunde finden die christlichen Schriftsteller so großes Gefallen
an der Homosexualität Neros, ohne daran zu denken, konse-
quenterweise auch Adam der Homosexualität zu bezichtigen,
obwohl er in den Kirchen Europas, allen sichtbar, Eva zur Welt
bringt.

Auch die Folklore verdächtigt Adam nicht der Homosexualität. Die Homosexualität wurde vielmehr dem Priester zugeschrieben, so wie dieser sie Nero zugeschrieben hatte. In beiden
Fällen spielte man aber mit der Zweideutigkeit: die männliche
Schwangerschaft wird von der Ebene des Symbolischen auf die
der Fixierung verschoben, und zwar in der Absicht, mit Hilfe
des negativen gesellschaftlichen Urteils über die Homosexualität die Mächtigen anzuschwärzen und herabzusetzen. Die
Geistlichen, grausam wie immer, treiben jedoch die Zweideutigkeit bis zur äußersten Konsequenz: Die christliche Gesellschaft bestraft die Homosexualität mit dem Tod, und deshalb
muß auch Nero wegen seines Lasters sterben. Die Folklore ist
in dieser Hinsicht großmütiger. Sie bestraft gewöhnlich den
Priester nicht mit dem Tod, sondern mit Prügeln, und zwar
weniger seiner Homosexualität als seiner Überheblichkeit wegen. Häufig bestraft sie ihn allein mit der Demütigung, die das
gesellschaftliche Verdammungsurteil über die Homosexualität
beinhaltet. Dieses löst aber gewöhnlich in den Märchen einen
Mechanismus von Ablehnung-Flucht-Verwerfung aus. Da der
Priester unfähig ist, die Last zu tragen, weist er die weibliche
Identifizierung zurück und flieht aus der menschlichen Gemeinschaft, bis er im Verborgenen die unerträgliche symbolische Bürde abgeworfen hat. Die Identifizierung nimmt so wieder den transitorischen und zweckbedingten Charakter an, der
dem Symbolverhalten eigen ist. Der Priester kann deshalb an
seinen angestammten Platz zurückkehren und seine gewohnten
Funktionen wiederaufnehmen. Die Gesellschaft hat ihm verzie-
hen. Das Märchen hingegen hat ihn entlarvt.

# III.

## 15. „Des Mönches Not". Eine mittelhochdeutsche Schwankerzählung

Die der Gattung der Märendichtung zugehörige Schwank-
erzählung von der Not des schwangeren Mönchs ist vermutlich
Anfang des 14. Jahrhunderts entstanden und erst Mitte des vergangenen Jahrhunderts zum ersten Mal veröffentlicht worden.
Im mittelhochdeutschen Original setzt sich die Dichtung aus
544 Reimpaarversen zusammen. Über den Verfasser ist nichts
bekannt, doch haben sein Name – er selbst nennt sich am
Schluß seiner Dichtung „der Zwingäuer" – und mundartliche
Eigenheiten im Text den Schluß nahe gelegt, daß er in Ober-
franken beheimatet war. Dort herrschte in der Zeit, als die Erzählung entstand, der mächtige Bischof von Bamberg, der zusammen mit einigen wenigen reichen Klöstern fast den gesam-
ten Grundbesitz in seiner Hand vereinte und so die Kontrolle
über die abgaben- und dienstleistungspflichtige Bauernschaft
ausübte.

*Das ist die wirklich schöne Geschichte von einem Mönch, der
mit einem Kind schwanger ging.*

*Gerne erzähle ich euch etwas, und sicher würdet ihr noch
mehr Freude daran haben, wenn ich bei euch wäre. Doch nun
hört die Geschichte, denn sie ist ja wirklich sehr seltsam. Sie
berichtet davon, wie ein Mönch mit einem Kind schwanger ging
und wie er zu dem Kind gekommen war. Urteilt selbst, ob es
nicht ein Wunder war.*

*Ein kleines Kind wurde der Obhut eines Mönches anvertraut,
damit es ein gottgeweihtes Leben führe. Die Welt war ihm noch
völlig fremd, als es in ein abgelegenes Kloster mitten im Wald
gebracht wurde, denn es war erst sieben Jahre alt.*

*Im Kloster lernte das Kind die Schrift und andere Fertigkeiten
und wurde so gut unterrichtet, daß es alles Geschriebene mühe-*

*los lesen konnte. In die Länge wuchs es mehr als in die Breite,
und als es ein Jüngling geworden war, nahm der Abt es in seine
Wohnung auf.*

*Eines Morgens saß der junge Mönch nach der Frühmesse vor
seinem Bett und las in einem Buch, bis er plötzlich auf die Worte
‚die Bande der Minne‘ stieß. Er überlegte lange, was das bedeuten solle, warum die Minne die Menschen wohl binde. Dann
legte er das Buch flink weg und versuchte herauszubringen, was
es mit den Banden der Minne wohl auf sich habe. Er schlich sich
zu einem Knecht, den er gut kannte, weil er immer mit dem Abt
auszureiten pflegte. Der schien ihm vertrauenswürdig, und so
fragte er ihn, was die Minne sei und wo man sie antreffen könne, bei alten oder bei jungen Leuten; und ob sie wirklich eine so
große Macht besitze oder vielleicht mit Gewalt die Menschen
binde. Der Knecht antwortete ihm: ‚Ihr wißt wohl nicht, wonach ihr mich da gefragt habt. Wenn ihr krank daniederliegt,
macht euch Frau Minne gesund. Sie bindet zwar nicht immer,
aber wenn sie jemanden ihren Trost spendet, wird er von allem
Leid erlöst. Ihr Haus ist prächtig und voll von Wein und guten
Speisen.‘ – ‚Da will ich hin‘, rief der Mönch, ‚noch bevor ein
halbes Jahr vergeht!‘ Der Knecht riet ihm da, er solle den Abt
unter dem Vorwand, seine Verwandten seien in arger Bedräng-
nis und er wolle ihnen zu Hilfe eilen, um ein Pferd und um
einen Knecht bitten. Der Abt gewährte diese Bitte und gab dem
jungen Mönch einen Knecht, ein Pferd und auch genug Geld.
Dieser war aber so klug, selbst noch in kurzer Zeit etwa zehn
Pfund zusammenzusparen.*

*So reiste er denn los, wie der erste Knecht es ihm geraten hatte.
Vor ihm ritt ein Knecht, dem folgte er, denn er hatte das Kloster
noch nie verlassen. Das hatte der Knecht auch schon gemerkt.
Sie kamen schließlich in eine schöne Stadt, wo der Knecht bei
einer Frau, die weder zu jung noch zu alt war, um Herberge
nachsuchte. Deren Mann war auf See, und in der Zwischenzeit
sollte sie das Haus hüten. Der Knecht bat sie, ein reichliches
Mahl zu bereiten und übergab ihr den Mantelsack. Die Frau
nahm die beiden gerne auf, machte sich zu schaffen und bemüh-
te sich sehr, dem Mönch ein abseits gelegenes Zimmer herzurich-
ten, wo sie sich gut um ihn kümmern konnte. Es wurde viel*

aufgetischt, warme und kalte Speisen, und dazu gab es edlen, kühlen Wein. Da sagte der Mönch: ‚Das hier muß wirklich der Hof der Minne in all seiner Pracht sein; alles dünkt mich so herrlich hier. Die Mönche wären sicher glücklich, wenn es in meinem Kloster ebenso zuginge.'

Der Knecht fragte schließlich die Wirtin: ‚Kennt ihr vielleicht ein junges Mädchen, das zu meinem Herrn paßte und gegen Entgelt seine Dienste böte?' ‚Wie ist euer Herr gestellt?', erkundigte sich die Wirtin. ‚Kann er zehn Pfund für die Liebe bezahlen?' Der Knecht bat die Frau dann sehr, daß sie sich doch selbst des Mönches annehmen möge; sie würde schon ihren Nutzen davon haben. Da sagte die Frau geschwind: ‚Ich habe alle meine Habe versetzt. Wenn sie ausgelöst wird, soll der junge Mönch getröstet werden, und ich will alles tun, was man von mir verlangt.' ‚Das ist recht von euch', sagte der Knecht, ‚ihr habt das Geld ja schon in Verwahrung, nehmt ohne Zögern das, was euch zusteht. Mein Herr ist euch von Herzen hold und verlangt schon leidenschaftlich nach euch.' Sechs Pfund wurden als Preis vereinbart und auch gleich bezahlt; damit entgalt der Knecht die Minne. Die Frau tat das, worum er sie gebeten hatte, zog ihre schönsten Kleider an und setzte sich neben den Mönch. Ihr Mund sprach süße Worte, die Augen funkelten wie Sterne; rosenrot waren ihre Wangen, weiß wie Hermelin der Hals. Ihre Hände waren klein und rund die Arme; auch in der Größe war sie von rechtem Maß. Dem Mönch mißfiel das alles nicht, aber mehr wußte er auch nicht. Der Knecht riet ihm, alles zu tun, was die Frau von ihm verlangen würde und sagte: ‚Sie wird euch schon zeigen, daß euch die Minne gehört; greift sie nur frischweg an. Ich habe sie reichlich entlohnt.' Der Mönch war glücklich über diese Worte und sprach: ‚Ich will es schon so einrichten, daß die Minne mit mir kommt, damit sie auch dem Abt und der ganzen Schar der Mönche, jung und alt, Freude spenden kann.' Der Tor glaubte tatsächlich, daß der Abt und die Mönche ohne Kenntnis der Minne erzogen worden seien. Darin täuschte er sich aber sehr.

Da kam auch schon die Wirtin und nahm den Mönch bei der Hand, um ihn hurtig zu dem von ihr gewählten Ort zu führen. Dort stand ein Bett bereit, und zu dem leitete sie den jungen

*Mönch hin. Seinen Rock behielt dieser aber an. Da sagte die schöne Frau zu ihm: ‚Ihr seid hier nicht in eurem Kloster. Zieht eure Kleider aus!' Dann löschte sie das Licht und legte sich zu ihm. Aber der junge Mönch lag da wie ein Stock, und so zog ihm die Frau selbst den Rock aus, rückte näher an ihn heran und drückte ihn an sich. Sie hätte gerne etwas Gutes von ihm erfahren, aber der Tor lag da steif und still wie ein umgestürzter Baumstamm, denn er hatte ja nicht die leiseste Ahnung davon, was er hier anfangen sollte. Von Kindheit an war er vor den Frauen sicher gewesen und konnte viel besser singen und lesen als minnen.*

*Da überlegte die Frau listig, wie sie den Mönch zum Narren halten könne, denn es verdroß sie, so müßig dazuliegen. Mit den Füßen gab sie ihm deshalb hurtig einen Tritt, daß er gegen die Wand rollte, ließ aber dann nicht von ihm ab, sondern rückte ihm immer mehr auf die Haut, knetete ihn mit den Knieen und trat ihn mit den Füßen. Dem Mönch begannen Rücken und Brust arg zu schmerzen, als ob sie verbrannt wären. Frauen zu minnen schien ihm eine sehr widerwärtige Angelegenheit zu sein, und gerne wäre er geflohen. Es wollte ihm gar nicht mehr in den Sinn, daß er sich die Minne erkoren hatte. Da versetzte ihm die Frau wiederum einen heftigen Schlag, daß er sich gar nicht mehr zu rühren wagte. ‚Liegt nur still, ihr Schlappschwanz', rief die Frau ihm zu, ‚euch geschieht ja nichts. Das hier sendet euch Frau Minne, nach der ihr ausgezogen seid.' Der Mönch wagte nicht, sich gegen die Schläge zu wehren, und lag ganz still da.*

*Als es Mitternacht wurde, fing die Frau ihr Treiben wieder an. Sie warf sich im Bett herum und reckte die Hände nach der Minne, geradeso wie die Schlange, wenn sie auf Böses sinnt. Dann wandte sie sich wieder gegen den Mönch und vertrieb ihm mit heftigen Prügeln die Weile. Hundert Meilen wünschte sich der Mönch da fort. Viel zu nahe schien ihm die Minne. Ach wie wenig schlief er in jener Nacht! Die Frau aber sagte: ‚Das hier ist der zweite Brief, den euch Frau Minne geschickt. Nun könnt ihr wahrlich in Freuden leben.' Der Mönch schwieg dazu und dachte bei sich: Klopfte Frau Minne an das Tor meines Klosters und ich wäre dort, ich würde wahrhaftig nicht ans Tor kommen.*

Kurz vor Tagesanbruch begann die Frau das dritte Mal darüber zu klagen, daß er sie so sehr vernachlässige, und las ihm
nochmals eine Lektion Prügel. Das war die dritte Not. Doch als
sie die Morgenröte sah, verabschiedete sie den Mönch. Der war
von Herzen froh darüber und lief ungesegnet davon. Zornig rief
er nach dem Knecht und befahl ihm aufzusatteln; keine Minute
länger wollte er bleiben. Der Knecht erschrak, denn er glaubte,
der Mann der Wirtin sei plötzlich zurückgekommen. Beide
hatten die höchste Eile, und der Mönch stürzte hinter dem
Knecht her. Eilends ritten sie im Paßgang über die Felder, mehr
als drei Meilen weit, und fühlten sich erst in Sicherheit, als sie
auf ein grünes Brachfeld kamen. Dort saßen sie ab. Der Knecht
blickte seinen Herrn an, und der schien ihm ganz fahl im Gesicht. So fragte er ihn, wie es ihm mit der Minne ergangen sei.
Nachdenklich antwortete ihm der Mönch: ,Auch wenn es mir
gut ergangen wäre, so dürfte ich mich dessen doch nicht rühmen,
denn jegliches Rühmen ist Gott zuwider. Laß dir das gesagt
sein.' Der Knecht fragte deshalb nicht weiter. Den Mönch
drängte es sehr heim in sein Kloster, aber nach einer Weile fragte
er den Knecht:
,Ich habe oft gehört, daß Kinder kommen, wenn zwei zusammen sind. Bei deiner Treu, sag mir, wer von beiden trägt das
Kind?' ,Das will ich euch ganz genau sagen', antwortete der
Knecht, ,derjenige, der unten liegt.' ,Ich Unglückseliger', schoß
es dem Mönch durch den Kopf, und sein ganzes Elend ging ihm
erst jetzt richtig auf. Er dachte: ,O weh, was soll ich tun, ich
Armer bin ja unten gelegen; nun werde ich also ein Kind bekommen und habe meine Ehre verloren. Wenn es der Abt erfährt, verliere ich auch meine Pfründe und man wird mich aus
der Gemeinschaft der Mönche ausstoßen. Lieber wäre ich tot,
als daß ich ihren Spott erduldete.'
Nach zwölf Wochen begann der Mönch zu kränkeln, so sehr
hatte ihn die Frau zugerichtet. Seine Mitbrüder fragten ihn,
warum er so abgemagert sei und was ihm solchen Kummer
bereite. Aber er wollte niemandem verraten, was ihm die Minne
angetan hatte, denn er war fest davon überzeugt, ein Kind zu
erwarten. Eines Tages hörte er mit an, wie ein Klosterbauer sich
beim Abt beschwerte. Der Bauer sagte: ,Ich muß Klage vor euch

*erheben. Der Witwensohn oben im Dorf hat mir eine Kuh so heftig geprügelt, daß sie ein wunderschönes Kalb verworfen hat.' ‚Ich will ein guter Richter sein', versprach ihm der Abt, ‚ich habe genug Gewalt über ihn, daß ich ihn zwingen kann, mit dir zu verhandeln und dir den Schaden zu ersetzen, wie er von Rechts wegen verpflichtet ist.' Dem schwangeren Mönch war nichts von dem entgangen, was der Klosterbauer gesagt hatte. Er schickte darauf nach dem Witwensohn, den er gut kannte, und ließ ihm sagen, er solle heimlich zu ihm kommen und hören, was er ihm zu sagen habe.*

*Der Witwensohn machte sich auf den Weg zum Kloster, wo der Mönch ihn freundlich empfing und ihn heimlich in sein Gemach führte. Hört nun, was der Mönch ihm sagte: ‚Ich war dabei, als man dich heute verklagte, du hättest eine Kuh so heftig geprügelt, daß sie ein Kalb verworfen hat. Mir scheint, daß auch ich Prügel von dir nötig hätte, denn betrüblicherweise gehe ich mit einem lebendigen Kind schwanger und fürchte, daß Schimpf und Schande über mich kommen, wenn man davon erfährt.' Der Witwensohn antwortete erstaunt: ‚O je, wie ist das denn gekommen? Der Prior scheint mir doch zu träge und der Abt zu alt. Wer hat das Wunder an euch vollbracht? Vielleicht war es der Kellermeister, aber dann war es wirklich frevlich von ihm.' ‚Nein', antwortete ihm der Mönch, ‚der Kellermeister war es nicht, von den Mönchen ist keiner an meinem Leib schuldig geworden. Das Kind habe ich von einer Frau, mit der ich Minne getrieben habe, und deshalb bin ich schwanger geworden.' Da sagte der Witwensohn: ‚Mein Herr, ich will alles tun, was ihr von mir verlangt. Doch sind nur wenige von denen, die ihre Kinder nicht austragen wollten, mit heiler Haut davon gekommen.' ‚Ich will es trotzdem wagen', erwiderte der Mönch, ‚laß es dich nicht verdrießen, schlag nur tüchtig zu, das habe ich nötig, und denk nicht daran, daß ich sterben könnte. Ich verzeihe dir aufrichtig alle Sünden, die du an mir begehst. Und um auch ganz sicher zu sein, daß du mich wirklich schlägst, will ich dir drei Pfund geben.' Der Witwensohn war sehr erfreut über diese Worte und zögerte nun nicht länger. ‚Kommt morgen in aller Frühe in das Gehölz beim Kloster', wies er ihn an, ‚dann will ich euch noch vor Mittag so gut helfen, wie ich kann.' ‚Ich will tun,*

*was du sagst', antwortete der Mönch, ,komm nur nicht zu spät.'
Der Witwensohn war aber ein roher Kerl, und um den Balg des
Mönchs auch gut gerben zu können, schnitt er sich drei Eichen-
knüppel zurecht. Die brachte er mit.*

*Der Mönch war schon früh gekommen und als er den Knecht
sah, gab er ihm die versprochenen drei Pfund. ,Schlag nur un-
verdrossen zu', sagte er zu ihm, ,und schone mich nicht, ich will
es dir noch besser vergelten.' ,Zieht die Kutte aus!', befahl ihm
der Witwensohn. Das tat der Mönch auch gleich und behielt nur
das Hemd an. Da warf ihn der Witwensohn zu Boden wie ein
Rind und schlug mit solcher Wucht auf ihn ein, daß, hätte er
auch sieben Kinder im Leib gehabt, keines davon am Leben
geblieben wäre. Alle Knochen wurden ihm von den fürchterlichen Hieben zerschlagen. Ganz in der Nähe kauerte aber ver-
ängstigt in einer Bodenfurche, vom Gras verdeckt, ein junger
Hase. Der wagte sich nicht zu rühren aus lauter Furcht vor den
dröhnenden Schlägen. Als aber der dritte Knüppel zerbrach, sah
der Mönch den Hasen davonspringen und rief dem Witwensohn
zu: ,Halt ein mit deinen Schlägen, ich will meinem Kind nach-
laufen. Oh weh, könnt ich es doch nur fangen! Dann wollte ich
es zu einer Amme geben, damit sie es nähre.' Der Hase rannte
auf den Wald zu. Der Mönch blickte ihm nach und rief voller
Trauer: ,Ach mein innigst geliebtes Kind! Wie schnell sind deine
Beine. Ich werde dir mein Leben lang nachtrauern. Du hättest
der Kurier eines Fürsten werden sollen, denn in kürzester Zeit
bist du so viele Meilen gelaufen. Oder aber ein Koch, denn du
hältst die Löffel schon bereit wie einer, der gut kochen kann' (so
ein Tor! er meinte die aufgerichteten Ohren des Hasen). Mit
aller Kraft rannte der Mönch auf den Wald zu, denn er konnte
den Schmerz nicht länger ertragen und wollte sein Kind zurück-
holen. Wie ein tobender Hund raste er davon, trommelte sich
mit den Fäusten auf die Brust und rang jammervoll seine Hände, aber sein Kind fand er nicht wieder. Vor lauter Kummer
raufte er sich die Haare aus.*

*Das alles sah ein alter Mönch mit an, der nichtsahnend daher-
geritten kam. Er sprach den jungen Mönch an und fragte ihn:
,Was soll das alles bedeuten? Was ist schuld an eurem Toben?
Habt ihr den Zorn unseres Herrn erfahren?' Der junge Mönch*

*antwortete ihm: ‚Ich habe das Kind verloren, mit dem ich schwanger ging, das ist der Grund meines Schmerzes.‘ Da rief der Mönch auf dem Pferd zornig: ‚Bei Gott, ich habe noch nie einen schwangeren Mönch gesehen! Das will ich dem Abt und den anderen Mönchen erzählen.‘ ‚Es ist mir völlig gleich, wer es erfährt‘, erwiderte der junge Mönch, ‚sei er noch so gut oder noch so böse. Hätte ich nur mein Kind wieder! Mein Unglück ist gar zu groß.‘ Da versetzte ihm der alte Mönch einen Hieb, daß er vor ihm zu Boden stürzte. ‚Ihr seid wohl wahnsinnig geworden‘, rief der alte Mönch aus, ‚ihr bringt den ganzen Orden und alle eure Mitbrüder in Verruf!‘ Aber der junge Mönch antwortete nur: ‚Wenn ich mein Kind nur noch einmal sehen könnte, dann wäre es mir völlig gleichgültig, was mit mir geschieht.‘ ‚Im Namen des Herrn‘, sprach da der alte Mönch, ‚in diesem Wald wollt ihr ein Kind finden?‘ und band ihm die Hände wie einem Dieb. Dazu sagte er: ‚Wenn ihr fremde Kinder so sehr liebt, dann werdet ihr schon sehen, was ich davon halte‘, und ohne lange zu zögern, schlug er ihm mit dem Knüppel viele Beulen. Während der alte Mönch zu Pferde saß, ging der junge Mönch an einen Strick gebunden neben ihm her, weinte heiße Tränen und dachte an sein Kind.*

*So angebunden kam der junge Mönch ins Kloster zurück, und als die Mönche ihn erblickten, kamen sie in Scharen herbeigelaufen. Als ihn aber der Abt sah, sagte er leise zu ihm: ‚Sag mir, mein Lieber, was ist dir zugestoßen?‘ Der junge Mönch antwortete ihm: ‚Euch hätte mein Kind sicher auch gefallen, wenn ihr es gesehen hättet. Mehr kann ich euch nicht sagen. Wenn ich ihm nachsetzen und es einfangen könnte, würde ich es taufen lassen und euch, den Prior und den Kellermeister zu Gevattern bitten.‘ Den Mönchen erschien das alles sehr seltsam. Sie hoben ihm den Rock hoch und als sie die Spuren der Schläge sahen, glaubten sie alle, daß er vom bösen Geiste besessen sei. Der Abt ließ den Psalter und die anderen heiligen Bücher herbeiholen und mit der Vollmacht seines geistlichen Amts den bösen Geist beschwören, damit der junge Mönch von seiner schweren Bürde erlöst würde. Die Mönche taten, wie der Abt geheißen, stellten sich über ihn und lasen die Beschwörungsformeln, während der junge Mönch vor Schmerz tobte: ‚Mein Kind ist noch ein Hei-*

*de', schrie er, ,mein Schmerz würde sich legen, wenn es getauft wäre.' ,Hört nur, wie uns der Teufel äfft', sprach der Abt, ,seine Worte sind verschlagen, er macht unsere Beschwörung verächtlich, der bösen Listen kennt er viele.' Das Weihwasserbecken wurde gebracht und der junge Mönch mit Weihwasser besprengt; die Stola wurde ihm umgelegt. Aber weder mit Drohungen noch mit guten Worten konnten die Mönche etwas erreichen. Der junge Mönch hörte nicht auf zu jammern: ,Hätte ich doch nur mein liebes Kind wieder, das ich zwölf Wochen lang getragen habe, dann wäre ich völlig glücklich.' Die Mönche wurde zornig und waren nun fest davon überzeugt, daß er wahnsinnig war. Voller Zorn sperrten sie ihn in einen Kerker. Hier schmachtete der Arme vierzehn Tage lang bei Wasser und Brot, aber er ließ nicht davon ab, Gott zu bitten, er möge ihm sein Kind wiedergeben, damit er es taufen lassen könne. Erst am fünfzehnten Tag gestand er in der Beichte dem Abt die Wahrheit und erzählte ihm von der Minne, dem Knecht und der Frau, die ihn geschlagen hatte und von der er schwanger geworden war; und davon, wie er unten gelegen, als er der Minne mit ihr gepflogen hatte, wie alles von Anfang bis Ende zugegangen war. Da sagte der Abt: ,Dein Leid soll heute noch ein Ende nehmen. Du darfst dich weder vor mir noch dem Prior schämen, sondern sollst von nun an wieder am Chorgebet teilnehmen, singen und lesen, wie du es zuvor getan hast, und ein guter Sohn sein, wie du es immer gewesen bist. Und schließ mich in dein Gebet ein. Deine Sünden sind dir vergeben. Nun aber trachte nach dem ewigen Leben.'*

*Hier endet die Geschichte, die der Zwingäuer gedichtet hat und die von der Not des Mönchs erzählte. Auch wir bitten nun Gott, daß er uns am jüngsten Tag das Himmelreich nicht versage.*

## 16. Knechte und Frau gegen den Mönch als Herrn

Der erste und auffälligste kulturelle Rückverweis im Text betrifft die in ganz Europa verbreitete, in Deutschland mit dem Minnesang heimisch gewordene höfische Liebeslyrik. Die Anspielung läßt an Genauigkeit nichts zu wünschen übrig: Gleich zu Beginn der Erzählung sitzt der junge Mönch in seiner Zelle und liest staunend in einem Buch die Worte „der minne bant" (die Bande der Liebe), auf die er sich keinen Reim zu machen weiß. Es handelt sich bei diesen Worten um ein wörtliches Zitat aus einem Gedicht Heinrichs von Rugge (*Des Minnesangs Frühling*, 102,3), das die Qualen des Minnedienstes beschreibt. Dieses Zitat wird einen obligaten Bezugspunkt für den ganzen ersten, die Abenteuer des Mönchs in der Stadt schildernden Teil der Erzählung darstellen.

Die Knechte und die Frau, die bereit ist, bei der Unterweisung des Mönchs in Liebesdingen mitzuwirken, sind als Personen niedrigen Standes wenig geeignet, die Regeln der höfischen Liebe zu lehren, setzt diese doch eine hohe gesellschaftliche Stellung und intellekuelle Raffinesse voraus. Das Ideal der *courtoisie,* des höfischen Wesens, war bekanntlich im feudalen Frankreich des 12. Jahrhunderts entstanden und galt als ein ausschließliches Privileg des Adels. In schroffem Gegensatz hierzu stand die *villainie,* das ungeschliffene, dörflich-bäurische Wesen der anderen Bevölkerungsschichten, die sich auf diese Weise alle ausnahmslos auf die unterste Sprosse der sozialen Stufenleiter zurückversetzt sahen, nämlich auf die der Bauern. Doch während der blühende Aufschwung der Städte endlose Diskussionen über den Adel der Geburt und den Adel des Herzens auslöste und den städtischen Oberschichten schließlich Zugang zum höfischen Lebensstil verschaffte, blieb der Makel der *villainie* unvermindert an den Bauern haften: sie galten nach wie vor als die ungehobelten, groben Knechte, für die man sie immer schon gehalten hatte. Andreas Capellanus, der Verfasser der maßgeblichsten Schrift über die höfische Liebe, vertrat denn auch die Meinung, daß die Bauern nicht mit Vernunft begabt seien, und folglich hielt er sie auch nur einer animalisch instinktiven Liebe für fähig, vergleichbar etwa der von Mauleseln und Pferden. Was den Dichter hier vor allem interessiert und seiner Erzählung einen eindeutigen polemischen Charakter verleiht, ist jedoch gerade dieser Gegensatz von „höfisch" und „bäurisch"; denn ausgerechnet die erbittertsten Gegenspieler der

höfischen Liebe, die ihrer eigentlichen Natur nach „bäuri-
schen" Knechte des Klosters, werden von ihm dazu auserwählt,
dem Mönch Unterricht in der höfischen Liebe zu erteilen. In
diesem Zusammenhang gewinnt auch die gesellschaftliche Stellung der Frau, die der Dichter den Knechten beigesellt hat,
besonderes Gewicht. Daß sie nicht eben mit Reichtümern ge-
segnet ist, geht schon daraus hervor, daß sie sich die Unterkunft
und den Liebesdienst bezahlen läßt. Dem Knecht, der den
Mönch in die Stadt führt, steht also eine Frau beiseite, die gleich
ihm von der höfischen Liebe ausgeschlossen ist. An der Spitze
des Liebeshofs, einer Art sozialen Pyramide *sui generis*, stand
bekanntlich die adelige Dame, die Herrin, die von ihrer erhabe-
nen Stellung herab die höfischen Tugenden unter ihre Liebhaber verteilte. Die Masse der übrigen Frauen, denen das Glück
keinen adeligen Ehemann beschert hatte, war der Zugang zur
höfischen Liebe verwehrt; sie alle mußten sich mit der animalisch instinktiven Liebe der gewöhnlichen Sterblichen zufrieden
geben. An dieser hatten freilich auch die dem Kult der idealen
Liebe verschriebenen Ritter teil, da ihnen das Recht auf Befriedigung ihrer Triebe gewiß nicht verwehrt werden konnte. Daß
sie zu diesem Behuf auf die Frauen und Töchter der Bauern
zurückgriffen, tat weiter nichts zur Sache. Zwar forderte die
höfische Ethik von den Rittern Gesittung und Achtung vor den
Frauen, doch war es ihnen nicht untersagt, den Frauen des
Landvolks Gewalt anzutun.

Den Vertretern der niedrigen Liebe steht hier indes nicht der
Ritter, sondern der Mönch als Anwärter auf die Gunst der
edlen Frau gegenüber. Zwischen Ritter und Mönch, den Reprä-
sentanten der beiden oberen Stände, wird jedoch eine Gleichung hergestellt, die auf mindestens zwei gemeinsamen Elementen basiert. Ritter und Mönch stehen beide in Beziehung zu
einem Herrschaftssystem – hier der Hof, dort das Kloster – und
erhalten dadurch Zugang zur privilegierten Schicht derer, die
nicht selbst arbeiten, sondern von der Arbeit anderer leben.
Auch huldigen beide einer Form von geistiger Liebe – der Ritter
der Liebe zur adeligen Frau, der Mönch der Liebe zu Gott –,
deren gemeinsame Voraussetzung die Sublimation ist. Wenn

der Dichter nun aber den Mönch mit der höfischen Liebe in
Verbindung bringt, so verfolgt er damit eindeutig die Absicht,
Gelächter und Spott zu provozieren, und um die Wirkung noch
zu verstärken, bedient er sich zudem noch einer weiteren Verschiebung: des Austausches von höfischer und sinnlicher Liebe.
Als mittlerer Bezugspunkt zwischen den entgegengesetzten Polen von geistiger und sinnlicher Liebe und mit den Zügen beider
behaftet, erweist sich die höfische Liebe für ein Spiel mit dem
Doppelsinn hervorragend geeignet. Eben dieser Zweideutigkeit
bedienen sich die Knechte, bestens dabei unterstützt von der
Frau, um den Mönch in die Falle der sinnlichen Liebe zu locken
und die erotische Hohlheit und die spezifische gesellschaftliche
Funktion der höfischen Liebe bloßzustellen. Über den rein sexuellen Charakter der Beziehung zwischen Frau und Mönch
kann von Anfang an kein Zweifel bestehen. Als die Frau aber
feststellen muß, daß der Mönch unfähig ist, den Pakt einzuhal-
ten, führt sie ihm das Ideal der höfischen Liebe in bissiger Parodie noch einmal vor Augen. Die heftigen Tritte und Stöße, die
sie ihm versetzt, stehen für die Liebesnöte, die Qualen, die der
Ritter ertragen muß, um die Gunst seiner Dame zu erringen.
Aber es sind wirkliche, nicht eingebildete Schmerzen, körperli-
che, nicht geistige Qualen, die unser Held erdulden muß, Ausdruck der konkreten und drückenden Materialität, die der
Dichter der schwärmerischen Idealität der höfischen Liebe ent-
gegensetzt. Auf die Prügel der Frau reagiert der Mönch nieder-
geschlagen mit Klagen über die allzu große Nähe der Minne.
Der Zustand, wo die Distanz zur Geliebten Gebot und zugleich
spezifische Lebensform war, mußte seiner Ansicht nach eilends
wiederhergestellt werden. Das Wort *minne* bedeutete ursprünglich ja das Sinnen, das liebevolle Gedenken, und das Ze-
remoniell der Briefe, auf das die Frau während der Prügel anspielt, setzt eben diese Trennung und die damit verbundene
Notwendigkeit, aus der Ferne mit der Geliebten im Gespräch
zu bleiben, voraus. Der gleiche Spott, die gleiche Ironie sprechen auch aus den Worten „nu mugt ir wol mit vröuden leben"
– jetzt könnt ihr wahrlich in Freuden leben –, die die Frau dem
Mönch zuruft. Nun, da ihr ein gerüttelt Maß an Qualen in
Form von Tritten und Prügeln ertragen habt, kann euch die

Gabe der Freude – die vielbesungene *vröude* der Minnesänger –
nicht länger verwehrt bleiben: denn das ist der Lohn, auf den
ihr nach allen Regeln der höfischen Liebe Anspruch habt.

Der Dichter trifft also genau den Kern des Paradoxes, den
unauflösbaren Widerspruch zwischen Begehren und Erfüllung,
auf den die höfische Liebe sich gründete. Ist jedoch die Uner-
füllbarkeit des Begehrens eines der Grundprinzipien des höfischen Ideals, dann entpuppt sich die Verherrlichung einer von
allen institutionellen Fesseln befreiten Liebe als eine Fiktion, als
ein rhetorischer Kunstgriff, um der mit der höfischen Liebe
erklärtermaßen unvereinbaren Ehe den Ehebruch als den Ort
der Erfüllung gegenüberzustellen. Der Ehebruch ist aber unrea-
lisierbar, so sehr er auch ersehnt wird. Er bleibt ein unerfüllba-
rer Wunsch, der eine ganze Literatur in Bewegung setzt und
dem eine höchst kunstvolle Etikette ihren Ursprung verdankt.
Die Institution wird nicht angetastet, das Sakrament der Ehe
bleibt unverletzt. Die höfische Ethik enthüllt so ihren Charakter als spiritualistisches Anhängsel der christlichen Auffassung
von der ehelichen Liebe, als eine Konzession an die Galanterie
des Hofzeremoniells, die sich mühelos in das alte Wertsystem
einordnen ließ und deren scheinbare Vorurteilslosigkeit um so
größeren Anklang fand, je harmloser sie in Wirklichkeit war.
Im feudalen Europa des Mittelalters galt der Ehebruch nach wie
vor als ein schwerwiegender antisozialer Akt, auf den harte
Strafen standen. Die Ehe war und blieb einer der institutionellen Grundpfeiler, da sie die Kontinuität der Familie und des
Vermögens gewährleistete. Erich Köhler hat gezeigt, daß die
Liebe zur adeligen Dame, welche ja zugleich die Gattin des
Lehnsherrn, d. h. des wahren Herrschers über den Hof war,
gerade deshalb unerfüllt bleiben mußte, um sich in Verehrung
und Dienst umwandeln und sublimieren zu können. *Pretz e
onor*, Geltung und Ehre, hoffte der Ritter zu erlangen. Aber
das, wonach er in Wirklichkeit strebte, war keine Anerkennung
erotischer Natur, sondern die Anerkennung seiner gesellschaftlichen Stellung.

Die höfische Ethik mit ihren zentralen Tugenden – Verzicht,
Gehorsam und Demut – erweist sich so als eine spezifische
Form der Gesellschaftlichkeit und als ein wirksames Bindemit-

tel der Macht. Das ist auch der Grund, warum sie der Dichter mit solcher Heftigkeit attackiert und ihr mit bäurischer Grobheit den höfischen Flitter vom Leib reißt. Derart entblößt, zeigt die Minne die untrüglichen Kennzeichen der Macht. Das was sie kennzeichnet sind Stärke und Vollkommenheit (*kraft* und *meisterschaft*), Reichtum (aus bäuerlicher Sicht gleichbedeutend mit der unbegrenzten Möglichkeit zu essen und zu trinken) und schließlich die allein dem König verliehende Gabe der Heilung.

Nachdem so die wahre Natur der höfischen Liebe entlarvt und ihr eigentliches Wesen als einer der Knotenpunkte der Herrschaftsbeziehungen bloßgelegt worden ist, stellt der Dichter polemisch der *minne* die *liebe,* d. h. die sinnliche Liebe und den sexuellen Genuß gegenüber; er wählt dazu die für das Zeitbewußtsein wohl verfemteste Form der *liebe,* nämlich die käufliche Liebe. Die Frau, die bereit ist, dem Mönch zu Gefallen zu sein, ist keine professionelle Dirne, sondern eine ,,ehrbare" Frau, die nur gelegentlich unter dem Zwang materieller Not der Prostitution nachgeht. Das christliche Bewußtsein verurteilte ein solches Verhalten aufs schärfste und betrachtete es als einen schweren Anschlag auf die bestehende Ordnung. Wurde der Unterschied zwischen der ehrbaren Frau und der Dirne verwischt, so wurde auch die institutionelle Kontrolle über den sexuellen Genuß verhindert, und der Prostitution waren Tür und Tor geöffnet. Aber der Dichter geht noch einen Schritt weiter und schreibt der Frau, wie ihre heftige Reaktion auf die Impotenz des Mönchs deutlich macht, nicht nur ein ökonomisches, sondern auch ein sexuelles Interesse zu. Eine allein auf materiellen Gewinn und nicht auf Genuß bedachte Dirne hätte das Versagen des Mönchs mit Gleichmut hingenommen, zumal der Kuppler (in diesem Falle der Knecht) entgegenkommenderweise im voraus bezahlt hatte. In diesem Zusammenhang ist es aufschlußreich zu wissen, daß es mittelalterliche Moraltheologen – wie z. B. der von Jacques Le Goff wiederausgegrabene Thomas von Chobham – gab, die den sexuellen Genuß der Dirne beim Verkehr mit ihren Kunden für absolut unzulässig erklärten, was allerdings nicht hieß, daß diese Gottesgelehrten die Prostitution als solche in Bausch und Bogen verdammt hätten. Wichtig war ihrer Meinung nach nur, daß die objektiven Spielregeln von Kauf und Verkauf gewahrt wurden, daß der Körper ein bloßes Tauschobjekt blieb. Denn hatte die Dirne am Genuß teil, so wurde das ökonomische Verhältnis auf teuflische Weise von einer Lust ausgehöhlt, an der Mann und Frau gleichermaßen teilhatten.

Die Forderung nach sinnlichem Genuß in all seiner elementaren Materialität brachte jedoch nicht nur das kunstvolle Gebäude der höfischen Ethik ins Wanken. Sie bedeutete zugleich eine unverhüllte Provokation der christlichen Moral, der die Sexualität ja stets als der Inbegriff der Sünde gegolten hatte. Mit welchem Eifer, mit welch gewaltigem Rüstzeug an pseudowissenschaftlichen Argumenten hat nicht Berthold von Regensburg, der berühmteste Prediger des deutschen Mittelalters, gegen die Sinnenlust gewettert: ,,Der Arzt sagt, daß dort wo die Lust am höchsten ist, auch die Natur am meisten ausgezehrt wird, und gerade an diesem Punkt wird über Leben und Tod entschieden. Der Philosoph sagt, daß ein Koitus mehr als zwei Aderlässe schwächt. Die Hl. Schrift sagt, daß die gleichen Dinge, die dem Körper Schaden zufügen, auch das Eigentum schädigen; das beweist ja schon das Gleichnis vom verlorenen Sohn, der alle seine Reichtümer verlor. Die Lust schadet den Sinnen, weil sie das Gehirn verwirrt und schwächt. Denn die Naturgelehrten wissen, daß der Samen allerreinstes Blut ist, das aus dem Gehirn strömt und beim Durchfluß durch die Adern weiß wird, und deshalb verblödet, wer der fleischlichen Lust im Übermaß frönt. Die Lust verzehrt die Kräfte und behagt dem Teufel sehr, da er mit ihrer Hilfe unendlich viele Menschen betört und gefangen hält.''

In unserer Erzählung lehnt sich die von der höfischen Ethik diskriminierte Frau mit polemischer Vehemenz, mit Tritten und Schlägen gegen die Macht auf, die von dieser mystifiziert wird. Völlig anders war hingegen die Lage der adeligen Frau. Ihr hatte die Verfeinerung der Sitten zweifellos Vorteile gebracht, allein schon weil die neue Etikette gebot, ihr mit Achtung zu begegnen. In einer Gesellschaft, in der noch bis vor weniger Zeit Rohheit und Gewalt alle zwischenmenschlichen Beziehungen – nicht nur die zwischen Mann und Frau – gekennzeichnet hatten, war nun auch ihr soziales Ansehen gestiegen. In der Realität entsprach die Position der adeligen Dame freilich keineswegs dem proklamierten Ideal. Dennoch arbeitete die adelige Dame (nicht die ideale, sondern die reale, d. h. die Ehefrau des Feudalherrn) gern und willig an einem Werk mit, das mittels der Diskriminierung aller übrigen Frauen ihre eigene Stellung erhöhte und eindeutig der Aufrechterhaltung der Macht diente. Das Ansehen, das ihr aus der Übernahme ihrer neuen Rolle in der Liturgie der Macht erwuchs, schien ihr durchaus erstrebenswert und veranlaßte sie, aktiv an Praxis und Verbreitung des neuen Lebensstils mitzuwirken. Und selbst damit gaben sich die adeligen Damen noch nicht zufrieden; ihre Mitarbeit galt auch der theoretischen Ausformung des neuen Ideals. Im 12. Jahrhundert, als die höfische Bewegung ihren Aufschwung nahm, mochte eine beträchtliche Zahl solcher Frauen aus dem Adel sich nicht mehr ausschließlich mit der passiven Rolle der von Rittern und Poeten angebeteten Dame zufriedengeben, obwohl gerade diese Rolle sicher am meisten zur Verbreitung des höfischen Ideals beigetragen hatte. Häufig führten adelige Damen den Vorsitz bei den sogenannten Liebesgerichtshöfen, deren Aufgabe darin bestand, Sentenzen in Liebesfragen zu fällen, und viele von ihnen sind auch als Dichterinnen hervorgetreten. Das bekannteste Beispiel dafür ist Eleonore von Aquitanien, Tochter Herzog Wilhelms X., Königin von Frankreich und dann von England, wo sie den neuen aristokratischen Lebensstil einführte und für seine Verbreitung sorgte. Ihre Urteilssprüche waren berühmt; sie galten, wie Andreas Capellanus bezeugt, zusammen mit denen ihrer Tochter Marie von Champagne, in deren Diensten Andreas bezeichnenderweise stand, als theoretische Eckpfeiler der höfischen Tradition. Unter den zahlreichen Frauen, deren Urteilssprüche Berühmtheit und normative Geltung erlangten, erwähnt Andreas auch die Vizegräfin Ermengard von Narbonne, eine Dame, die sich nicht nur um die höfische Theorie verdient gemacht, sondern auch aktiv in die Politik ihrer Zeit eingegriffen hat. Bekannt war ihr Geschick, Zwistigkeiten ungleich konkreterer

Natur beizulegen, wozu sie sich allerdings weniger friedlicher Methoden bediente, und dies trotz zwei Ehemännern, die allem Anschein nach nur *pro forma* regiert haben. Es gab zahlreiche Frauen, die – wie Marie de Ventadour, die Gräfin von Die oder Castelloza – in Streitgedichten mit den Trobadors fochten oder eigene Gedichte verfaßten. Ganz eindeutig unterstützten die Frauen, die durch einen glücklichen Zufall über das Privileg adeliger Geburt verfügten, den höfischen Kompromiß. Die Macht bildete wie immer die Trennungslinie, und die gesellschaftliche Ungleichheit erwies sich auch als stärker als die Ungleichheit der Geschlechter, ohne diese allerdings völlig aufheben zu können.

Die höfische Liebe und ihre Verherrlichung durch den Minnesang ist jedoch nicht der einzige kulturelle Bezugspunkt in unserem Text. Die Kritik hat nachgewiesen, daß der Verfasser noch auf ein anderes literarisches Motiv anspielt, und zwar auf einen verbreiteten, in mehreren Versionen überlieferten Novellenstoff, der die sexuelle Initiation des naiven jungen Mädchens zum Inhalt hat: die Königstochter Dulcifloris hält den Sperber eines Ritters für die Liebe, und der Grund für diese ihre völlige Unerfahrenheit in Liebesdingen ist das abgeschiedene Leben, das sie während ihrer strengen Erziehung am Hof hat führen müssen. In unserer Erzählung wechselt jedoch das Opfer; an die Stelle des jungen Mädchens tritt der Mönch. Beide haben aber eines gemeinsam: die Zugehörigkeit zur selben Altersgruppe, und dies macht sie einander ähnlich und austauschbar in ihrer Rolle als Opfer. Diese ihre Jugend, das ihnen gemeinsame Altersdefizit, macht sie zwangsläufig zu Initiationsobjekten und stellt sie in einen Gegensatz zu den Erwachsenen, den Alten, den Mächtigen, deren Autorität sie unterworfen sind. Die sexuelle Initiation bildet also die Trennungslinie, welche die in sexuellen Dingen erfahreneren Erwachsenen von den in sexuellen Dingen unerfahrenen Jugendlichen scheidet. Daß die Mönche auf diesem Gebiet nicht ohne Erfahrung sind, wird als selbstverständlich vorausgesetzt, und es tut nichts zur Sache, daß das Keuschheitsgelübde ihnen jede sexuelle Betätigung untersagt.

Das jugendliche Alter, das der Mönch mit dem jungen Mädchen der Novellen teilt und ihn für die Rolle des Opfers prädestiniert, ist jedoch nicht sein einziges Merkmal. Schon seine Eigenschaft als Mönch weist ihm einen ganz anderen Standort auf dem komplexen Spielfeld der gesellschaftlichen Beziehungen zu. Die Zugehörigkeit zu einer Klostergemeinschaft bedeutet ja zugleich Teilhabe an einem so wohlorganisierten Herrschaftssystem, wie es das Kloster ist, das dreierlei Arten von Gewalt in einer Hand vereint: die geistliche, die wirtschaftliche und die politische. Es übt die Kontrolle über die Seelen und die Arbeitskraft aus, herrscht über Leib und Seele zugleich. Allein schon seine gesellschaftliche Stellung verleiht dem jungen Mönch eine beträchtliche Machtfülle: er ist Seelsorger, Arbeitgeber und Grundherr in einer Person, und bezeichnenderweise bedient er sich im Lauf der Erzählung auch aller drei mit diesen Stellungen verbundenen Gewalten: der geistlichen, in dem der dem Bauern schon im voraus die Absolution für die Prügel erteilt, die dieser ihm versetzen soll; der wirtschaftlichen, da er über genügend Geld verfügt, um seine sexuelle Initiation und die Abtreibung bezahlen zu können; der politischen, indem er aufgrund seiner Befehlsgewalt den Knechten seinen Willen aufzwingt. Die Ambivalenz des Mönchs, seine Doppelrolle als Unterdrückter und Unterdrücker, bildet die Achse der ganzen Erzählung. Der hierin liegende Widerspruch ermöglicht es dem Dichter, den starren Panzer der Macht aufzubrechen und die geheimen Mechanismen und Formen ihrer Willkür bloßzulegen.

Der junge Mönch stand demnach in einer fest umrissenen gesellschaftlichen Beziehung zu den vom Kloster abhängigen Bauern, einer Beziehung, die durch den fundamentalen, das gesamte Leben auf dem Land überschattenden Gegensatz von Herr und Knecht bestimmt wurde. Dieser Antagonismus trat zwar dadurch weniger in Erscheinung, daß in der Rolle des Herrn nicht ein einzelner, sondern eine Gruppe, nämlich die Gemeinschaft der Mönche, auftrat, und auch religiöse Gründe die Herrschaft rechtfertigten. Aber grundsätzlich änderte sich deshalb nichts an dem Verhältnis. Ungeachtet ihres Antagonismus verwenden jedoch Bauern und Mönch den gleichen

Sprachkode: sie gebrauchen Ausdrücke, die der Sprache des Lehnsrechts entnommen sind, d. h. der Sprache des Rechts, das ihre wechselseitigen Beziehungen regelt. Die Knechte reden den Mönch stets mit „Herr" an, während der Mönch die Bauern als „Knechte" bezeichnet, an ihre „Treue" appelliert und fürchtet, daß seine „Ehre" durch die eingebildete Schwangerschaft Schaden leiden könne. Auch der juristische Aspekt dieses gesellschaftlichen Verhältnisses kommt im Text präzis zum Ausdruck: Ein Klosterbauer (*hofman*) beschwert sich beim Abt über einen anderen Bauern, der seine Kuh geprügelt und dadurch zum Verwerfen gebracht hat. Der Abt verspricht, dafür zu sorgen, daß ihm der Schaden ersetzt werde, und fügt hinzu: „er ist mir sô under tân / daz ich in wol betwinge" – ich habe genug Gewalt über ihn, daß ich ihn zwingen kann. Die beiden Bauern, die auf dem Grund des Klosters leben und für die mönchischen Grundherrn arbeiten, sind auch deren Rechtsprechung unterworfen, da sie durch ein persönliches Abhängigkeitsverhältnis an das Kloster gebunden sind. Diese gesellschaftliche und rechtliche Stellung der Bauern wird vom Dichter auf unmißverständliche Weise dargelegt: die Bauern sind die Knechte, und deshalb müssen sie den Mönchen, die ihre Herren sind und Gehorsam von ihnen fordern können, gehorchen. Das Verhältnis Bauer-Mönch entspricht dem Verhältnis Knecht-Herr und erzeugt den gleichen unüberbrückbaren Antagonismus wie dieses. Ein steter Drang nach Vergeltung bestimmt denn auch in der ganzen Erzählung das Verhalten der Bauern gegenüber dem Mönch.

Der gesellschaftliche Gegensatz zwischen Bauern und Mönchen wurde zusätzlich noch durch den religiösen Faktor verschärft, denn trotz allem ideologischen Terror, den die Kirche schon seit Jahrhunderten walten ließ, war der Widerstand des einfachen Volks gegen das Christentum noch lange nicht gebrochen. Am deutlichsten spiegelt sich dieser Widerstand in den Predigten der Bettelmönche wider. Seit dem Beginn des 13. Jahrhunderts führten Franziskaner und Dominikaner in ganz Europa eine erbitterte Kampagne mit dem Ziel, Stadt und Land definitiv der Herrschaft des Evangeliums zu unterwerfen. Daß gerade in Deutschland in dieser Hinsicht die Dinge nicht eben zum Besten standen, spricht Berthold von Regensburg mit der ihm eigenen Unverblümtheit und Hartnäckigkeit aus. Ihm scheint das Christentum immer noch eine Angelegenheit der oberen Stände zu sein, weit davon entfernt, eine Volksreligion zu werden. „Ihr Bauern, Handwerker und Knechte", donnert er von der Kanzel, „befindet euch auf demselben rechten Pfad, den auch die großen Heiligen beschritten haben, denn euer Leben ist hart. Aber nur selten wird einer von euch wirklich heilig; ‚heilig', sage ich, nicht gerettet, ein richtiger Heiliger mit einem Fest. Von den Angehörigen der anderen Stände sind hingegen viele heilig gesprochen worden, viele Fürsten wie die heiligen Könige Oswald, Karl, Heinrich und Wenzel; viele Ritter wie Mauritius, der mit seiner ganzen Legion zusammen unter die Heiligen aufgenommen worden ist, viele Bischöfe, sehr viele Kardinäle, Päpste, Geistliche finden wir unter den Heiligen, aber nur ganz wenige Bauern oder Handwerker, obwohl sie auf demselben Pfad wie die großen Heiligen wandeln. Warum dieser Unterschied? Weil ihr Lasttieren gleicht, die sich abplacken und in der Mühsal verzehren, denen aber die wahre Frömmigkeit abgeht. Wie die Lasttiere betet ihr nicht, seid nicht mit Gott vertraut, habt keine Andacht, geht nicht zur Messe, nicht zur Kommunion, nehmt an nichts teil, was mit Gott zu tun hat. Ihr müßt aber mit Gott vertraut werden und fromm sein, gerne beten und nicht so sein wie die Lasttiere. Du sagst: ich kann nicht beten wegen meines Herrn, wegen meiner Armut, wegen meiner Kinder. Ich aber antworte dir: du könntest schon, aber du willst nicht. Wenn man dir für jedes Vaterunser ein Ei gäbe, fehlte dir die Zeit zum Beten bestimmt nicht."

Der Mechanismus des Rollentauschs – und damit auch die entsprechende Vergeltungsaktion der Bauern – kann freilich erst in dem Augenblick in Gang kommen, in dem der Mönch nach dem galanten Abenteuer in der Stadt auf den sozialen Status einer Frau herabgesunken ist, d. h. gesellschaftlich deklassiert ist. Nun, da er nicht mehr der Herr ist, sondern ein einfacher Mönch mit den Merkmalen einer Frau, ist er verletzlich geworden und sieht sich der Vergeltung der Bauern hilflos ausgeliefert. Die Gleichsetzung von Inferiorität des Geschlechts und

Inferiorität des Standes wird zusätzlich durch das Wort *under* hervorgehoben, das im Text sowohl die Stellung der Frau beim Koitus als auch die untergeordnete Stellung der Knechte ihren Herren gegenüber bezeichnet. Als ein nach unten weisendes Element, sozusagen als eine Stufe herab zur Minderwertigkeit, fügt der Dichter, wie wir schon gesehen haben, noch die Jugend ein, eine Eigenschaft, die den Mönch der Initiation bedürftig und der Frau ähnlich macht. Das Motiv des schwangeren Mannes erweist sich also auch in dieser Erzählung als der Angelpunkt, an dem drei verschiedene Ausdrucksformen von Minderwertigkeit zusammentreffen: die Ungleichheit des Geschlechts, die des Standes und die des Alters. Knechte, Frauen und Jugendliche haben eines gemeinsam: ihre subalterne Stellung in der Gesellschaft. Doch darf nicht übersehen werden, daß die gesellschaftliche Deklassierung des Mönchs ausschließlich praktischen Zwecken dient: sie macht die Vergeltung erst möglich, begründet sie aber keineswegs. Nicht weil er eine Frau, sondern weil er der Herr ist, wird der Mönch verprügelt. Die Form der Vergeltung – die Prügel der Frau wie die Hiebe des Bauern – verweisen hingegen auf die Strafen, die Ehemänner und Brotherren ihren Ehefrauen und Knechten gegenüber anzuwenden pflegten aufgrund des ihnen zustehenden Züchtigungsrechtes. Die Vergeltung der Knechte richtet sich also in erster Linie gegen die vom Mönch repräsentierte patriarchalische Ethik, aus der sich das Züchtigungsrecht bekanntlich herleitet, und zugleich gegen die religiöse Rechtfertigung, die ihr das Christentum gegeben hat.

Im Basler Kupferstichkabinett befindet sich eine Tuschzeichnung von Urs Graf aus dem Jahre 1521, die im Abstand von Jahrhunderten die Reaktion des Volks gegen die Mönchsmoral auf eindruckvolle Weise nochmals im Bilde zusammenfaßt (*Abb. 14*). Im Vordergrund raufen sich zwei Frauen mit einem Mönch, den sie gepackt und auf die Knie gezwungen haben. Die eine zerkratzt ihm mit den Nägeln Schläfen und Tonsur; die andere drückt ihr Knie auf den Hals und eine Hand auf den Kopf des Mönchs und schickt sich an, mit einem Schlüsselbund auf ihn einzuschlagen. Der Mönch stößt Schmerzensschreie aus

14. Urs Graf, Zwei Frauen züchtigen einen Mönch

und versucht vergeblich sich mit einem in einem ledernen Fut-
teral steckenden Gebetbuch zu verteidigen. Im Hintergrund der
Szene eine mit nur wenigen Strichen angedeutete Kapelle. Es
scheint sich um zwei Frauen von nicht gerade bestem Leumund
zu handeln. Am Gürtel der einen hängt ein mit Geld, dem Lohn
für die Liebesdienste, prall gefüllter Beutel, daneben ein Messer
zu seiner Verteidigung. Die andere benützt als Waffe einen
Schlüsselbund, ist also sehr wahrscheinlich eine Wirtin.

Der Franziskaner Berthold von Regensburg, gewohnt, kein Blatt vor den Mund zu nehmen, pflegte auf unmißverständliche Weise zu den Frauen zu reden. Für ihn war die Abtreibung schlicht und einfach Mord. Was die Ausführung anbetraf, unterschied er allerdings vier verschiedene Möglichkeiten: die Empfängnisverhütung, die Tötung des unbeseelten oder des schon beseelten Fötus im Mutterleib, die Tötung oder die Aussetzung des bereits geborenen Kindes. Vor allem letzteres prangerte er aufs heftigste an. Es lohnt sich, die einschlägige Strafpredigt dieses öffentlichen Anklägers zu hören: ,,Kein Tier tut so etwas, nicht einmal der treulose Rabe, bevor die Brut das Nest verlassen hat. Alle vernünftigen Wesen, auch der Heide, der Jude und der Ketzer, ernähren ihre Kinder. Wollte man die Tiere fragen, ob sie bereit wären, ihre Brut trotz aller damit verbundenen Mühen aufzuziehen, so antworteten sie alle mit ja, die Vögel, die Schweine, die Raubtiere und auch die Schlangen. Es gibt unvernünftige Wesen, die selbst die Brut fremder Tiere aufziehen. So machen es manche Vogelarten mit dem Kuckuck, so macht es das Rebhuhn, die Stute, ja selbst die Wölfin, wenn sie Kinder säugt. Kein Tier auf dieser Welt ist so schändlich wie das Weib. Verruchtes Weib! Du bist schlimmer noch als jedes andere Übel auf der Welt.''

Auf die wortreiche Philippika des Bettelmönchs gibt der Dichter die gleiche Antwort, die die Frauen seit Menschengedenken der Kirche gegeben haben: Ihr Pfaffen und Mönche tut genau das Gegenteil von dem, was ihr predigt. Befändet ihr euch in unserer Lage, würdet ihr ebenso handeln wie wir, allen feierlichen gegenteiligen Erklärungen zum Trotz. Vor die schwierige Entscheidung gestellt, zwischen der Abtreibung und einer illegitimen, ihm Schande bringenden Mutterschaft wählen zu müssen, die ihn auch den Ausschluß aus der Klostergemeinschaft kosten könnte, handelt der Mönch tatsächlich genauso wie die Frauen, die sich in einer ähnlich ausweglosen Situation befinden: er entscheidet sich für die Abtreibung. Einer suspekten Pietät, der weit mehr am ungeborenen als am geborenen und sich entfaltenden Leben gelegen ist, hält der Dichter eine einfache Wahrheit entgegen: die Abtreibung ist eine schmerzliche Notwendigkeit, ein unausweichlicher Schritt, der der Frau

von einer erbarmungslosen Gesellschaft aufgezwungen wird,
die sich selbst als christlich bezeichnet. Taub dem Schmerz gegenüber, den eine zum Verzicht auf ihr Kind gezwungene, un-
eheliche Mutter empfindet, fühlt sich jedoch die gleiche Gesellschaft in ihrer heuchlerischen Moral verletzt, wenn das Gesetz
übertreten wird, und fordert lauthals Sühne durch eine beispiel-
hafte Bestrafung.

Zum Anwalt des verletzten christlichen Gewissens schwingt
sich in unserer Erzählung der älteste Mitbruder des jungen
Mönchs auf, als er diesen zufällig im Wald trifft und nach dem
Grund seiner großen Erregung fragt. Der leidenschaftliche Dialog zwischen den beiden Mönchen gehört zu den schönsten
Passagen der Dichtung. Hoch oben zu Roß der alte Mönch,
herrisch und gewalttätig, zu Fuß, doch nicht weniger unbeug-
sam, der junge Mönch, der mit offener Aufsässigkeit auf die
Fragen des Älteren antwortet. Auf die in herausforderndem
Ton vorgebrachten Antworten versetzt der alte Mönch seinem
jungen Mitbruder einen schweren Hieb, der ihn zu Boden stürzen läßt. Der alte Mönch versteht keinen Spaß, wenn es um
derart grundsätzliche Dinge geht, und den Knüppel, den er bei
sich trägt, weiß er sehr wohl zu gebrauchen.

Man kann sich fragen, was den Dichter veranlaßt haben mag,
nicht den Abt, sondern den zwar älteren, doch in der Kloster-
hierarchie gleichrangigen Mitbruder zum Gegenspieler zu wählen. Die Antwort fällt nicht schwer. Dem Dichter war vor allem
daran gelegen, den der patriarchalischen Gesellschaftsordnung
zugrunde liegenden Vater-Sohn-Konflikt aufzudecken. Und einer der Grundpfeiler der Gesellschaftsordnung war das Züchtigungsrecht. Schon die Hl. Schrift hatte es dem Vater zuerkannt,
und die Kirche hat dieses väterliche Recht dann noch einmal
von Thomas von Aquin, ihrem größten Lehrer und Theologen
ausdrücklich bestätigen lassen: ,,Weil nun der Sohn der Gewalt
des Vaters und der Knecht der Gewalt des Herrn unterworfen
ist", heißt es in der *Theologischen Summe* (II, II, quaestio 65,
Art. 2), ,,kann aus Gründen der Besserung und der Zucht der
Vater den Sohn und der Herr den Sklaven erlaubterweise schla-

gen." Aufgrund seines Alters übte der ältere Mönch also ein Recht aus, das dem Vater zustand.

Er bezichtigt jedoch den jungen Mönch auch des Wahnsinns, und dies konnte ein Hindernis für die Ausübung dieses Rechts bedeuten. War der junge Mönch nicht bei Sinnen, so hatte er auch keine Schuld, und die Strafe verlor ihre Berechtigung. Aber die Sache lag nicht ganz so einfach. Die Einstellung des Mittelalters zur Geisteskrankheit ist noch wenig erforscht (Michel Foucaults berühmtes Buch *Wahnsinn und Gesellschaft* setzt erst am Ausgang des Mittelalters ein). Wir wissen jedoch, daß die Irren im 14. Jahrhundert – in der gleichen Zeit also, als unsere Erzählung entstand – in Deutschland eingekerkert und ausgepeitscht wurden, bevor man sie aus der Stadt jagte und ihrem Schicksal überließ. Zum Verständnis dieser Haltung kann nochmals eine Stelle aus der *Summa theologica* des Thomas von Aquin dienen, wo der Ausbruch des Wahnsinns mit der „Heftigkeit des Zorns oder der Lüsternheit" in Verbindung gebracht wird. Stellte der Wahnsinn sich ein, wenn „die Vernunft völlig von der Leidenschaft übermannt war", so stellte er ein Laster dar und mußte als solches bestraft werden. Um welches Laster es sich in unserem Falle handelte, lag auf der Hand. Hatte der junge Mönch nicht selbst von seiner Schwangerschaft geredet? Und war eine Schwangerschaft etwa möglich ohne vorhergehenden Geschlechtsverkehr? Als der alte Mönch vom Pferd steigt, um seinem Mitbruder die Hände zu fesseln, heißt es im Text: „er band sie ihm wie einem Diebe". In diesen Worten liegt wahrscheinlich eine Anspielung auf eine alte christliche Doktrin, derzufolge Diebstahl und Unkeuschheit verwandte Laster waren. Berthold von Regensburg hat auch diese These mit der ihm eigenen Vehemenz vertreten und gepredigt: „Die Knechte seien ihren irdischen Herren treu, wie sie dem himmlischen Herrn treu sind. Dem irdischen Herrn sollen sie treu sein, was die Werke und die Sachen betrifft, d. h. sie sollen ihn nicht bestehlen und bei der Arbeit nicht müßig sein. Dem himmlischen Herrn aber sollen sie im Leib treu sein, d. h. sie sollen den Leib, den er ihnen verliehen, rein und keusch erhalten." Unser Bettelmönch war alles andere als dumm! Wußte er doch schon, daß die Arbeitszeit dem Arbeitgeber gehört.

Den eigentlichen Kern der ganzen Erzählung bildet jedoch das Kapitel, das den Exorzismus beschreibt, mit dessen Hilfe der junge Mönch von den bösen Geistern befreit werden soll. Das merkwürdige Gerede ihres Mitbruders mußte den Mönchen völlig widersinnig erscheinen – und es machte da keinen großen Unterschied, ob er nun verrückt oder besessen war –, da es in einem so eklatanten Widerspruch zum Geschlecht des Sprechenden stand. Daß hier ein Mönch sprach, war nebensächlich; sehr viel beunruhigender war vielmehr, daß ein Mann wie eine Frau sprach. Seinen zunächst bestürzten, aber dann immer zorniger werdenden Zuhörern bietet der junge Mönch eine Situation des Diskurses dar, in der der Sprechende sich nicht auf das *ich* bezieht, welches spricht, sondern auf ein anderes Subjekt, was bedeutet, daß schon der Akt des Sprechens die Identität des Subjekts in Frage stellt: die Aussage ,,ich bin ich", die linguistische Prämisse, die den Menschen als Subjekt konstituiert, wird zerstört und ersetzt durch ,,ich bin ein anderer". Aber der andere, der verschieden ist vom *ich*, das spricht und das wahre Subjekt des Diskurses bildet, ist hier die Frau. Und das machte den eigentlichen Skandal aus.

In einem Aufsatz mit der Überschrift ,,Über die Subjektivität in der Sprache" hat Émile Benveniste darauf aufmerksam gemacht, daß die Subjektivität, die sich in der Sprache konstituiert, keineswegs die Präsenz des anderen ausschließt, sondern sie ganz im Gegenteil als notwendig voraussetzt, da kein *ich* ohne ein *du* bestehen kann. ,,Das Selbstbewußtsein", schreibt Benveniste, ,,ist nur möglich, wenn es sich durch einen Kontrast erfährt. Ich benutze *ich* nur dann, wenn ich mich an jemanden wende, der in meiner Anrede *du* sein wird. Diese Bedingung des Dialogs ist es, welche die *Person* konstituiert, denn sie impliziert umgekehrt, daß ich zu einem *du* werde in der Anrede desjenigen, der sich seinerseits als *ich* bezeichnet." Das erste *du* des Mannes, sagt der Erzähler unserer Geschichte, ist die Frau, die dem Mann gegenüber in der gleichen Position der Polarität steht wie in der Sprache das *ich* gegenüber dem *du*.

,,*Ich* stellt eine andere Person auf", fährt Benveniste fort, ,,jene Person, die außerhalb von ,mir selbst' liegt und mein Echo wird, zu dem ich *du* sage und das *du* zu mir sagt." Die

Gegensätzlichkeit von *ich* und *du* bedingt also weder die Ausschließung eines der beiden Termini noch – und das ist es, worauf es hier ankommt – die Unterordnung des einen Terminus unter den anderen. Denn wenn das *ich*, das spricht, auch dem *du* gegenüber, das zuhört, „immer eine transzendentale Position besitzt" – und dies allein schon deshalb, weil es die Position des Sprechenden einnimmt –, so ist seine Position doch zugleich absolut provisorisch und instrumental. Das *du*, das zuhört, kann nämlich nur deshalb zuhören und zulassen, daß das *ich* zum Subjekt des Diskurses wird, weil es seinerseits *ich* werden und damit die transzendentale Position einnehmen kann, auf die es ebenso wie das *ich* Anspruch hat. *Ich* und *du* sind also nicht nur komplementär in dem Sinne, daß das eine sich nicht ohne das andere begreifen kann, sondern auch reversibel, da das eine die Stellung des anderen einnehmen kann und auch einnehmen muß. Ist dies aber die sprachliche Situation, dann wird auch deutlich, daß der Dichter mit der Aufspaltung des Subjekts in *ich* und *du* dessen Identität mit voller Absicht zerstört. Polemisch geht er von der linguistischen Prämisse aus, um zu bestätigen, daß der Austauschbarkeit von *ich* und *du*, wie sie in der Sprache gegeben ist, in der gesellschaftlichen Wirklichkeit keine entsprechende Reversibilität von Mann und Frau gegenüber steht, obwohl sie hier ebenso notwendig wäre, wie sie es dort ist. Die Transzendenz des *ich*, das zum hörenden *du* spricht, kristallisiert sich hier in einem Herrschaftsverhältnis, das ausschließlich auf der Gewalt basiert und jede Reversibilität negiert. Die Möglichkeit des Sprechens ist dem Mann allein vorbehalten, während die zum Schweigen verdammte Frau weiterhin an ihr Los gekettet bleibt, das Unterwerfung heißt. Aus diesem Grunde verliert der Mann seine Identität und scheint gleichsam wie besessen von der Frau, die in ihm und aus ihm spricht. Teufelsbesessenheit, schizophrener Wahn und ganz allgemein die Rede des anderen gehorchen allesamt, was ihren Mechanismus betrifft, der gleichen Logik: der Dichter bricht das Subjekt auf, um den Begriff der Identität, soweit er gleichbedeutend ist mit der Gewißheit der Überlegenheit, aus den Angeln zu heben und eine Lösung des Gegensatzes Mann-Frau im Zeichen der Komplementarität und der Gegenseitigkeit vor-

zuschlagen. Mann und Frau sind nicht gleich – sie sind verschieden. Und damit entfallen die Gegensatzpaare von hoch und
niedrig, oben und unten, die ihre Rechtfertigung allein in der
Übermacht des Stärkeren haben. Das ist eine uralte, aber doch
immer wieder neue Wahrheit. Solange die Menschen jedoch auf
ihrer Überzeugung beharren, daß ein Zusammenleben nur
möglich ist, wenn der eine befiehlt und der andere gehorcht,
wird diese Wahrheit niemals begriffen werden.

Die Mönche reagieren auf diese elementare Wahrheit mit
Hieben, Exorzismen und dem Kerker. Zwischen Mann und
Frau kann und darf keine Gegenseitigkeit bestehen, weil sonst
das ganze Diskriminierungssystem, auf dem die bestehende Gesellschaftsordnung basiert, ins Wanken geriete. Denn das Prinzip der Gegenseitigkeit von *ich* und *du* hebt die Hierarchie von
oben und unten, von hoch und niedrig auf und damit auch jede
Form der Herrschaft, die der Mensch über seinen Mitmenschen
ausübt. Die heftige Reaktion der Mönche dient dem Dichter
also dazu, die enge Verflechtung zwischen Kirche und Macht
aufzuzeigen und deutlich zu machen, warum die Kirche auf der
These von der natürlichen Unterlegenheit der Frau beharren
muß. Daß diese These kein nebensächliches Beiwerk, sondern
ein wesentlicher und unverzichtbarer Bestandteil ihrer Doktrin
ist, weiß der Dichter sehr genau. Mit seiner Sorge um die Taufe
seines Kindes verweist der junge Mönch den Abt ja tatsächlich
auf die Möglichkeit einer Aussöhnung zwischen Frau und Kirche. Es ist auch kein Zufall, daß er sich als Paten seines Kindes
den Abt, den Prior und den Kellermeister wünscht, die drei
Mönche, die der Bauer zuvor als die möglichen Urheber der
Schwangerschaft verdächtigt hat, wie wenn gerade die in der
Hierarchie am höchsten stehenden Mönche, eben weil sie sich
ähnlicher Übertretungen schuldig gemacht haben, am ehesten
den Glauben des Kindes, der Frucht der Sünde, gewährleisten
könnten. Aber nach Auffassung des Abts sind die beiden Vergehen keineswegs vergleichbar. Die Schuld des Mönches ist
unendlich viel schwerer, weil – wie es ja schon der alte Mönch
im Wald unmißverständlich zum Ausdruck gebracht hat – die
wahnwitzige Anmaßung des jungen Mönches, sich spezifisch
weibliche Attribute, d. h. die Fähigkeit zu gebären, anzueignen,

die bestehende Ordnung in Schande und Verderbnis verkehren muß. Die im Wesen des – dem priesterlichen Zölibat zugrunde-liegenden – androgynen Kompromisses liegende Aneignung weiblicher Attribute darf jedoch nicht zu einer völligen Identi-fikation führen, da in diesem Falle der Kompromiß aufgehoben und die Geistlichkeit mit der Schmach der weiblichen Inferiori-tät behaftet würde. Wird hingegen am männlichen Prinzip fest-gehalten, erfährt auch die Übertretung eine andere Bewertung. Die Akzentuierung des männlichen Elements bedeutet zwar in gewisser Hinsicht eine Störung des androgynen Kompromisses, hat jedoch den Vorteil, nach oben zu weisen, hinauf zum Gip-felpunkt der männlichen Potenz. Der grundlegende, seit Evas Sündenfall bestehende Unterschied in der Stellung von Mann und Frau bleibt für die Kirche eine unumstößliche Wahrheit. Eine Aussöhnung ist deshalb unmöglich, solange der junge Mönch auf seiner absurden Behauptung beharrt, ein Kind zur Welt gebracht zu haben. Es kann sich dabei nur um eine List des Teufels handeln, der mit der Stimme des Weibes aus ihm spricht. Die christliche Dämonologie hat ja nicht von ungefähr den Teufel stets mit der Frau assoziiert. Anders gestalten sich die Dinge erst, als der junge Mönch wieder Verstand annimmt und sich entschließt, seine wahre Sünde zu beichten. Das galan-te Abenteuer in der Stadt ist eine leicht verzeihliche, läßliche Sünde, nicht im entferntesten zu vergleichen mit der Vermes-senheit, sich für eine Frau zu halten.

An dieser Stelle drängt sich die Frage auf: Wer war der Dichter, der mit solch ungewöhnlicher Einfühlungsgabe von der Lage der Frauen spricht und diese mit der der Knechte, ja aller Un-terdrückten und Ausgestoßenen in Verbindung bringt? Im letz-ten Vierzeiler der Erzählung taucht ein Name auf. Dort heißt es: ,,Hier endet die Geschichte, die *der Zwingäuer* gedichtet hat und die von der Not des Mönches erzählte.'' Alle Nachfor-schungen haben nur zu dem mageren Ergebnis geführt, daß der Name Zwingäuer mit einiger Häufigkeit in Süddeutschland be-gegnet. Formale Details der Dichtung legen immerhin den Schluß nahe, daß der Verfasser ein Spielmann war, d. h. zur Zunft derer gehörte, die den Zorn Bertholds von Regensburg so leicht zur Wallung brachten; ein Dichter, der gewohnt war, die Wahrheit zu sagen und das Risiko einzugehen, das damit verknüpft war. (Wer Tarkowskis Film über Andrej Roublow gesehen hat, weiß, daß die Mächtigen nicht immer bereit sind, über die Späße des Spielmanns zu lachen; sie lassen dem allzu Vorwitzigen wohl schon einmal die Zunge abschneiden.) Dem Zwingäuer war – das zeigt schon seine Vertrautheit mit dem Minnesang – die höhere Literatur keineswegs fremd, aber seine eigentliche Welt war doch die Volkskultur und die Folklore. Bestimmend für seine Dichtung bleibt sein Verhältnis zur mündlichen Kultur, wenn auch im einzelnen nur schwer nachzuweisen ist, in welchem Maß er ihr verpflichtet war.

Ein unveröffentlichtes Märchen, das 1931 in einem gottverlassenen ostpreußischen Dorf namens Groß Jerutten von einem Zimmermann erzählt worden ist, bezeugt, daß bis in die Gegenwart hinein einige mit der Erzählung des Zwingäuers eng verknüpfte Motive in der Volksüberlieferung weitergelebt haben. Das Märchen mit dem Titel *Vom Pfarrer, der schwanger war* erzählt:

*Es war kurz vor Weihnachten, und um diese Zeit ließ der Pfarrer immer ein großes, fettes Schwein schlachten. Er aß, trank und war guter Dinge. Weil im Kirchspiel auch nicht viel zu tun war, wurde er immer dicker. Von Tag zu Tag nahm sein Bauch an Umfang zu. ,Das geht nicht mit rechten Dingen zu', dachte sich der Pfarrer. Und obgleich man ihn auch auslachte, er bildete sich ein, schwanger zu sein. Der Pfarrersfrau wurde das ewige Gestöhne bald zu viel. ,Unser Schäfer hat neulich einmal einem Mutterschaf mit dem Knüppel eins über die Nase gehauen, und da hat es verworfen', erzählte sie. Dem geistlichen Herrn leuchtete das ein. Das war doch endlich ein Rat, mit dem man etwas anfangen konnte. Und als der Schäfer wieder auf die Weide trieb, stellte sich der Pfarrer ein. – ,Aber hochwürdiger Herr', wehrte der Schäfer ab. ,Wie kann ich Euch eins über die Nase hauen!' Doch der Pfarrer ließ ihm keine Ruhe. ,Nun denn, wenn's sein muß, dann kommt wenigstens in jenen Busch dort', erklärte der Alte hilfsbereit. – Der Stock, den der Schäfer immer bei sich trug, war nicht schlecht. Vor vielen Jahren hatte er ihn von einer Eiche geschnitten, und wer ihn einmal geschmeckt*

*hatte, der trug nach einer zweiten Tracht kein Verlangen mehr.*
*– Was sich nun im dichten Strauchwerk ereignete, war lustig*
*anzusehen. Der Pfarrer kniete im Gras und hielt das Gesicht*
*hoch. Vor ihm aber holte der Schäfer zum Schlage aus. Kaum*
*aber hatte dieser richtig in der Nasengegend gesessen, als mit*
*einem Male ein Hase aufsprang und sich davonmachte. Der*
*Pfarrer, der nicht anders dachte, als daß das flüchtige Tier sein*
*Kind war, lief hinter ihm her und rief mit lauter Stimme: ‚Lie-*
*ber Sohn, stehe still! / Einen Namen ich dir geben will. / Getauft*
*sollst du werden, / Du Sohn dieser Erden.‘*

Sieht man einmal von ein paar allzu durchsichtigen Umgestal-
tungen ab – aus dem Mönch ist hier, dem Ort und der Zeit
entsprechend, ein protestantischer, verheirateter Pfarrer geworden –, so stimmt das Märchen, wenn auch in verkürzter Form,
mit dem die Verse 287–394 umfassenden Zentralteil der Erzählung des Zwingäuers genau überein. Über eine Analogie der
beiden Texte kann wohl kein Zweifel bestehen. Beim gegenwär-
tigen Stand unserer Kenntnisse ist es jedoch schwierig, wenn
nicht überhaupt unmöglich, das Abhängigkeitsverhältnis zwischen den beiden Texten zu bestimmen. Geht das Märchen auf
die Erzählung des Zwingäuers oder umgekehrt die Erzählung
des Zwingäuers auf die in der 1931 aufgezeichneten, ostpreußischen Variante bezeugte Version des Motivs zurück? Die zeitlich so viel ältere Verserzählung war handschriftlich verbreitet
(sie ist in drei Sammelhandschriften überliefert, von denen sich
eine bis zum Kriegsende in Königsberg befand), aber es ist
durchaus möglich, daß sie auch mündlich über die gleichen
Kanäle wie die Volksdichtung Verbreitung fand, d. h. von fah-
renden Spielleuten auf den öffentlichen Plätzen in Stadt und
Land vorgetragen wurde. Eine aus der gleichen Zeit stammen-
de, ebenfalls anonyme Verserzählung mit dem Titel *Der Müller*
*mit dem Kinde* erschwert die Lösung des Problems noch einmal, da der Text zum einen zwar viele Analogien zur Dichtung
des Zwingäuers aufweist, diese jedoch andere Teile der Erzählung betreffen, und zum anderen auch ganz andere Umformun-
gen erfahren hat (so ist hier der Protagonist ein reicher Müller
und kein Geistlicher). Unter diesen Umständen läßt sich mit
Sicherheit wohl nur eines sagen: Beide Texte erwuchsen auf

demselben Boden, dem Humus der Folklore, und hier lebten sie wahrscheinlich bis in unsere Tage hinein fort.

Daß das Motiv des schwangeren Mannes gerade in der deutschen mittelalterlichen Volksdichtung seinen komplexesten und profundesten Ausdruck erfahren hat, ist sicherlich kein Zufall, wenn man in Rechnung stellt, daß dieses Motiv im stets von unterschwelligen, antichristlichen Zuckungen geschüttelten Deutschland des Mittelalters besonders feste Wurzeln geschlagen hat. Nietzsche hat „die Überpflanzung eines tief widerdeutschen Mythos, des christlichen ins deutsche Herz als das eigentliche *deutsche Verhängnis*" bezeichnet.

Die Zunft der Fachgelehrten hat auf dieses kleine Meisterwerk der mittelalterlichen Volksdichtung keine allzu große Mühe verschwendet, obwohl doch gerade sie über das zum Studium des Textes unentbehrliche philologisch-linguistische Rüstzeug verfügt. Hanns Fischer hat in seiner großen Untersuchung zur deutschen mittelalterlichen Volksdichtung der Erzählung des Zwingäuers nur einige wenige Zeilen gewidmet. Eine kritische Lektüre wird gar nicht erst versucht, während in Gerhard Köpfs sonst sehr nützlichem Buch der Zwingäuer nur einer einfachen bibliographischen Erwähnung für würdig befunden wird. Ein paar nützliche Hinweise zur Interpretation hat hingegen H. Rosenfeld im *Verfasserlexikon* von Stammler und Langosch (IV, 1169–1172) gegeben. Hier sind alle bekannten Daten und die einschlägige Bibliographie (sie betrifft wenige Seiten in Fachzeitschriften) sorgfältig zusammengestellt. Mit der Edition des Textes steht es nicht viel besser. Wir müssen immer noch auf die alte, bereits 1850 erschienene Ausgabe von F.H. von der Hagen zurückgreifen. Allerdings liegt jetzt auch eine Übertragung ins Neuhochdeutsche vor, die die Vorlage jedoch derart verfälscht, daß das eigentliche Anliegen des Dichters kaum noch erkenntlich wird. Nicht nur der Autor, auch sein Werk wird ins Abseits gedrängt, wenn es wagt, der Macht entgegenzutreten.

## 17. Stadt gegen Land. Vier Novellen Boccaccios

*Es heißt, daß sich ein paar Leute zusammentaten, um jemandem einen Schrecken einzujagen. Sie gingen zu ihm hin und sagten: ‚Du Armer, was hast du nur? Du siehst ja so fahl aus, du bist sicher wassersüchtig.‘ Und dasselbe sagte ihm auch ein anderer. Er antwortete: ‚Das möge Gott nicht gefallen. Ich bin gesund wie ein Fisch.‘ Er schaute sofort in den Spiegel und überzeugte sich davon, daß er bei bester Gesundheit war. Aber da kommt wieder einer und schließlich noch einer, und alle sagten ihm dasselbe, so daß er am Ende erschrak und sagte: ‚Ich kenne mich also nicht. Ist es möglich, daß so viele Leute lügen? Das kann nicht sein.‘ Er bekam es mit der Angst zu tun und plötzlich wurde er wassersüchtig. Ausgerechnet an dieser Krankheit erkrankte er und starb daran nach wenigen Tagen. Du siehst also, daß du auch die offensichtlichste Lüge glaubtest, wenn sie nur von vielen erzählt würde.*

Diese kleine Geschichte ist einer Predigt entnommen, die der sel. Dominikanermönch Giordano von Pisa im Jahre 1304 in Florenz gehalten hat. Es handelt sich um ein *Exemplum,* das fest zum Repertoire der dominikanischen Predigt gehörte, denn gleich zwei der im Orden gebräuchlichen Leitfäden für die Predigt, der des Humbert von Romans und der der Joannes Bromyand aus dem 13. bzw. 14. Jahrhundert, führen es an. In beiden Fällen sollte die Geschichte vom Einfältigen, der von einer Schar mutwilliger Gesellen gefoppt wird, zur Veranschaulichung einer Leichtgläubigkeit dienen, die so unangebracht erscheint, daß sie zur Torheit wird. Geglaubt muß zwar werden, will das *Exemplum* hiermit sagen, aber doch längst nicht jedem und längst nicht alles. Nur die geoffenbarte, von der christlichen Lehre anerkannte und von den Dienern Gottes akkreditierte Wahrheit verdient Glauben. Alles andere, vor allem aber die Lehren der Ketzer und die Überlieferungen der Folklore, muß als Teufelswerk entschieden zurückgewiesen werden. Die Einfalt dessen, der an alles glaubt, wird zur Torheit, und der Tor, so steht in der Bibel zu lesen (es genüge der Verweis auf *Sprüche,* 10, 23 und 24, 8–9), ist nicht nur töricht, sondern auch lasterhaft und folglich ein Sünder, der eine exemplarische Strafe verdient. Diesem doktrinären Schema folgend, erweitert Fra Giordano mit unleugbarer rhetorischer Begabung das *Exemplum* bis hin an die äußerste, in der Predigt mögliche Grenze. Dadurch, daß er auf so törichte Weise glaubt, zweifelt der Einfältige schließlich an sich selbst und an der eigenen Identität und zieht so die höchste aller Strafen, nämlich den Tod auf sich. Nicht genug damit, daß er tatsächlich an Wassersucht erkrankt; er muß an dieser Krankheit auch noch sterben. In der kleinen Geschichte des Fra Giordano sind, wie leicht zu erkennen ist, der der ganzen Florentiner Spottdichtung, der sogenannten „beffa", eigene ideologische Untergrund und die Hauptmechanismen, denen sie folgt, schon perfekt vorgebildet; doch nie wird dort die Grausamkeit so weit getrieben wie in der Anekdote, die der Predigermönch seinen Zuhörern als abschreckendes Beispiel erzählt hat.

Wie in Monreale ist auch in Florenz die Wassersucht mit dem Motiv des schwangeren Mannes in Verbindung gebracht worden. So wird z. B. in einer volkstümlichen Dichtung aus dem Beginn des 15. Jahrhunderts, *La Buca di Montemorello* betitelt, als deren Verfasser Stefano Finiguerri genannt Za zeichnet, ein Arzt deswegen verspottet, weil er so dumm ist, einen Wassersüchtigen für schwanger zu halten. Aber schon vor Za hatte Boccaccio diese Verknüpfung zwischen Wassersucht und Schwangerschaft hergestellt. Den Mechanismus des Streichs, der in einer Novelle des *Dekameron* (IX, 3) dem einfältigen Calandrino gespielt wird, hat Boccaccio eindeutig der Predigt des Fra Giordano entnommen. Hier reden nämlich die drei Maler Bruno, Buffalmacco und Nello Calandrino ein, krank zu sein, damit ihr Freund, der Arzt Simon, aus dem Wasser Calandrinos die Schwangerschaft herauslesen kann. Für den Inhalt der Novelle konnte Boccaccio hingegen bequem auf die beiden Äsopischen Fabeln zurückgreifen, die in Italien sowohl im lateinischen Original als auch in der Übersetzung der Marie de France verbreitet waren. Im Laufe des 14. Jahrhunderts wurden diese Fabeln dann mehrmals auch in die toskanische Vulgärsprache übersetzt. Aus einer dieser Übertragungen übernimmt

Boccaccio denn auch wörtlich einen ganzen Satz; es sind die Worte, mit denen der Arzt Calandrino eröffnet, daß er schwanger sei („Dir fehlt sonst nichts, als daß du schwanger bist"). In dieser toskanischen Übersetzung ist die Hauptperson wie bei Marie de France, deren Text die Vorlage bildet, nicht ein Dieb wie im lateinischen Original, sondern ein Bauer, der faul in der Sonne schläft. Der toskanische Text enthält jedoch einige Varianten, die das andere Milieu, in das die Fabel hier übertragen ist, charakterisieren. Das Insekt, das in den Mann eindringt, und die Körperöffnung, die es dazu benutzt, haben sich verändert. Aus dem *escharboz,* dem Käfer, der Marie de France ist ein *scarpione, ovvero scarafaggiuolo,* eine Küchenschabe also, geworden, die Afteröffnung wird zum Mund, ein Zugeständnis wohl an die von der mittelalterlichen Legende des schwangeren Nero erneut zur Geltung gebrachte Schamhaftigkeit. Das Volk scheint auch weniger unmittelbar in die törichte Einfalt des Bauern miteinbezogen zu sein, sondern vielmehr die Dinge mit einem gewissen Abstand zu betrachten. Das Staunen, mit dem es reagiert, ist mit Skepsis gemischt. Der Bauer fühlt denn auch sehr wohl, daß niemand an dem ihm zugestoßenen Mißgeschick wahren Anteil nimmt, und fürchtet mit guten Gründen, ausgelacht zu werden. Der abergläubischen Einfalt des unwissenden Bauern begegnet der Arzt aber keineswegs mit wissenschaftlichen Argumenten, sondern ist ganz im Gegenteil bemüht, das geheime Einverständnis der Leute zu gewinnen, um den Einfaltspinsel zu isolieren und ihn so desto besser dem Gespött preisgeben zu können. Die ganze Achse der Erzählung hat sich verschoben, die Fabel nähert sich der Posse in voller Übereinstimmung mit dem städtischen Milieu, in das sie verpflanzt worden ist. Die Posse bleibt jedoch in der Schwebe, das Gelächter bricht noch nicht los – als hätte es sich in den Maschen der ursprünglichen Erzählstruktur verfangen, wo das Lachen ja nicht vorgesehen war. Um es voll herausplatzen zu lassen, bedurfte es der Vermittlung des Dominikanermönchs, der in seiner Predigt das alte, der bäuerlichen Welt entstammende Motiv des schwangeren Mannes zielbewußt in das der Posse eigene städtische Milieu versetzte.

Im Italien der Stadtrepubliken waren die Städte bereits bis in

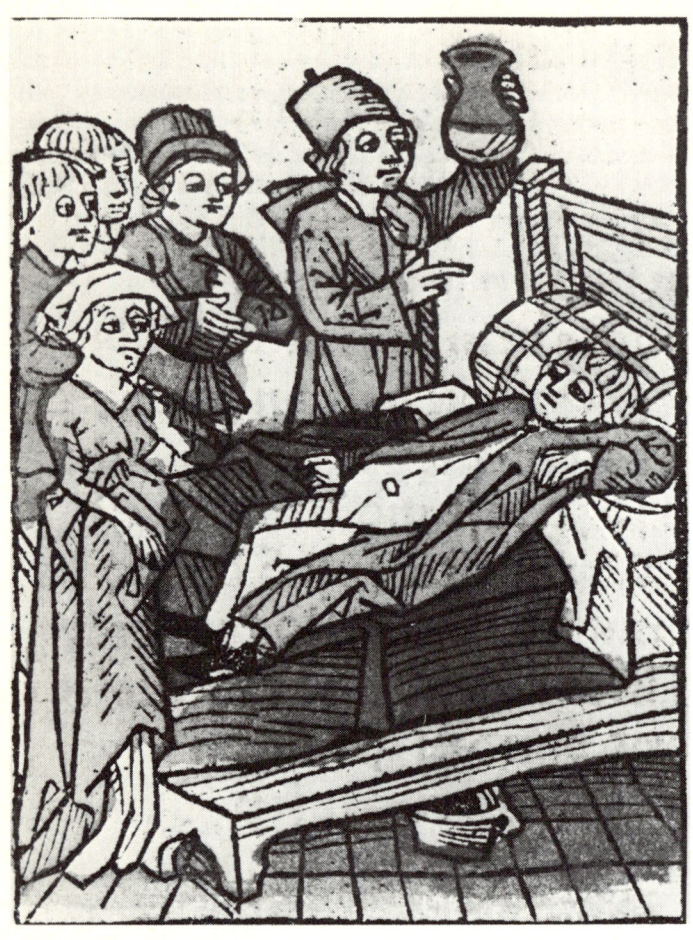

15. Der Arzt kündigt Calandrino seine Schwangerschaft an

den letzten Winkel hinein christianisiert, nicht zuletzt dank der
zahlreichen häretischen Bewegungen, die im Laufe der Jahrhunderte einander abgelöst hatten. Sie boten so einen sicheren
Ausgangspunkt für die kirchliche Unterjochung des umliegen-
den Landes, dessen Bewohner noch weitgehend dem alten
Volksglauben verhaftet waren. Geschah es aber, daß ein Bauer,

der noch fest an die Überlieferungen der Folklore glaubte, in die Stadt verpflanzt wurde, so sah er sich unweigerlich allein und hilflos dem hämischen Gespött der Städter ausgesetzt, und wenn er überleben wollte, blieb ihm keine andere Wahl, als sich zum rechten Glauben zu bekehren. Glaube und Aberglaube tauschen so ihre Rollen. Der Skeptizismus der Städter wird zum sicheren Unterpfand des Glaubens, sobald er sich gegen den Aberglauben des Landvolks richtet. Der Operation unseres Predigermönchs war glänzender Erfolg beschieden, und so kann denn jetzt auch dem Gelächter hemmungslos Lauf gelassen werden. Es ist sicher kein Zufall, daß es am lautesten aus dem Munde des Arztes erschallt. Der Arzt, der in allen Versionen der beiden Äsopischen Fabeln auftritt, beschränkt sich hier also nicht mehr darauf, den angeblichen Glauben des Volks an die Schwangerschaft des Mannes zu desavouieren. Er macht gemeinsame Sache mit den Spottvögeln und setzt die Karte seines ärztlichen Wissens mit all seiner Gewalt über Leben und Tod ein, um das Gelingen des Streichs noch besser zu gewährleisten. In Boccaccios Novelle ist er es denn auch, der mit schallendem Gelächter den Schlußstrich setzt. Diese Schlüsselposition, die der Arzt in der ganzen literarischen Tradition des Motivs einnimmt, hat auch in der Ikonographie ihren Ausdruck gefunden. In der 1492 von Anton Sorg in Augsburg gedruckten, deutschen Ausgabe des *Dekameron* illustriert ein Holzschnitt die Szene, in der der Arzt Calandrino feierlich seine Diagnose verkündet (*Abb. 15*). Calandrino liegt dabei im Bett, und aus dem eigens an dieser Stelle offen gelassenen Hemd schaut sein rund gewölbter Bauch hervor. Mit der linken Hand umfaßt der Arzt die hocherhobene Ampulle mit dem Urin, das unmißverständliche Zeichen für die Objektivität der Diagnose, während die Geste seiner Rechten das Gesagte noch unterstreicht. Calandrino wird als Kranker dargestellt und als solcher ist er dem Arzt auf Gedeih und Verderb ausgeliefert. Er gehört dem Arzt und muß ihm gehorchen und ihn bezahlen. Die vorgetäuschte Bestürzung der drei Witzbolde, die neben der tatsächlich verstörten Tessa, Calandrinos Frau, am Fußende des Bettes erscheinen, besiegeln mit dem gesellschaftlichen Konsens die Realität dieses Machtverhältnisses.

Dem italienischen Literaturhistoriker Carlo Muscetta verdanken wir zwei aufschlußreiche Beobachtungen über die Figur des Calandrino, von denen wir ausgehen wollen. Erstens: Die vier Novellen des *Dekameron*, die von Calandrino handeln, bilden eine Einheit und müssen wie die vier Akte einer einzigen Komödie gelesen werden. Zweitens: Die gesellschaftliche Stellung Calandrinos ist die eines Neubürgers, er gehört zu den *nuove genti*, d. h. zur Gruppe jener, die erst vor kurzem vom Land in die Stadt übergesiedelt sind und sich durch ihre plumpe Unbeholfenheit von den alteingesessenen Städtern unterscheiden. Aus seiner ländlichen Heimat hat Calandrino denn auch ein höchst buntgeschecktes Bündel von Wunsch- und Wertvorstellungen mitgebracht: den tiefeingewurzelten Hunger des Bauern nach Land, den Traum, auf einen Schlag in der Stadt reich werden zu können, den Neid auf das kaufmännische Geschick der Städter, den Ehrgeiz, mit ,,eleganten und höchst gewitzten Intellektuellen'' wie den Malern, die ihren Schabernack mit ihm treiben, zu verkehren, die Ambition, sich ihr lebhaftes künstlerisches Temperament und ihre gewählte Ausdrucksweise anzueignen, und – warum nicht? – ihre erotische, Erfolg bei Frauen versprechende Unternehmungslust nachzuahmen. Muscettas Liste von den Dingen, die das Wesen Calandrinos ausmachen, ist reich bestückt und scheint auf den ersten Blick auch vollständig zu sein. Doch bei näherem Hinschauen müssen wir feststellen, daß gerade das wichtigste Merkmal Calandrinos fehlt – nur zum Schluß läßt Muscetta es kurz anklingen –, die Eigenschaft, die Calandrino erst zu dem macht, was er wirklich ist und ihn in die Falle derer gehen läßt, die ihn zum besten halten wollen, nämlich seine Einfalt. Calandrino ist ein einfältiger Mensch, weil er glaubt. Nun glaubt aber Calandrino auch wieder nicht an jeden Bären, den man ihm aufbinden will. Seine Leichtgläubigkeit hat ganz bestimmte Merkmale und steht wiederum in Verbindung mit seiner ländlichen Abstammung. Trotz der gelungenen Anpassung an die städtische Lebensart ist seine Anfälligkeit der Folklore gegenüber unverändert geblieben, und es bedarf nur einer flüchtigen Anspielung, um ihn zum blinden Glauben zu verführen. In allen vier Novellen sind denn auch Themen des Volksglaubens – oder was man dafür hielt – die

spezifischen Gegenstände der Streiche, die Calandrino gespielt
werden: das Schlaraffenland und der Heliotrop in der ersten
Novelle (VIII, 3), die Verzauberung von Brot und Käse in der
zweiten (VIII, 6), die Schwangerschaft des Mannes in der dritten (IX, 3) und der Liebeszauber in der vierten (IX, 5). Die
ganze Komödie von Calandrino verfolgt eindeutig das Ziel, die
Folklore in Mißkredit zu bringen.

Als „uom semplice e di *nuovi* costumi", als einfältigen Menschen von wunderlichem Wesen, bezeichnet Boccaccio den Calandrino in der ersten der vier diesem gewidmeten Novellen, die
in gewissem Sinn den Prolog zur Komödie darstellt. Das Adjektiv *nuovo* – neu (in der Bedeutung auch von neuartig, anders,
sonderbar, wunderlich, befremdlich) ist hier das Schlüsselwort.
Es wird zum Träger verschiedenartiger Bedeutungen, die vom
Signifikanten selbst zu einer lückenlosen Kette von semantischen Übergängen verbunden werden, die ihrerseits zutiefst
ideologisch befrachtet sind. *Neu* sind die Bürger, die erst vor
kurzem in die Stadt übergesiedelt sind und deren Lebensge-
wohnheiten in den Augen der Alteingesessenen neu, d. h. anders, ungewöhnlich und deshalb befremdlich sind. Es ist folglich ein leichtes, ihnen sonderbare Dinge jeglicher Art („alcuna
*nova* cosa") aufzuschwatzen, d. h. sie dahin zu bringen, an
Merkwürdigkeiten und Lügenmärchen, an all das, was wunderlich und ungewöhnlich ist, zu glauben. Diese wohlabgestufte
Kette von gleitenden Bedeutungsübergängen bezieht jedoch
stets die, obwohl sie doch die konstante ideologische Stütze der
ganzen Komödie bildet, nie ausdrücklich genannte Hauptbe-
deutung des Wortes mit ein: das Neue ist, eben darum weil es
anders ist, dem von altersher Bestehenden und Erworbenen
fremd. Es ist unerwünscht und unangepaßt, und deshalb muß es
ausgestoßen und zurückgedrängt werden. Man zwingt es, in die
Inferiorität zurückzuweichen, aus der es stammt und aus der es
auszubrechen gewagt hat.

Calandrino ist also der Emporkömmling vom Land. Doch seine
schon länger zurückliegende Übersiedlung in die Stadt, der an-
gesehene Beruf des Malers, den er zwar nur als einfacher Maler-
gehilfe ausübt, seine städtische Lebensart und seine gespreizte

Ausdrucksweise feien ihn trotzdem nicht gegen seine bäuerliche
Herkunft, die bei jedem Wort und aus jeder Geste durchbricht.
Er bleibt ein Mensch, ,,der aus grobem Teig geknetet ist", und
eben dies macht ihn zum prädestinierten Opfer seiner Freunde,
die ganz im Gegensatz zu ihm ,,lustige" und obendrein ,,kluge
und schlaue Burschen" sind. Wir befinden uns also immer noch
mitten in der antibäuerlichen Satire, nur daß Spott und Verachtung nun nicht mehr vom Adel und von der Geistlichkeit ausgehen, sondern von der Stadt, die inzwischen auf Kosten dieser
beiden Stände das bäuerliche Umland weitgehend in ihren Besitz gebracht und ihrer Herrschaft unterworfen hat, um es – wie
dies zuvor auch die früheren Herren getan hatten – auszubeuten. Der Umstand, daß die beiden Witzbolde Maler sind, fällt
aus zwei Gründen ins Gewicht. Zum einen handelt es sich darum, daß eine ganz bestimmte Kategorie von Handwerkern
dank dem Ansehen, das sich die Kunst erobert hat, einen sozialen Aufstieg erfährt und in die Schicht der wohlhabenderen und
mächtigeren Bürger einrückt. Zum anderen, weil die gesellschaftlichen Privilegien, die den Künstler vor allen anderen Personen auszeichnen, die gleich ihm von ihrer Hände Arbeit leben, aus dem spezifischen Charakter des von ihm geschaffenen
Werks hergeleitet werden, das als einziges unter allen Erzeug-
nissen der Handarbeit die Fähigkeit besitzt, die Natur auf das
Vollkommenste nachzuahmen und das als wahr erscheinen zu
lassen, was in Wirklichkeit nur eine Vorspiegelung ist. In den
von den Malern gegen Calandrino angezettelten Streichen spiegelt sich das Staunen über die Malerei Giottos wider, bei deren
Betrachtung es nach den Worten Boccaccios ,,sehr oft vorkam,
daß der Gesichtssinn der Menschen irrte und das für wirklich
hielt, was nur gemalt war". Mit einer Dreistigkeit ohnegleichen
(selbst so Unmögliches wie die Schwangerschaft des Mannes
wird als real hingestellt) zielen die Streiche der Maler ja stets
gerade auf die Verwechslung von Realität und Illusion. Und
eben hier liegt der springende Punkt: das subtile Wechselspiel
von Erfindung und Wirklichkeit muß mit guten Gründen einem Publikum von Gebildeten vorbehalten bleiben, denn das
niedrige, ungebildete Volk ist allenfalls fähig, an die Realität des
Vorgespiegelten zu glauben, und kann höchstens nochmals ei-

nen erheiternden Beweis dafür bringen, daß das Kunstwerk gelungen ist. Das Staunen über die Geschicklichkeit des Künstlers
verbindet sich auf diese Weise mit der Verachtung für die Pri-
mitivität der Ungebildeten und wird zu einem Merkmal der
Unterscheidung und der Diskriminierung. Die Maler können
nunmehr als Intellektuelle auftreten, die fest im Gefüge der
Stadt verwurzelt sind und die Kultur der Städter repräsentieren,
deren Gegenteil die Unkultur der Bauern ist.

Im grausamen Spiel auf Kosten Calandrinos agieren die bos-
haften Maler jedoch nicht allein. Sie haben willige Komplizen,
und diese sind ausnahmslos Vertreter von gesellschaftlichen Institutionen, die der Aufrechterhaltung der bestehenden Ordnung dienen: die Zollwächter in der ersten, der Priester in der
zweiten, der Arzt in der dritten, die Dirne in der vierten Novelle. Vor allem die Figur der Dirne kann dazu beitragen, das
Verhältnis von Mann und Frau, so wie es diese Novellen darstellen, besser zu begreifen. Niccolosa, die Dirne, wird dem
Leser von Boccaccio ohne Umschweife gleich als das vorgestellt, was sie ist: als eine Sklavin ihres Zuhälters, der sie „ver-
mietet" wie ein Kutschpferd. Mit ihr verlustiert sich, wie so
üblich, der junge Sohn eines reichen Herrn namens Filippo.
Dieser pflegte in das Landhaus seines Vaters, das Bruno, Buffalmacco, Nello und Calandrino ausmalen sollen, manchmal ir-
gendein Frauenzimmer mitzunehmen und zwei oder drei Tage
dortzubehalten, „worauf er sie wegschickte". Mit wenigen Strichen ist so das Verhältnis zwischen den Geschlechtern auch
schon genau umrissen: die Frau ist eine Ware, die zwischen dem
Zuhälter, der sich von ihr aushalten läßt, und dem Hurenbock,
für dessen Unterhaltung sie zu sorgen hat, mühelos ausgetauscht werden kann. Aber warum mußte gerade die Dirne mit
den Malern gemeinsame Sache machen? Stand denn Calandrino
nicht ebenso am Rande der Gesellschaft wie sie selbst? Hier tritt
nun nochmals das Adjektiv *nuovo* auf den Plan. Die Dirne ist
zur Mitarbeit bereit, „mehr weil er (Calandrino) ihr ein sonder-
barer Kauz – un *nuovo* uomo – schien, als aus Schelmerei", war
doch Calandrino geradezu dazu geschaffen, die befremdlichsten
Dinge – „i più *nuovi* atti"– zu tun. Die Andersartigkeit seines
Wesens, seine Seltsamkeiten, machen ihn also auch in den Au-

gen der Frau zu einem Fremden, den man ungestraft zum besten halten kann, und darum läßt sich Niccolosa in das böse Spiel hineinziehen, obwohl ihr dabei natürlich nur eine Handlangerrolle zufällt.

Die perfide Moral der Geschichte liegt auf der Hand: die armen Teufel, die Angehörigen des niederen Volks kennen keine Solidarität untereinander, sondern sind ganz im Gegenteil stets bereit, dem Wink des Herrn zu folgen, um bei der erstbesten Gelegenheit übereinander herzufallen. Auch die zweite weibliche Person der Komödie, Tessa, die Frau Calandrinos, handelt und bewegt sich ganz nach dem Schema dieser Moral. Boccaccio scheint sie mit besonderer Zuvorkommenheit behandeln zu wollen, denn schon in der ersten Novelle stellt er sie uns als eine „hübsche und tüchtige Frau" vor. Um welch eine Art von Tüchtigkeit es sich hier jedoch handelt, wird sich sogleich herausstellen. Tessa empfängt ihren Mann, als er mit Steinen vollbepackt nach Hause zurückkehrt, mit heftigen Vorwürfen und macht auf diese Weise den Zauber zunichte, der ihn eigentlich hätte unsichtbar machen sollen. Dem Mechanismus der Gewalt zufolge ist es dann auch nur logisch, daß Calandrino die Steine, mit denen ihn seine Freunde auf dem Heimweg beworfen haben, nun in der Form von Prügeln auf Tessas Rücken ablädt. Die Anstifter des bösen Streichs lachen sich in der Zwischenzeit halb tot und ziehen sich, als sie sehen, welch eine Tracht Prügel Calandrino seiner Frau wütend versetzt, geschickt aus der Affäre, indem sie die Verantwortung für alles Calandrino aufbürden. Und nicht genug damit: sie werden die Prügel, die Calandrino seiner Frau versetzt hat, diesem auch noch zurückerstatten lassen: Niccolosa wird sie ihm verpassen, wenn er sich auf dem Höhepunkt seines galanten Abenteuers mit ihr wähnt. Auch hier fällt also der Ehefrau die Rolle der Spielverderberin zu. Mit ihrem handfest groben, gesunden Menschenverstand macht Tessa die Träume ihres Mannes brutal zunichte und bringt ihn, während es von allen Seiten Prügel hagelt, wieder auf den festen Boden der Wirklichkeit zurück. Die Prügel, die von der Frau pünktlich auf den Bauerntölpel zurückprallen, werden so zu einem gesellschaftlichen Unterscheidungsmerkmal, das Calandrino und seine Frau wiederum der Sphäre des gemeinen Volks zuordnet. Die Frau, sei es nun die Dirne oder die Ehefrau, kann in diesem Rollenspiel jedoch nur dann als eine Person, die nicht nur Prügel empfängt, sondern auch Prügel verteilt, auftreten, wenn sie bereit ist, mit den Herrschenden gemeinsame Sache zu machen und sich zum Werkzeug von Gewalt und Unterdrückung zu erniedrigen.

Tessa gegenüber erweist sich Boccaccio freilich als generös, allerdings auf Kosten Calandrinos: all das, was der Dichter Tessa zugesteht, entzieht er Calandrino, so daß es zum Schluß zu einer erheiternden Umkehr der Rollen kommt, und die Frau als Mann und der Mann als Frau präsentiert werden. Aber das Wechselspiel des Gebens und des Empfangens bleibt in der Familie, hier geht nichts verloren. Im gleichen Maße, wie der Mann zum Weib herabgesetzt und degradiert wird, wird die Frau zum Mann erhöht und potenziert, doch dies führt allein zu dem Ergebnis, daß dem Bauerntölpel die Männlichkeit und seiner Frau die Weiblichkeit genommen werden und folglich dem Geschlecht beider Schmach und Hohn angetan wird. Tessa, die in der Novelle vom gestohlenen Schwein als die geschildert wird, welche das Regiment im Haus und in der Ehe führt, besitzt jedoch ihrem Mann gegenüber einige gewichtige Vorzüge, allen voran das Mißtrauen, die geringe Bereitschaft zu glauben. Calandrino fürchtet sie und weiß sehr wohl, daß sie jederzeit bereit ist, ihn aus dem Haus zu jagen, denn hier, das ist klar, herrscht sie allein. Sie hat das kleine Landgut mit in die Ehe gebracht, kontrolliert die Ausgaben, steht dem Haushalt vor und bei der Liebe „will sie immer oben liegen". Ihr wird also auch die Herrschaft über die sexuelle Potenz ihres Mannes zugeschrieben, wenn nicht sexuelle Potenz überhaupt, denn das meint Calandrino ja wohl, wenn er ihr Geilheit vorwirft.

Je potenter seine Frau, desto impotenter ist Calandrino, der in der vierten Novelle wiederum der Potenz einer Frau unterliegt (diesmal ist es Niccolosa, die auf ihm liegt), und die ganze Geschichte bringt ihm, dem nochmals Geäfften, nicht den ersehnten Koitus mit der Dirne, sondern wiederum Prügel und Schmähungen wegen seiner Impotenz ein. Aber die Potenz der Frau ist kurzlebig und zweckbedingt, ein bloßer Reflex der Impotenz des Mannes. Solange die bestehende Gesellschafts-

ordnung die totale Unterwerfung der Frau unter den Mann
forderte, konnte ihr das Spiel mit dem ,,Oben" und dem ,,Un-
ten" keinerlei Vorteile bringen. Wenn der Dichter sie also nach
so etwas Heiklem wie der männlichen Potenz greifen läßt, so
verfolgt er damit nur die perfide Absicht, die dem Mann dadurch entstehenden Gefahren in das gebührende Licht zu rükken und die Fesseln, die der Frau angelegt sind, erneut aufs
nachdrücklichste zu rechtfertigen. Hinter dem Genrebild von
der ,,tüchtigen Hausfrau" und der ,,höchst ehrbaren Person"
verbirgt sich also wiederum die altbekannte Misogynie unver-
kennbar christlicher Prägung, wie sie uns schon in der ersten
Novelle in den Worten Calandrinos begegnet: ,,Die Weiber
machen die Kraft eines jeglichen Dinges zuschanden", verkündet er untröstlich und setzt damit einen Schlußstrich unter das
Abenteuer mit den Steinen, die er im Flußbett gesammelt hat.
Der Zauber war ja in der Tat in demselben Augenblick verflo-
gen, als ihm ,,dieser Teufel von maledeitem Weib" entgegenge-
treten war und ihn gesehen hatte.

In diesem Rahmen fand also das Motiv des schwangeren
Mannes in Italien seinen Platz. Im Hintergrund stehen die
Stadtkommunen, die das Umland unterjochen und beherrschen, davor eine ausgereifte, doch den Interessen der Herrschenden verpflichtete Literatur, die die alten pfäffischen Tradi-
tionen des christlichen Europa umgestaltet und anreichert und
ihnen einen Glanz formaler Perfektion verleiht, wie ihn sich die
alten Mönche nicht im entferntesten hätten träumen lassen. Die
Substanz aber hat sich nicht verändert, die Polemik gegen Folklore, Frauen und Bauern ist die gleiche geblieben. Neu ist nur
jener leichte Hauch von bürgerlich heuchlerischer Unvoreinge-
nommenheit, die es dem Dichter erlaubt, eine Dirne auf die
Bühne zu stellen und sogar von Abtreibung zu reden. Ganz
richtig, von Abtreibung! Der Verzweiflung Calandrinos, der
sich schwanger wähnt, macht der Spaßvogel von Arzt (gegen
reichliches Entgelt natürlich) durch eine Abtreibung ein Ende,
und all das ohne weitere Metaphern, denn der ,,bürgerliche
Realismus" gebietet dem Dichter, die Dinge unverblümt beim
wahren Namen zu nennen. Nicht mehr vom Käfer ist die Rede,
der in Italien ja auch zum Ungeziefer geworden war, sondern

16. Gravelot, Die Abtreibung Calandrinos

geradeheraus von Abtreibung, die der Arzt mit einem „destillierten Trank, der sehr gut ist und angenehm zu trinken", in die Wege leitet. Doch allzu offensichtlich wird die Partie mit offenen Karten gespielt: die Geistlichkeit kann ruhig weiterschlafen; denn wenn die Schwangerschaft Calandrinos die Frucht seiner Einbildung ist, kann auch die Abtreibung nur Fiktion sein. Und warum sollte man an einer vorgespiegelten und dazu noch spaßigen Abtreibung Anstoß nehmen? Die Geschichte ist ganz im Gegenteil bestens dazu angetan, den bäuerlichen Einfaltspinsel, der immer noch an die antichristlichen Flausen der Folklore zu glauben wagt, der Lächerlichkeit preiszugeben.

In der Pariser Ausgabe des *Dekameron* von 1756–61 (mit dem falschen Erscheinungsort London) kommentiert Gravelot dem säkularisierten und gewitzten Publikum, für das die Ausgabe bestimmt war, die Farce von der eingebildeten Schwangerschaft Calandrinos mit einer recht geistreichen Illustration (*Abb. 16*). Ein Putto reicht einem zweiten Putto, der weich ausgestreckt in einem reich mit Vorhängen drapierten Alkoven ruht, eine dampfende Schale mit dem Abtreibungstrunk, die dieser mit der einen Hand entgegennimmt, während er mit der anderen diskret auf seinen wohlgewölbten Leib, das Zeichen seiner Schwangerschaft, deutet. Auf dem Rahmen, der die Illustration begrenzt, lehnen weitere drei Putti – ebensoviele wie Spötter in der Novelle –, die von oben herab aufmerksam, aber ohne den geringsten Anflug von Heiterkeit, die pikante Szene beobachten. Die prallen, komischen Figuren der Novelle sind, dem Geschmack des Rokoko entsprechend, zu gezierten Putten zusammengeschrumpft. Das geschickt angedeutete libertine Milieu akzentuiert das Groteske der Situation, handelt es sich doch auch hier um eine fiktive Abtreibung, die eine eingebildete Schwangerschaft aus der Welt schaffen soll.

## 18. Exkurs: Oben und unten. Erotik und Politik

Die Diskussion über das Oben und das Unten, d. h. über die Stellung der Partner beim Koitus im Hinblick auf die gesellschaftliche Stellung der Geschlechter hat eine lange Geschichte. Da sie sich im Laufe der Jahrhunderte immer wieder mit dem Motiv des schwangeren Mannes überkreuzt, scheint es nützlich, diese nie abreißende Polemik hier kurz nachzuzeichnen.

Der obligate Ausgangspunkt ist die griechisch-römische Antike. In der antiken Welt wurde die Stellung, bei der die Frau über dem Manne liegt, regelmäßig praktiziert und als völlig natürlich empfunden, ja sie galt, wie noch vor kurzem Paul Veyne geschrieben hat, als ,,le fin du fin de l'amour". Griechen und Römer bezeichneten sie durch eine Metapher, die des Pferdes; sie nannten sie *kéles* bzw. *equus* und dachten dabei an die Position des Mannes. Der Widerspruch zwischen dieser Stellung beim Geschlechtsverkehr und der gesellschaftlichen Stellung von Mann und Frau in der Antike ist aber zu auffällig, als daß er der Aufmerksamkeit hätte entgehen können. Der antike Mann, hat Veyne angemerkt, war keineswegs der Meinung, daß er seine Überlegenheit über die Frau aufgab, wenn er unten lag, weil er sich auch dann noch von der Frau bedienen ließ. Der Mann blieb in jeder Stellung der Herr und als solcher aktiv und angesehen, während die Frau, die ihn bediente, als passiv, unterlegen und verächtlich galt. Zum Beweis führt Veyne eine Episode aus Apulejus' Roman *Der goldene Esel* an (II, 17). Die Frau, die auf dem Manne reitet, dient hier tatsächlich als Magd in dem Hause, in dem ihr Gelegenheitspartner zu Gast ist. Der Widerspruch scheint auf diese Weise seine Erklärung gefunden zu haben. Es fällt aber auf, daß der Dienst, den die Frau hier dem Mann leistet, diesen zur völligen Passivität führt, während alle Initiative bei der Frau liegt. Andererseits begegnet der Mann, der die Frau auf sich reiten läßt, zu häufig in der antiken Literatur und Kunst, als daß ein einfacher Hinweis auf die effektive gesellschaftliche Stellung zur Erklärung ausreichen könnte. Der Passivität des Mannes entspricht eine Aktivität der Frau, die um so höhere Wertschätzung genießt, je größere Geschicklichkeit mit ihr verbunden ist. Drei griechische Epigramme aus der *Anthologia palatina* (V, 55, 202, 203) oder auch die pompejanischen Wandmalereien sind beredte Beispiele hierfür. Im 2. Jahrhundert n. Chr. vertrat der Grieche Artemidor in seinem *Traumbuch* die Auffassung, daß es für eine Frau durchaus normal und nicht abträglich sei, von einem Manne besessen zu werden, wobei die gesellschaftliche Stellung des Mannes keine Rolle spiele, während es für einen Mann nur dann keinen Nachteil bedeute, von einem Manne besessen zu werden, wenn dieser reicher und älter sei. Das Schlimmste für einen Mann sei es jedoch, von einem Sklaven besessen zu werden, und sei es auch nur im Traume. Konnte besser ausgedrückt werden, daß die gesellschaftliche Hierarchie der Geschlechter auch im sexuellen Bereich ihre Geltung hatte? Dennoch hielt Artemidor den *kéles* durchaus mit der Würde des Mannes vereinbar, ja er pries ausdrücklich seine Vorzüge, die, wie er meinte, vor allem darin bestanden, daß der Mann ohne Anstrengung genießen konnte, d. h. passiv blieb, obgleich die Passivität des Mannes in allen anderen Bereichen des Lebens als verächtlich galt. Wir müssen uns also fragen, warum der Mann es trotz dieses negativen gesellschaftlichen Urteils, das er schließlich selbst auslöste, dennoch vorzog, beim Geschlechtsverkehr unten zu liegen.

Aus allen griechischen Quellen und Zeugnissen, die auf uns gekommen sind, geht eindeutig hervor, daß der *kéles* den Hetären vorbehalten war. Als ,,Amazone der Lust'' bezeichnete man im alten Griechenland die Prostituierte, die einzige soziale Figur, der eine auf männliche Werte gegründete Gesellschaft ein Recht auf sexuelle Initiative zuzugestehen pflegte. Dies aber führt uns zu einem Komplex, der in Griechenland durch das Ritual der Adonien geregelt wurde und im Mythos des Adonis, des Geliebten der Aphrodite, seinen Ausdruck gefunden hat: Es ist die Sphäre der sogenannten weiblichen Zügellosigkeit. Wie Marcel Detienne in seinem schönen Buch *Les jardins d'Adonis* gezeigt hat, waren die Griechen der Meinung, daß die weibliche Initiative im sexuellen Bereich ausschließlich dem Genuß diene und deshalb leicht in Ausschweifung ausarten könne. Vor allem aber hing ihr der Makel der Unfruchtbarkeit an. In der Ehe, die nicht dem Genuß, sondern einzig der Fortpflanzung zu dienen hatte, war deshalb auch für eine weibliche Initiative kein Platz. Den unfruchtbaren, in wenigen Tagen verwelkenden Gärten des Adonis wurden die üppigen Felder der Demeter gegenübergestellt, die der Mann der Ernte wegen bestellte, dem Adoniskult die Thesmophorien und dem Mythos des Adonis der Mythos der Demeter, der der Frau die Rolle der züchtigen Gattin und fruchtbaren Mutter zuwies. Adonis und Demeter schlossen einander jedoch nicht aus. Sie grenzten nur zwei Sphären voneinander ab, die unterschiedliche Funktionen zu erfüllen hatten: Die Prostitution sorgte für den Genuß, die Ehe gewährleistete dem Mann die Nachkommenschaft und die Kontinuität des Patrimoniums. Aber aus welchem Grunde gestattete der Mann im sexuellen Bereich einigen wenigen Frauen eine Initiative, die er im gesellschaftlichen Leben allen Frauen unterschiedslos verweigerte?

Der Verzicht auf die Führungsrolle beim sexuellen Verkehr

entsprang in Wirklichkeit einer zutiefst negativen Einschätzung
der gesellschaftlichen Auswirkungen der Sexualität. Der sexuelle Genuß wurde als etwas Ungezügeltes, Tierisches empfunden,
als ein störendes und tendenziell antisoziales Element, das dis-
zipliniert werden mußte, wenn der Zerfall des Staates und die
Auflösung der Gesellschaft verhindert werden sollten. Der Genuß sollte freilich nicht völlig ausgeschlossen, sondern nur ein-
geschränkt werden, denn der Trieb, in dem er wurzelte, galt zu
Recht als ununterdrückbar. Dem sich stets erneuernden Verlangen nach Liebesgenuß stand das zwingende Gebot der Pflicht
gegenüber, auch wenn keiner der beiden Antagonisten den Anspruch erhob, den Widersacher gänzlich auszumerzen. Die Gesellschaftsordnung gründete sich auf die sexuelle Repression,
sah aber eine ganz bestimmte Aufgabenteilung zwischen Mann
und Frau vor: Dem Mann war der Bereich der Macht, der Frau
der der Sexualität zugewiesen. Eines der Fundamente dieser
Gesellschaftsordnung war deshalb die Unterordnung der Frau,
die die Lust verkörperte, unter den Mann, den Inhaber der
Macht. Die eigentliche Achillesferse der spartanischen Verfassung, hat Aristoteles in der *Politik* geschrieben (1269b), sei die
Freiheit gewesen, die man den Frauen gewährt habe. Die weibliche Zügellosigkeit habe Sparta den Verderb gebracht, denn sie
habe der Ausschweifung zu Triumph verholfen und auf diese
Weise den Untergang des Staates verursacht. Im gesellschaftlichen Bereich mußte deshalb die Frau dem Manne unterworfen
bleiben, vornehmlich in der Ehe, die das wahre institutionelle
Fundament des Staates bildete und in der jeder Liebesgenuß als
unstatthaft galt. Der Gattin war keine sexuelle Initiative erlaubt.
Ihre Aufgabe war es, Kinder zu gebären und dem Hauswesen
vorzustehen. Für den Genuß waren die Prostituierten da und
daneben all die Frauen, die, wie z. B. die Sklavinnen, aufgrund
ihrer gesellschaftlichen Stellung von der Pflicht befreit waren,
dem Staat zur Stütze zu dienen. Ihnen fiel damit jedoch eine
eher noch belastendere Aufgabe zu, denn sie hatten eine tendenziell antisoziale Funktion zu erfüllen und dem Mann alle
Verantwortung dafür abzunehmen. Als ehrlos galt und gilt im
Urteil der Gesellschaft nur die Dirne, nicht aber ihr Kunde.

Und so wird denn auch deutlich, daß die Aufgabenteilung zwischen Mann und Frau in Wirklichkeit die Dinge nur verschleiert. Auch beim sexuellen Verkehr blieb der Mann die eigentliche Triebkraft. Doch bot die Passivität dem Mann die Möglichkeit, sich der Mitarbeit der Frauen beim trügerischen Wechselspiel zwischen Sexualität und Gesellschaft zu vergewissern. Und in der Illusion, daß auch sie irgendwie an der Macht teilhaben könne, war die Frau denn auch tatsächlich zur Mitarbeit bereit. Sie erlag auch damals der Faszination der Macht, der Versuchung, gleich dem Manne Macht auszuüben, nicht nur über den Mann, sondern auch über ihre Geschlechtsgenossinnen.

Die in Griechenland herrschende Trennung von Ehe und Sexualität wiederholte sich im wesentlichen auch im antiken Rom. Der *equus eroticus* symbolisierte hier ebenso wie dort und im hellenistischen Orient die außereheliche Liebe. Nur daß es von einem gewissen Zeitpunkt an nicht mehr ganz deutlich war, welchen Frauen sexuelle Freiheiten gestattet waren und welchen nicht. Zwischen dem Ausgang der Republik und dem Beginn der Kaiserzeit wurden nämlich die römischen Matronen der traditionellen Aufgabenteilung überdrüssig. Die unruhige, konfliktgeladene politisch-gesellschaftliche Situation begünstigte die Aufsässigkeit der Frauen und zugleich auch einen gewissen Aufstieg des weiblichen Elements, für den die Geschichte der Frau, wie auch die amerikanische Feministin Sarah B. Pommeroy in ihrem Buch hat zugeben müssen, nur wenige ähnliche Beispiele aufzuweisen hat.

In diesem Zusammenhang wird auch der Ausdruck *equus Hectoreus* verständlich, mit dem das erotische Pferd zuweilen in Rom bezeichnet wurde. Denn wenn man Hektor diese anstößige Stellung im Umgang mit seiner Gattin Andromache zuschrieb, dann hieß das, daß man sie auch in der Ehe für zulässig ansah. Ovid, der hier eine Vorsicht walten läßt, deren er nicht immer fähig war – seine Unvorsichtigkeit brachte ihm bei anderer Gelegenheit das Exil ein –, bestritt allerdings, daß Hektor und Andromache diese Stellung im ehelichen Verkehr praktiziert hätten. Andromache, schrieb er in der *Ars amatoria* (III, 778), sei zu groß für einen Ritt auf dem Gatten gewesen. Für

Martial (XI, 104) stellte allerdings das alles kein Problem mehr dar.

Augustus hoffte, den Matronen Einhalt zu gebieten, indem er in der *Lex Julia de adulteriis* bestimmte, daß der Ehebruch als ein Vergehen von öffentlichem Interesse anzusehen sei, das der *Pater familias* sogar mit dem Tod bestrafen konnte. Doch scheint seinen Bemühungen kein großer Erfolg beschieden gewesen zu sein. Etwa hundert Jahre später scheint das Reiten allgemein üblich gewesen zu sein, denn Juvenal sagt den Matronen ganz offen ins Gesicht, daß sie es darin mit jeder Dirne aufnehmen könnten (VI, 32). Schon vor ihm hatte Seneca, der Philosoph und Ratgeber Neros, mit dem ganzen Gewicht seiner Autorität in die Debatte eingegriffen. Es schaudere ihm gerade vor dem Gedanken, schrieb er an seinen Freund Lucilius (95, 21), daß die Frauen, die die Natur zur Passivität bestimmt habe, nun aktiv würden und auf ihren Mann stiegen. Ein Zeitgenosse Senecas, der diesem in vielem ähnelte, aber sein Leben nicht durch Selbstmord, sondern als Märtyrer endete, drückte sich in ähnlichem Sinne aus. Denn wenn der hl. Paulus von den Frauen der Heiden spricht, „die den natürlichen Geschlechtsverkehr mit dem widernatürlichen vertauscht haben" (Röm. I, 16), dann spielt er zweifellos auf den *equus eroticus* an. Die Sünde „wider die Natur", die die Moral als Barriere gegen das immer weiter um sich greifende Verlangen aufgerichtet hat, feiert hier ihr Debüt.

In Gesellschaft von Sodomie und Onanie – modern gesprochen zusammen mit dem analen Geschlechtsverkehr und der Masturbation – durchquerte das erotische Pferd unter dem Oberbegriff der Sünde wider die Natur die ganze patristische Theologie, aus der es im Laufe der Jahrhunderte zuweilen mit der ihm eigenen spezifischen Physiognomie auftaucht: bei Clemens von Alexandrien im 2. Jahrhundert, beim hl. Hieronymus im 5. und im Pseudo-Methodus im 7. Jahrhundert, soweit ich es feststellen konnte. Den Christen war bekanntlich nur die sogenannte „natürliche" Stellung gestattet, bei der die Frau unten, der Mann oben liegt. Das erotische Pferd schien deshalb dem Untergang geweiht, und in den theologischen Texten des frühen Mittelalters findet sich tatsächlich auch keine Spur mehr von ihm. Dann aber feiert es ganz unvermutet im 12. Jahrhundert fröhliche Urständ. In seiner *Historia scholastica* (*PL* 198, 1081) regt sich auf einmal Petrus der Unersättliche – unersättlich in seinem Bücherhunger, wird von kompetenter Seite versichert – wieder über die Reitsucht der Weiber auf. Dabei knüpfte er an den Text des Pseudo-Methodus an und stellte auf diese Weise die Kontinuität der christlichen Tradition wieder her. Seitdem wurde das Wettern gegen das erotische Pferd für jeden Theologen erneut zur Ehrensache.

Was aber hatte in der Zwischenzeit das Interesse der Theologen aufs neue geweckt? Die Antwort auf diese Frage gibt Noonan in seiner umfangreichen Untersuchung über Ehe und Empfängnisverhütung. Das erotische Pferd war damals durch die gerade ins Lateinische übersetzten Schriften Avicennas wieder ins Gespräch gekommen. Der arabische Gelehrte hatte nämlich die Vermutung ausgesprochen, daß die anstößige Stellung die Empfängnis erschweren, wenn nicht überhaupt verhindern könne. Für Albertus Magnus wurde diese Vermutung gleich Gewißheit. Wenn die Frau oben liegt, argumentierte der Heilige in seiner Schrift *De animalibus* (X, 2, 1), steht die Gebärmutter auf dem Kopf und verliert aus diesem Grund leicht ihren Inhalt. Das Verbot dieser Stellung wurde im 13. Jahrhundert in der *Summe* des Pérault (III, II, 3) und im 14. Jahrhundert in der *Summe* des Astesanus erneut bekräftigt. Aber nur in der *Summe* des Astesanus ist erstmals auch von ihrer empfängnisverhütenden Wirkung die Rede, nachdem bis dahin das Verbot immer mit dem traditionellen Hinweis auf die Umkehrung der natürlichen Rangordnung begründet worden war. Der eigentliche Angriffspunkt war also auch in diesem Fall die weibliche Initiative, die man in der Antike den Prostituierten und den zur außerehelichen Liebe bereiten Frauen zugestanden hatte und die offensichtlich auch im Mittelalter noch nicht völlig ausgestorben war.

Mit dem Ausdruck *mulier supra virum* pflegten die Theologen eine Stellung zu bezeichnen, die außerhalb der Ehe praktiziert wurde. Das beweisen auch die zahlreichen Miniaturen in den verschiedenen Handschriften des *Decretum Gratiani*, auf denen die Frau jedesmal über dem Mann liegt, wenn der Ehebruch (*adulterium*) oder die Buhlerei (*fornicatio*) dargestellt werden sollten. Die gleiche Stellung begegnet auch auf einem Fresko, das Niccolò Miretto in den ersten Jahrzehnten des 15. Jahrhunderts für den Palazzo della Ragione in Padua gemalt hat und das im Rahmen eines größeren astrologischen Zyklus den Einfluß des Steinbocks auf die käufliche Liebe illustriert. Auch in der *Ballade de la grosse Margot*, in der François Villon wie stets die käufliche Liebe besingt, tritt in den Versen 1614–1618 die reitende Dirne auf. Boccaccio läßt ebenso die Dirne Niccolosa, die Calandrino zum Narren hält, oben liegen. Als anstößig wurde diese Stellung aber empfunden, wenn Ehefrauen wie Tessa sie einnehmen wollten, und der Gipfel des Anstoßes war es, wenn eine Ehefrau sie im Verkehr mit ihrem Geliebten praktizierte. Eine solche Kränkung des Ehemannes konnte nur mit Blut abgewaschen werden. Im *Novellino* des Masuccio Salernitano, einer italienischen Novellensammlung des 15. Jahrhunderts, wird eine ehebrecherische Gattin, die auf ihrem Geliebten reitet, zusammen mit diesem mit einer Lanze durchbohrt und aufgespießt.

Die Unterscheidung zwischen männlicher und weiblicher Initiative im sexuellen Bereich war so tief im mittelalterlichen Bewußtsein verankert, daß wir ihr auch da begegnen, wo wir sie keinesfalls vermutet hätten, nämlich in der von der europäischen Dichtung des 12. und 13. Jahrhunderts so leidenschaftlich besungenen höfischen Liebe, die letztlich nichts anderes ist als eine Sublimation dieser alten Unterscheidung und der traditionellen Geschlechterrollen. Denn in der ihrem eigentlichen Wesen nach ehebrecherischen höfischen Liebe stand die Dame „oben" und der Ritter „unten", zwar nicht beim Sexualverkehr, der ausgeschlossen blieb, sondern im Rahmen des komplizierten Verhaltenskodexes, der diesen symbolisierte und vertrat.

Man kann also schwerlich behaupten, daß das kirchliche Verbot großen Erfolg gehabt hätte. Es diente allenfalls dazu, die alte Unterscheidung zu verewigen: Eine sexuelle Initiative war der Frau nur im Bordell und außerhalb der Ehe gestattet, während in der Ehe und in allen anderen gesellschaftlichen Beziehungen Passivität und Unterordnung von ihr gefordert waren.

Vom kirchlichen Standpunkt aus gesehen, war das sicher ein eher mageres Ergebnis, besonders wenn man in Rechnung stellt, daß im Mittelalter der Geistlichkeit im Arzt ein neuer mächtiger Verbündeter erwachsen war. Nach Meinung der Ärzte war der *equus eroticus* der Gesundheit schädlich, allerdings nur der Gesundheit des Mannes, der durch die weibliche Unternehmungslust, wie Magnino von Mailand, ein Arzt des 14. Jahrhunderts, in seinem Traktat *Regimen sanitatis* (III, V) behauptet, außerdem auch moralisch geschädigt wurde.

Die Niederlage des geschlechtsfeindlichen christlichen Programms braucht andererseits nicht zu verwundern. Denn von der Notwendigkeit, dem Liebesgenuß den Garaus zu machen, konnten die Menschen nicht so leicht überzeugt werden, mochte der Klerus auch noch so heftig gegen die Sinnenlust zu Felde ziehen. Auch im christlichen Europa blieb die Prostitution, nicht anders als in der Antike, eine der institutionellen Stützen der Gesellschaft, Ehebruch und Buhlerei waren das Gegenstück zur sakramentalen Ehe. Und nicht nur das. Die Sehnsucht nach Sinnenfreude blieb auch in denen wach, die alle Kraft darauf verwandten, ihre Verwerflichkeit zu beweisen. Die Vorstellung der reitenden Frau raubte Theologen, Predigern, Beichtigern und Inquisitoren den Schlaf.

,,Warum gibt es mehr Hexen als Hexenmeister?", fragten sich die beiden deutschen Dominikaner Heinrich Krämer und Jakob Sprenger in ihrem *Hexenhammer* (I, VI). Mit der Antwort taten sie sich nicht schwer: Weil die Frauen ungleich mehr der Fleischeslust zugetan sind als die Männer. ,,Wer ist am unersättlichsten, wer sagt nie: genug? Der Mund der Vulva." Aus diesem Grunde, meinten die beiden Dominikaner, müsse man von der Ketzerei der Hexen, nicht aber von der der Hexenmeister sprechen. Zwischen Hexerei und Sexualität wurde auf diese Weise eine enge Verbindung hergestellt. Die Frauen, die nach allgemeiner Meinung auf dem Mann zu reiten pflegten, nämlich Ehebrecherinnen, Dirnen, Buhlerinnen und Konkubinen, waren folglich allesamt Hexen. Hier stellte sich den beiden geistlichen Hexenforschern allerdings eine theologische Schwierigkeit in den Weg. Einer alten kirchlichen Lehre zufolge konnte der Teufel beim Geschlechtsverkehr sowohl *incubus* als auch *succu-*

17. Szenen aus dem Hexenleben

*bus* sein. Im Verkehr mit der Hexe war er *incubus,* d. h. er lag
oben, doch wenn er sich das menschliche Sperma verschaffen
wollte, lag er unten, war *succubus,* aber in diesem Fall nahm er
weibliche Gestalt an. Es scheint also auf den ersten Blick, als ob
die Hexe nichts mit der reitenden Frau zu tun habe. In Ulrich
Tenglers *Layenspiegel,* einem 1511 in Augsburg erschienenen
Handbuch für das Prozeßverfahren, stellt allerdings ein Holzschnitt den Koitus einer Hexe mit einem Teufel dar, bei dem
der Teufel in männlicher Gestalt unter der Hexe liegt (*Abb. 17*).
Wie läßt sich das erklären? Die plausibelste Erklärung ist die,
daß der Teufel über der Hexe liegt, wenn er sie schwängern
will, unter ihr aber, wenn es ihm um den Genuß zu tun ist. Das
Bild der Hexe, die auf einem Teufel in Bocksgestalt oder auf
einem Besenstiel reitend zum Sabbat fliegt – schon im 12. Jahrhundert ist dieses Bild im *Canon Episcopi* nachweisbar –, mußte
deshalb zwangsläufig die Vorstellung der reitenden Frau her-
aufbeschwören. Ein Zusammenhang, den Künstler immer wieder erkannt und dargestellt haben.

Ein von Peter Webb im British Museum aufgefundener und
von ihm auf etwa 1530 datierter Stich des Parmigianino stellt
eine Hexe dar, auf einem riesigen Penis reitend, der von einem
Teufel wie ein Pferd am Halfter geführt wird. Die Hexe ist
gestiefelt und hält unter dem Arm, gleich als ob es eine Lanze
wäre, einen langen Spinnrocken, in dem eine Spindel steckt.
Eine Tiergestalt – eine Löwin mit Bockshörnern –, die wohl die
Wollust symbolisieren soll, legt ihre Pranken auf die Schulter
der Hexe. Im Hintergrund eine wirre Masse von Frauenköpfen,
aus der sich der Kopf eines Kindes (Kinder waren beliebte Opfer der Hexen) und der eines Greises (wohl eines Hexenmei-
sters), der auf dem Kopf zwei Spindeln trägt, hervorheben.
Deutlicher konnte wohl kaum ausgedrückt werden, daß die
Dirne und die Hexe, ihr Double, der gleichen männlichen Be-
gierde ihren Ursprung verdanken. Doch die Analyse des Künstlers dringt noch tiefer. Rocken und Spindeln, seit alters die
Symbole der weiblichen Häuslichkeit, erscheinen in der Ikonographie des 16. Jahrhunderts häufig auch auf Darstellungen, auf
denen die Frau, die das Regiment im Hause an sich gerissen hat,
ihren Mann verprügelt. Die Hexe, will der Parmigianino sagen,

wird nicht nur verfolgt, weil sie das Double der reitenden Frau ist, sondern auch deshalb, weil sie das Schreckgespenst der weiblichen Aufsässigkeit heraufbeschwört, in der man eine schwere Gefahr für die bestehende Ordnung erblickte.

Auf einer Radierung Goyas aus dem Zyklus der *Caprichos* (1799) sind zwei Frauen dargestellt, die auf einem Besenstiel zum Sabbat reiten (*Abb. 18*). Die eine der beiden Frauen ist alt und häßlich, die andere jung und schön. Die junge Frau umschlingt mit den Armen, die auf diese Weise ihr Gesicht verdekken, die Schultern der vor ihr sitzenden Alten: zwei nackte Körper mit einem einzigen Gesicht, dem finster schmerzverzogenen der Alten. Die Hexen sind zwei, aber der Titel der Radierung steht im Singular und lautet ironisch: ,,Linda maestra", die schöne Geliebte, um zu bedeuten – als wenn eine solche Erklärung noch nötig gewesen wäre –, daß die Hexe nichts anderes ist als das Double der Dirne. Die ganze Tragödie des Hexenwahns wird auf diese Weise von den beiden Künstlern in einem einzigen Bilde zusammengefaßt.

Daß der Hexenwahn einer Sexualphobie entspringt, geht auch aus den vielen theologischen Abhandlungen über die Ehe hervor. Bereits zu Beginn des 14. Jahrhunderts hatte der französische Dominikaner Pierre de La Palud (*Quartum Sentent.*, XXXI, III) die Stellung des Mannes, wenn er die Frau auf sich reiten läßt, mit der des untenliegenden (,,*succubus*") Teufels verglichen. Ein Jahrhundert später nahm sein deutscher Ordensbruder Johannes Nider das Thema wieder auf (*De morali lepra*, Kap. 16). Die dämonologische Terminologie erscheint dann wie selbstverständlich auch im Ehetraktat des spanischen Jesuiten Thomas Sanchez (*De Sancto Matrimonii Sacramento*, IX, XVI, I), der dem alten Verbot des erotischen Pferds das Siegel der Gegenreformation aufgedrückt hat. Es gibt nur eine einzige natürliche Stellung, mahnte der große Theologe: ,,Mulier succuba, vir autem incubus". Die umgekehrte Stellung ist Todsünde: ,, Diese Stellung ist der Ordnung der Natur gänzlich zuwider, denn sie verhindert die Aufnahme und die Bewahrung des Samens im Gefäß der Frau und die Ejakulation des Mannes. Aber nicht nur die Stellung, auch der Stand der Personen wird auf diese Weise verändert. Denn für den Mann ist es natürlich,

18. Francisco Goya, Linda maestra

zu handeln, für die Frau aber, zu erdulden. Denn der Mann, der unten liegt („*succubus*"), wird allein schon durch diese Stellung zu einem Erduldenden, während die Frau, wenn sie oben liegt („*incuba*"), handelt. Wer sähe nicht, daß die Natur diese Umkehrung zutiefst verabscheut?"

Mutter Natur war in diesem Falle identisch mit Mutter Kirche, deren Mahnungen jedoch nicht immer Folge geleistet werden konnte. „Die Frau gilt immer als diejenige, die das Oben und den Vorteil dem gegenüber hat, der ihr den Hof macht (heißt sie doch Herrin, er hingegen Knecht)", proklamierte Ende des 16. Jahrhunderts der Rechtsgelehrte Etienne Pasquier. Aber welche Frau hatte er dabei im Sinn? Der Höfling Brantóme, ein erfahrener Kenner aller Bettgeheimnisse, war in dieser Hinsicht präziser. Es handelte sich seiner Meinung nach immer um die gleichen Frauen, nämlich die Damen der Gesellschaft. Auch über die Natur des Oben schafft er Klarheit. Das alte Oben der mittelalterlichen höfischen Liebe stand nicht mehr im Gespräch. Die Damen waren ihrer überdrüssig geworden und wollten nicht mehr nur metaphorisch, sondern ganz konkret oben sein. Das bezeugen verschiedene Episoden aus den *Dames galantes,* die mit Einzelheiten nicht sparen. Das erotische Pferd der griechisch-römischen Tradition hatte sich die Gunst der Aristokratie erobert. Die Damen der Gesellschaft praktizierten es regelmäßig im Verkehr mit ihren Geliebten, nicht eben zu deren Mißvergnügen, wie es scheint. Der Adel feierte seitdem im absolutistischen Frankreich im Ehebruch den einzigen Triumph, der ihm noch gewährt war. Die alte Solidarität zwischen Staat und Kirche begann Risse zu zeigen. Gegen Ende des 17. Jahrhunderts eroberte sich die Maitresse des Königs einen festen offiziellen Platz am Hofe. Der König gab das Beispiel und seine Schwägerin Liselotte von der Pfalz kommentierte: „Liebe in den Ehestand ist die Mode nicht mehr".

Das Jahrhundert der Galanterie machte wenig Aufheben vom erotischen Pferd, und die verschlüsselt zögernde Ausdrucksweise des hl. Alfons von Liguori weist darauf hin, daß selbst die Theologen etwas von ihrem intransigenten Standpunkt abgerückt waren. Das Resultat beschreibt der Dichter Aléxis Piron mit folgenden Versen:

„Die frommen Schönen, die gesenkten Blickes schreiten,
sind meistens jene, die am besten reiten."

Allerdings lehrten die Ärzte immer noch, daß das Reiten die
Empfängnis verhüte, wenn auch im *Tableau de l'amour conju-
gal* des französischen Arztes Venette diese Wirkung eher der
sitzenden Stellung zugeschrieben wird. Im medizinischen
Handbuch von De Lignac steht geschrieben, daß das erotische
Pferd zwar der Würde des Mannes abträglich sei, jedoch die
größte Lust verschaffe – was letztlich heißen sollte, man möge
sich seiner im außerehelichen Verkehr bedienen. Kurz gesagt:
Solange man den Damen das Kommandieren nicht verbot, hielt
man auch ihr Reiten für nicht weiter gefährlich. Die Polemik
zielte also auf anderes: Anlaß zur Besorgnis gab weniger die
reitende als die kommandierende Dame. Und die ehebrecherische Liebe führte denn auch tatsächlich zum Ergebnis, daß die
Damen sich nicht mehr mit dem Reiten begnügten, sondern
auch kommandieren wollten.

Der König und gleich ihm alle, die im Staate etwas galten,
waren, wie Montesquieu in den *Lettres persanes* geschrieben
hat, „völlig von den Frauen beherrscht" (VII). Saint-Simon bestätigt, wie Anka Muhlstein nachgewiesen hat, daß in den letzten dreißig Jahren des 17. Jahrhunderts Frankreich in Wirklichkeit nicht von Ludwig XIV., sondern von Madame de Mainte-
non regiert wurde. Indem er den Einfluß der Männer beschnitt,
begünstigte der Absolutismus den Aufstieg der Frauen. Nach
dem kurzen Zwischenspiel der Régence gestaltete sich in dieser
Hinsicht die Lage wieder so, wie sie zu Zeiten Ludwigs XIV.
gewesen war, nur daß während der Regierungszeit Ludwigs XV. Madame de Pompadour das Zepter führte. Freilich
regierte auch sie nicht in erster Person oder mit irgendeiner
offiziellen Funktion, aber ihr „Regierungsstil" unterschied sich
nicht wesentlich von dem des Königs oder seiner Minister. Die
wahre Diskriminante war die Macht, nicht das Geschlecht dessen, der sie ausübte.

Ohne diese Voraussetzungen ist Rousseaus Polemik gegen
die „Weiberherrschaft" kaum verständlich. „Die französische
Galanterie", schreibt er in der *Nouvelle Héloïse*, „hat den Weibern eine allumfassende Macht beschert, die kein zartes Gefühl

nötig hat, um sich behaupten zu können. Von ihnen hängt alles
ab; alles geschieht entweder durch sie oder für sie." Aber die
„Weiber" sind auch hier wie schon bei Montesquieu die Damen
der Gesellschaft, die „ihre Stellung ihrem Geschlecht vorzie-
hen". Von den Männern haben sie gelernt, „wie diese zu sprechen, zu handeln und zu denken, ohne jedoch ihre Achtung
erringen zu können, denn der französischen Galanterie scheint
es ebenso wichtig, die Weiber zu verachten wie den Weibern zu
dienen". Während die französische Galanterie ihren Siegeszug
durch Europa antrat, zeigte der Mann Verachtung und sann auf
Rache. Im Gegensatz zu Frankreich trat jedoch in den anderen
Ländern aufgrund der andersartigen politischen Verhältnisse an
die Stelle der Weibermacht deren Scheinbild. In Italien wurde
der Cicisbeo Mode, der der Dame diente, ohne auf konkreten
Lohn zu hoffen. In Deutschland, wo diese Mode nicht ankam,
wurde vom Sturm und Drang das „Machtweib" kreiert, die
Frau, die mit der Gewalt ihrer Schönheit und ihres männlichen
Geistes sich dem Mann unterwirft. Die Reaktion auf die Macht
der Damen, war sie nun wirklich oder scheinbar, ließ nicht auf
sich warten und trat pünktlich beim ersten Umschwung der
Machtverhältnisse ein. Obwohl Rousseau von der Unterscheidung zwischen den Damen der Gesellschaft und den übrigen
Frauen ausgegangen war, hatte er sich doch nicht mit der nöti-
gen Konsequenz an diese Distinktion gehalten und lieferte so
der frauenfeindlichen Reaktion die ideologischen Waffen. Die
Aufgabe, diese Reaktion bis in die Einzelheiten hinein zu defi-
nieren, hat die Französische Revolution übernommen.

Im November des Jahres 1793 sah sich der Konvent, die Ver-
sammlung der französischen Volksvertreter, auch mit der Frau-
enfrage konfrontiert und kam dabei zu dem Schluß, daß den
Frauen „die moralische und physische Kraft" fehle, um politische Rechte wahrnehmen zu können. Die Frauen wurden deshalb von allen politischen Rechten ausgeschlossen. Schon zwei
Jahre zuvor hatte ein junger Offizier, der ein begeisterter Leser
von Rousseau war, das Problem an der Wurzel gegriffen und
sich gefragt: „Was ist die Liebe?" Die Liebe sei abzulehnen,
war seine Antwort, da sie nicht nur der Gesellschaft, sondern
auch dem Glück des einzelnen schädlich sei. Als Napoleon Bo-

naparte – dies der Name des jungen Offiziers – dann Erster Konsul wurde, erließ er unverzüglich einen Aufruf gegen den Selbstmord aus Liebesgründen. Werther und Ortis waren in die Illegalität gedrängt. Und im *Code Civil,* dem bürgerlichen Gesetzbuch, das Napoleon 1804 als Kaiser der Franzosen erließ, heißt es in Art. 312: ,,Der Mann ist seiner Frau Schutz, die Frau ihrem Mann Gehorsam schuldig.''

Eine historische Periode war zu Ende gegangen, eine neue Epoche zog herauf. ,,Ich habe eine wahre Leidenschaft zu gehorchen, und nichts könnte mich so glücklich machen, als wenn Du mich beherrschen wolltest'', schrieb nur wenig später Wilhelm von Humboldt an die Frau, die er liebte und die nicht seine Geliebte, sondern seine Gattin war. Der Ausspruch Liselottes von der Pfalz war ins Gegenteil verkehrt, die eheliche Liebe plötzlich zu Ehren gekommen. Die Damen waren zwar wieder von den Staatsgeschäften ausgeschlossen, aber sie durften immer noch ein wenig kommandieren, wenn auch nur den Ehegatten. Schlegel hatte das neue Liebesevangelium 1799 im Roman *Lucinde* verkündet, aber das, was als romantische Liebe in die Geschichte eingehen sollte, war in Wirklichkeit nur die altbekannte ehebrecherische Liebe, diesmal in häuslichem Gewand. Im Bett mußte sich die Ehefrau in eine Geliebte verwandeln, wenn sie ihren Gatten zufriedenstellen wollte. Im zweiten Abschnitt der *Lucinde,* der von den geschlechtlichen Beziehungen handelt, kehrt denn auch prompt das erotische Pferd wieder, ein Zugeständnis, das gemacht werden mußte, wollte man Ehe und Sexualität in Einklang bringen und der ehelichen Treue neue Kraft verleihen. Der eigentliche Preis war aber ein anderer. Madame de Staël hat ihn nicht ohne einen Anflug von Zynismus in ihrem Buch über Deutschland beschrieben: ,,Man tut recht, wenn man die Frauen von den politischen und staatsbürgerlichen Angelegenheiten ausschließt ... Doch wenn die wahre Bestimmung der Frauen die Hingabe an die eheliche Liebe ist, dann ist der Lohn für diese Hingabe die feste Treue dessen, der der Gegenstand dieser Liebe ist.'' Hegel hat, wie es seine Art war, das Literatengeplauder aus dem Himmel der Idealität wieder auf die Erde geholt und das ganze Problem mit der ihm eigenen Nüchternheit auf seine wahre Dimension zurückge-

· führt. In den *Grundlinien der Philosophie des Rechts* schrieb er (§ 166), daß der Mann „sein wirkliches substantielles Leben im Staate, in der Wissenschaft u. dergl." habe, die Frau aber in der Familie. Die romantische Liebe blieb denn auch tatsächlich ein Jungmädchenideal. In der konkreten Wirklichkeit der familiären Beziehungen sahen die Dinge ganz anders aus. Das Reiten blieb nach wie vor die Leidenschaft der Damen der Gesellschaft. Aber sie ritten auch jetzt noch nicht in Begleitung des Ehemannes, sondern zogen die des Geliebten vor.

Ein amüsanter Stich des Engländers Thomas Rowlandson mit dem Titel *Departure of the Husband* (um 1815) illustriert mit praller Anschaulichkeit die Lage der Dinge. Die Szene spielt in einer Hafenkneipe, wo eine mit Juwelen und Federn geschmückte Dame auf einem verdutzt dreinschauenden Matrosen reitet, während sie mit einem Taschentuch dem fortsegelnden Gatten den letzten Abschiedsgruß nachwinkt. Der Hund, der zu Füßen des Paares kauert, ist eine Anspielung auf die von der Dame so leichtfertig gebrochene eheliche Treue.

Auch nachdem die Französische Revolution mit den Damen abgerechnet hatte, blieb das erotische Pferd also zweifellos weiter im Gebrauch, nur sprach man nicht mehr viel davon. In all dem Gerede über die Sexualität, von dem das 19. Jahrhundert so voll ist, läßt es sich nur schwer ausmachen. Man muß schon einigermaßen ungewöhnliche Quellen – wie z. B. die jüngst publizierten erotischen Exlibris der Belle Epoque oder aber die von der Wiener Zeitschrift *Anthropophyteia* in den ersten Jahren unseres Jahrhunderts durchgeführte Untersuchung über den erotischen Wortschatz Europas – heranziehen, wenn man ihm auf die Spur kommen will. Das alte Verbot hatte zweifellos wieder an Kraft gewonnen. Der Generalvikar des Erzbistums Paris wiederholte es ausdrücklich in seiner 1870 veröffentlichten Schrift *De rebus venereis ad usum confessorum*.

Selbst im 20. Jahrhundert war das Verbot noch so stark, daß Havelock Ellis sich veranlaßt sah, die völlige Unschädlichkeit des erotischen Pferdes auch wissenschaftlich zu belegen. Aber der Sexualforscher, der sich aufgemacht hatte, „das Schlafzimmer zu liberalisieren", vergeudete seine Mühe. Sein gefährlichster Feind, der alte Verbündete der Kirche, hatte mit geschick-

ter Taktik die Stellung gewechselt und war nicht mehr dort, wo
er vermutet wurde. Der berühmte Psychiater Albert Moll, einer
der Lieblingsschüler Krafft-Ebings, besorgte im Jahre 1923 eine
neue, überarbeitete Auflage von der *Psychopathia sexualis,* dem
Standardwerk des Meisters, in der er ausdrücklich darauf aufmerksam machte, daß die kontroverse Stellung nicht Ursache
der Krankheit, sondern ihr Sympton sei. Mochte der Brite mit
noch so beredten Worten die Vorzüge des erotischen Pferds
preisen, in den Augen des Deutschen war der „*succubus*" ein
Masochist, der ärztlicher Behandlung bedurfte. Doch wenn der
Seelenarzt hier den theologischen, aus der Dämonologie stammenden Terminus verwendet, deckt er unbewußt seine Karten
auf.

„In der unteren Bretagne pflegt man zu sagen, daß ein Kind,
welches von einer Frau, die *in coitu* oben gelegen hat, zur Welt
gebracht worden ist, als Erwachsener Priester wird." Wir entnehmen dieses Zitat dem Artikel *kélek* (Priester) im 1884 erschienenen *Glossaire cryptologique du Breton.* Der hier ge-
brauchte lateinische Ausdruck ist bezeichnend für eine Zeit, in
der der Folklorist gezwungen war, zur Anonymität seine Zuflucht zu nehmen. Das Volk wischt hier mit ein paar knappen
Worten die ganze jahrtausendalte Diskussion über das Oben
und das Unten vom Tisch, denn es sagt: Der Priester ist der
Hüter der bestehenden Ordnung, die auf der Ungleichheit der
Geschlechter basiert, und jeder Verstoß gegen diese Ordnung
fordert die Strafe heraus, die ihr nach dem Gesetz der Wieder-
vergeltung entspricht. Die Frau, die es wagt, die Hierarchie der
Geschlechter auf den Kopf zu stellen, wird damit bestraft, daß
sie den Hüter dieser Hierarchie gebären muß. Daß in den europäischen Märchen vom schwangeren Mann der Geistliche oft
als der Untenliegende erscheint und gerade durch diesen Umstand von seiner Schwangerschaft überzeugt wird, ist eine letzte
Bestätigung des Gesagten.

# Dritter Teil

## I.

### 1. Bauer gegen Mönch

In der afrikanischen Folklore kommt das Motiv des schwangeren Mannes recht häufig vor. Denise Paulme hat ihm ein ausführliches Kapitel in ihrem Buch *La mère dévorante* gewidmet. Hauptfigur der afrikanischen Märchen dieses Typs ist gewöhnlich der kleine Schelm, ein Kind, das die Macht des Vaters oder (noch häufiger) des Stammeshäuptlings herausfordert und mit seiner List den Sieg über die Vatergestalt davonträgt. Mit seiner Herausforderung will das Kind die Anmaßung des Vaters entlarven, der das Kind unter dem Vorwand, es geboren zu haben, als sein Eigentum betrachtet. Dem kleinen Schelm geht es darum klarzustellen, daß dem Kampf des Vaters mit der Mutter um den Besitz des Kindes jede biologische Grundlage fehlt, da das Kind den Gesetzen der Natur zufolge von Mann und Frau gemeinsam geschaffen wird und die einzige Voraussetzung dafür die Komplementarität der Geschlechter bildet. „Ein Mann kann nicht gebären, eine Frau nicht zeugen", schreibt Denise Paulme abschließend.

In den afrikanischen Märchen spricht diesen Satz gewöhnlich das Kind selbst aus. Zuweilen wird das gleiche Erzählschema auch auf Tiermärchen übertragen. In diesem Falle übernimmt der Hase die Rolle des kleinen Schelms. In den entsprechenden europäischen Märchen kommt die Figur des kleinen Schelms hingegen nicht vor. Zuweilen – freilich sehr selten – tritt die Tochter auf, obwohl die Figur der Tochter in den mittelalterlichen Versionen des Folkloremotivs, wie die zweite Äsopische Fabel erkennen läßt, keine geringe Bedeutung gehabt haben dürfte. Darüber hinaus wird die Schlußfolgerung, die der kleine

Schelm in den afrikanischen Märchen zu ziehen pflegt, in den
europäischen meist nur andeutungsweise und oft dermaßen verschlüsselt ausgesprochen, daß manche Teile der Aussage völlig
rätselhaft bleiben. Von ein paar allbekannten Ausnahmen
abgesehen, hatte Afrika in all seinem Unglück Europa gegenüber doch wenigstens den Vorteil, daß es erst spät in den Sog
der christlichen Kultur geraten ist. Die Auswirkungen dieser
Kulturübertragung auf die innergesellschaftlichen Verhältnisse
waren dementsprechend gering, jedenfalls kaum zu vergleichen
mit der strengen Kontrolle, die das Christentum seit dem frühen Mittelalter über die europäische Gesellschaft ausgeübt hat.

Statt des Menschenkindes kommt in den europäischen Märchen allenfalls ein Tierkind vor: die Küchenschabe, der Käfer,
der Hase, der Fuchs oder das Kalb. Das Märchen vom Geistlichen, der glaubt, ein Kalb geboren zu haben, ist von allen Märchen dieses Typs am weitesten verbreitet. Wir begegnen ihm
vor allem in Mittel-, Nord- und Osteuropa. In Deutschland, in
den skandinavischen und baltischen Ländern, in Finnland,
Rußland und Polen sind zahlreiche Varianten dieses Märchens
aufgezeichnet worden. Zum ersten Mal ist es Anfang des
16. Jahrhunderts in der Sammlung von Schwänken des deutschen Humanisten Heinrich Bebel belegt. Hier die *De quodem
monacho* betitelte Geschichte:

*Ein Bettelmönch – es war der Melkbruder – mußte einmal
unterwegs in einer Scheune auf dem Stroh übernachten, weil der
Bauer zu arm war, um ihm ein besseres Lager bieten zu können.
Es war aber sehr kalt, und deshalb hatte der Bauer ganz in die
Nähe des Mönchs ein neugeborenes Kalb in die Scheune gelegt.
Des Nachts träumte der Mönch, er selbst habe dieses Kalb geboren, und als er plötzlich aus dem Schlaf erwachte, glaubte er, der
Traum sei Wirklichkeit. Da bekam er es mit der Angst zu tun
und in seiner Verzweiflung nahm er das Kalb, warf es in den
Brunnen und lief davon. Als der Bauer den Vorfall entdeckte,
klagte er den Mönch bei seinen Oberen des erlittenen Schadens
wegen an. Der Mönch wurde gezwungen, ihm den Schaden zu
ersetzen und kam auf diese Weise in aller Munde. Man hat mir
gesagt, daß sich diese Geschichte tatsächlich ereignet hat.*

Bebel will die Geschichte, wie er im letzten Satz angibt, auf mündlichem Wege erfahren haben, und wir können ihm auch ohne weiteres Glauben schenken, denn als Bauernsohn war Bebel an der Folkloreüberlieferung seines Landes lebhaft interessiert. Trotz des Humanistenlateins, in das er seine Geschichten gekleidet hat, gelten diese doch allgemein als echtes Volksgut. Die Übereinstimmungen zwischen der von Bebel erzählten Geschichte und dem Wunder der Heilung des Wassersüchtigen im Lukasevangelium sind unübersehbar. Waren dort Sohn und Ochse aus dem Brunnen gezogen worden, um ihnen das Leben zu retten, so wird in Bebels Schwank ein Kalb in den Brunnen geworfen, um den Mönch vor der Schande zu bewahren, ein Kalb geboren zu haben. Sohn und Ochse, die im Evangelium eng miteinander assoziiert sind, werden in Bebels Geschichte durch das Kalb ersetzt und vertreten, während der Mönch Christus vertritt, dessen Priesteramt er fortsetzt. Die Metapher der Erlösung wird im Märchen aber mit äußerstem Sarkasmus parodiert und auf den Kopf gestellt. Um sich selbst zu retten, opfert der Mönch das Kalb und wirft es in den Brunnen.

Nach einer Unterbrechung von mehreren Jahrhunderten kehrt diese Parodie auf die Erlösung in den finnischen Versionen des Folkloremotivs wieder. Die Schärfe der Polemik hat hier aber eher noch zugenommen. In den finnischen Märchen glaubt der Geistliche, ein Kalb geboren zu haben, während die Leute ihrerseits glauben, daß das Kalb den Geistlichen gefressen hat. Sie halten das Kalb für eine Ausgeburt des Teufels und rufen einen zweiten Geistlichen zur Hilfe, der sich daranmacht, dem Kalb den Teufel auszutreiben. In einer der Versionen spielen sich die Dinge folgendermaßen ab:

*Das Kalb wurde herausgebracht, und der Geistliche nahm die Bibel in die Hand, um es zu beschwören. Das Kalb machte ‚pook‘ und rannte, das Maul vorgestreckt, auf den Geistlichen zu, als ob es das Euter suchte. Der Geistliche erschrak, stellte sich vor das Kalb und beschwor es mit der Bibel, während er immer weiter zurückwich. Zum Schluß stürzte der Geistliche rücklings in den alten Brunnen und das Kalb hinter ihm her, immerzu ‚pook-pook‘ blökend. Die Leute schleppten Steine herbei, füllten damit den Brunnen und sagten: ‚Es macht nichts, wenn auch der Geistliche in den Brunnen gefallen ist. Die*

*Hauptsache, wir sind das Teufelskalb los. Es hätte uns sonst alle gefressen, denn es hat ja auch den Geistlichen fressen wollen.*

In diesem finnischen Märchen fällt also der Geistliche zusammen mit dem Kalb in den Brunnen, um die anderen zu retten. Die Geschichte nimmt deshalb ein so tragisches Ende, weil das Kalb, taub gegenüber allen Beschwörungen, einzig das Euter der Kuh sucht. Das Kalb tut hier also genau dasselbe wie der kleine Schelm der afrikanischen Märchen: Es macht auf Kälberart darauf aufmerksam, daß nicht der Vater, sondern die Mutter das Kind hervorbringt, wenn auch mit Zutun des Vaters. Im europäischen Raum fiel der Schatten der Kuh immer irgendwie auf den kalbenden Geistlichen. Als weiteres Beispiel möge eine merkwürdige, recht amüsante Begebenheit angeführt werden, die hier noch einmal erzählt werden soll.

Im Jahre 1522, nur wenige Jahre nach der Veröffentlichung von Bebels Schwänken, fand sich in Freiberg im Erzgebirge bei einer Schlachtung in der Kuh eines Bauern ein Fötus von merkwürdigem Aussehen, der in auffälliger Weise einem Mönch ähnlich sah. Das Fell glich einer Kutte, und auf dem Kopf zeichnete sich deutlich die Tonsur ab. Niemand zweifelte am Bericht der Schlächter, und in Kürze machte die Geschichte von der wundersamen Auffindung des Mönchskalbs die Runde in ganz Deutschland. Ein Hofastrolog interpretierte in Prag, wohin man den Fötus gebracht hatte, das Wunder als ein Zeichen dafür, daß Gott Luthers Polemik gegen die Ordensgeistlichkeit mißbillige. Eine Flugschrift, auf der das Mönchskalb abgebildet war, wurde in Umlauf gebracht. Luthers Entgegnung ließ nicht auf sich warten. Auch seine *Deutung des Mönchskalbs zu Freyberg* wurde flugschriftlich verbreitet; ein Holzschnitt, der Lucas Cranach zugeschrieben wird (*Abb. 19*), hält ebenfalls das Mönchskalb im Bilde fest. Ein heißer Disput begann, in den zahlreiche Gelehrte eingriffen. In Freiberg selbst bemächtigte sich die Muse des Volks der merkwürdigen Begebenheit. Sie lieferte den Stoff zu einem Spottlied auf die Geistlichkeit, die darüber derart in Harnisch geriet, daß sie im Jahre 1525 von der Obrigkeit das Verbot des Liedes erreichte. Dieses selbst ist leider nicht überliefert, aber alles weist darauf hin, daß die Episode des Mönchskalbs hier irgendwie mit dem damals in Deutsch-

19. Lucas Cranach, Das Mönchskalb

land zirkulierenden Märchen vom kalbenden Mönch in Verbindung gebracht wurde. Die Geschichte des Mönchskalbs ist
letztlich ja nur die Umkehrung des Märchens vom kalbenden
Mönch und will besagen: Nicht der Mönch gebiert das Kalb;
allenfalls gebiert die Kuh den Mönch.

## 2. Handwerker gegen Bauern

Hans Sachs, Schuster, Lutheraner und Freizeitdichter von geradezu erschreckender Fruchtbarkeit (sein Werk zählt an die
sechstausend Titel!), hat sich mehrmals vom Motiv des schwangeren Mannes zu schriftstellerischem Fleiß anregen lassen. Seine
Hauptquelle war Boccaccios Novelle vom schwangeren Calandrino – auch in Deutschland durch Übersetzungen bekannt
–, die Sachs für mehrere seiner Stücke zur Vorlage diente. Ein
direkter Einfluß der Folklore ist jedoch nur in einem Schwank
mit dem Titel *Der schwanger bawer mit dem fül* aus dem Jahre
1559 erkennbar, ein Stück, das die letzte und besonnenste Phase
von Sachsens gequälter Auseinandersetzung mit diesem Thema
darstellt. Das Füllen (an Stelle des Kalbes), mit dem der Bauer
schwanger geht, der Hase, der im Augenblick der befreienden
Defäkation davonspringt, der Versuch, ihm nachzusetzen mit
dem Versprechen, ihm mütterliche Pflege angedeihen zu lassen,
der Stolz, ein so schnelles Tier geboren bzw. abgetrieben zu
haben – das alles sind Motive, die eindeutig der Folklore entnommen sind und in den deutschen Versionen des Themas stets
aufs neue wiederbegegnen, bei Boccaccio aber gänzlich fehlen.
Im Schwank des Nürnberger Meistersingers bleibt aber trotzdem das wichtigste Element von Boccaccios Novelle erhalten,
nämlich der unüberbrückbare Antagonismus zwischen Stadt
und Land, der von der zynischen Verachtung der Städter für die
Bauern gespeist wird.

Im Gegensatz zur florentinischen Novelle spielt der Schwank
jedoch nicht in der Stadt, sondern auf dem Land, und drei der
vier Personen des Stücks sind Landbewohner: der Bauer, seine
Frau und sein Knecht, drei arme Schlucker, deren einziger
Reichtum der Wind ist, der durch die Ritzen des Hauses fegt,
was den Bauern aber nicht davon abhält, von Frau und Knecht,
die das elende Leben mit ihm teilen, unbedingten Gehorsam zu
fordern. Der erbärmlichste Hungerleider des Quartetts ist aber
die vierte Person des Stücks, der jüdische Arzt. Mit der Ausge-
staltung seiner Figur hat sich der biedere Meistersinger aus
Nürnberg ganz besondere Mühe gegeben: Weder mit Wissen

noch mit Geld belastet, hatte sich der Jude Isaac zunächst mit Wahrsagereien und allerlei Zauberkünsten recht und schlecht auf Kosten der Bauern durchgeschlagen. Deren Leichtgläubigkeit Ammenmärchen jeglicher Art gegenüber rechtfertigte seine Gaunereien voll und ganz, und es bestand kein Grund, Anstoß daran zu nehmen. Da Isaac des stillschweigenden Einverständnisses seiner städtischen Zuschauer sicher ist, rühmt er sich auf der Bühne denn auch ganz öffentlich seiner Betrügereien und erzählt augenzwinkernd dem Publikum, wie oft und wie lange er schon die Bauern ,,beschisn und trogen'' habe. Ein derartiges Metier war andererseits nicht ganz ungefährlich. Nicht immer war es dem schlauen Juden gelungen, die richtige Voraussage zu treffen, und da hatte man ihm wohl schon einmal die Rechnung mit der Heugabel beglichen. Isaac hatte mehrmals diese unangenehme Erfahrung gemacht und deshalb beschlossen, den Beruf zu wechseln. Jetzt war er als Arzt tätig, wenn auch seine einzige Kunst darin bestand, als Allheilmittel für jegliche Art von Krankheit ein mörderisches Abführmittel zu verabreichen, das manchen einfältigen Bauerntölpel schon ins Jenseits befördert hatte. Aber war nicht auch dies völlig normal? Hatten nicht seit Jahrhunderten Theologen und Prediger, hierin von Papstbullen und Konzilsdekreten immer wieder bestätigt und unterstützt, vor der jüdischen Heilkunst gewarnt und sie als Teufelswerk bezeichnet? Christen hatten sich deshalb gefälligst von jüdischen Ärzten fernzuhalten (eine Ausnahme konnte allenfalls für Könige, Päpste, Fürsten und Prälaten gemacht werden, die sich bekanntlich allen Warnungen zum Trotz mit großem Profit von jüdischen Ärzten behandeln ließen). Schließlich war es auch kein Geheimnis, daß jeder jüdische Arzt sich förmlich dazu verpflichten mußte, einen gewissen Prozentsatz seiner unvorsichtigen christlichen Patienten umzubringen (die Universität Wien schätzte, wenigstens einen von zehn). Selbst Luther hatte in einem seiner antisemitischen Alterspamphlete ausdrücklich davor gewarnt, jüdischen Ärzten Vertrauen zu schenken. Konnte bei dieser Lage der Dinge ein rechtschaffener Nürnberger Schuster mit literarischen Ambitionen da anderes tun, als in diesen Chor miteinzustimmen? Aber wenn der Jude, der in Sachsens Schwank durchaus realitätsgetreu geschildert wird, nämlich als der Paria, der er in Wirklichkeit war, sich des Zynismus schuldig macht, wie steht es dann mit den anderen drei Personen des Stücks, die schließlich Christen und obendrein noch reformierte Christen sind? Sind sie etwa besser als der Jude? Den gleichen elementaren Zynismus wie der Jude trägt auch der Knecht zur Schau, ein roher Kerl, bei dem Dummheit und Bosheit sich die Waage halten und der auf die Wirksamkeit des Purgativs hofft, um sich seines Herrn zu entledigen und dessen Frau heiraten zu können. „Ein blinder findt offt ein huffeisen", verkündigt er protzig dem Publikum und knüpft mit dem Juden einen Dialog an, in dem es von den in der antibäuerlichen Satire so beliebten Gemeinplätzen über die Bauern nur so wimmelt.

In diesem Gaunerspiel, in dem der Bauer von allen seinen Widersachern eingekreist wird, spielt auch Greta, seine Frau, ihren Part, da sie sich schließlich bereit erklärt, ihren Mann in der eitlen Illusion zu belassen, ein reinrassiges Füllen geboren zu haben. Doch bleibt die Figur der Bäuerin farb- und konturenlos. Greta wird als eine Frau dargestellt, die vom häuslichen Einerlei völlig ausgelaugt ist und von nichts anderem als von Haferbrei und Rübensuppe zu reden weiß. Daß der Bauer sexuell mit ihr verkehrt, ist kaum vorstellbar. Als der Knecht dem Bauern triumphierend die Hiobsbotschaft seiner Schwangerschaft verkündet, läßt dieser, in treuer Anlehnung an das von Boccaccio vorgezeichnete Schema, seine Wut zunächst einmal an seiner Frau aus. „O alta", schreit er sie an, „du bist schuld! Kom ich von dem fül nach den tagen, so wil ich dir dein Kopf zerschlagen." Worin diese Schuld besteht, sagt er jedoch nicht, und ohne die Kenntnis der Novelle Boccaccios könnten wir es auch nicht erraten: Greta hat offensichtlich wie Tessa beim Koitus immer oben liegen wollen. Doch die genitale Sexualität hat in diesem Schwank wenig zu suchen. Die einzige hier zugelassene Form von Sexualität ist die Analerotik, und diese steht in engem Zusammenhang mit den Exkrementen des Bauern. Seine eigentliche Schuld – eine Schuld, die so groß ist, daß sie mit der Schwangerschaft bestraft werden muß – besteht ja letztlich darin, daß er sich wie ein Kind weigert, die Afterschließmuskeln zu kontrollieren. Die Hemmungslosigkeit, mit der er sich dem Geschäft der Defäkation hingibt, bietet Anlaß für eine derbe Komik, die unter tosendem Gekrache von Winden und Fürzen die Szene bis zum Schluß beherrscht.

„Ist eine geistig verdumpftere, faulere, gliederstreckendere Form des Christen-Glaubens noch denkbar! als die eines deutschen Durchschnittsprotestanten?", hat sich Nietzsche gefragt. Die Reformation reformierte also recht wenig, sondern führte ganz im Gegenteil das von Weltlichkeit verseuchte Christentum des 16. Jahrhunderts drastisch zu den heiligen Prinzipien des Ursprungs zurück. Freiheit und Gleichheit für alle guten Christen (um die anderen möge sich der Teufel scheren) – aber erst nach dem Tod. Auf dieser Welt harre gefälligst ein jeder auf dem ihm zugewiesenen Platz aus und respektiere die Autorität: die Frauen die ihrer Ehemänner, die Kinder die der Eltern, die Knechte die der Herren. Martin Luther, der große Kämpe der christlichen Freiheit, hatte, gerade was diesen Punkt anbelangt, sehr genaue Vorstellungen, „denn", so stellte er klar, „die tauffe macht nicht leyb und gut frey, sondern die seelen". Mit Hans Sachs betritt der Kleinbürger die Bühne der Geschichte – Europa wird noch Gelegenheit haben, ihn näher kennenzulernen. Goethe schätzte Hans Sachs und bezeichnete ihn als „den schlichten Bürger", als ein „wahres Talent", dessen „leichter Rhythmus" und „sich willig anbietender Vers" ihm nach eigenem Eingeständnis bei mancher Gelegenheit zum Vorbild gedient hatten. Spricht jedoch schon Goethe mit solcher Anerkennung von Sachs, so braucht es nicht zu verwundern, wenn Wagner die Kunst des biederen Nürnberger Meistersingers geradezu in den Himmel jubelt. „In der rohen Kunst unseres Volksdichters" waren seiner Meinung nach bereits die Keime „zur allerhöchsten Idealität enthalten".

## 3. Bauern gegen Handwerker

Ein dänisches Märchen mit dem Titel *Das menschenfressende Kalb* ist in Jütland aufgezeichnet und 1890 von Ewald Tang Kristensen veröffentlicht worden. Es folgt deutlich dem Erzählschema des in ganz Europa verbreiteten Märchens vom kalbenden Geistlichen, obwohl die Hauptperson hier kein Geistlicher, sondern ein Schuster ist. Als Beweis dafür kann ein deutsches, 1855 in Hessen aufgezeichnetes Märchen mit dem Titel *Der Fuhrmann* dienen, in dem die Spuren des Übergangs zwischen den beiden Phasen noch deutlich erkennbar sind. Hier ist die Hauptperson ein Fuhrmann, der sich ebenso wie der Geistliche einbildet, das Kalb, das er in der Scheune beim morgendlichen Erwachen neben sich liegen sieht, zur Welt gebracht zu haben. Während der befreienden Flucht findet der Fuhrmann in einem Kloster Unterschlupf und wird dort zum Pförtner bestellt. In Mönchskleidern verläßt er dann das Kloster wieder und gelangt an den Hof eines Fürsten, wo er schließlich in der Schloßkirche vor dem versammelten Hofstaat predigen soll. Der schlaue Fuhrmann zieht sich mit Hilfe einer Zeichensprache von Rabelais'scher Manier aus der Klemme (wem käme nicht der berühmte Disput Panurgs mit dem Engländer in den Sinn?), und der Zufall will es, daß er bei dieser Gelegenheit dem Fürsten und seinen Höflingen das Leben retten kann. Da er nicht weiß, was und wie er predigen soll, winkt der falsche Mönch zunächst zweimal langsam mit der Hand in Richtung des Hofstaats, aber als dieser keine Reaktion zeigt und man erwartungsvoll auf ihn blickt, gestikuliert er so heftig, daß alle meinen, er wolle sie zur Flucht auffordern, und sie eilends die Kirche verlassen: „Der Herzog war mit einem Satz aus dem Gestühl. Der Hofstaat stürzte hinter ihm her, und kaum hatten sie alle mit der größten Geschwindigkeit die Kirche verlassen, da brach auch schon das ganze herzogliche Gestühl zusammen, so daß sie alle von den Balken und Brettern und dem, was herabstürzte, erschlagen worden wären, hätten sie noch drinnen gesessen". Ein wahres Wunder, das ein Unglück wie jenes verhinderte, das sich im 15. Jahrhundert vor den Augen von Luigi Pulci, dem Dichter des *Morgante*, in einer Kirche im umbrischen Foligno abgespielt hat. Damals war der Mönch, bevor das Unglück seinen Lauf genommen und die Gläubigen unter den Trümmern begraben hatte, „mit geschlossenen Füßen wie eine Katze" von der Kanzel gehüpft. Es kommt nicht oft vor, kommentierte Pulci mit dem ihm eigenen bissigen Witz das traurige Ereignis, „daß schon bei der ersten Predigt die Falle zuschnappt". Es war also wohl doch ein Unterschied, ob ein echter oder ein falscher Mönch auf der Kanzel stand!

Auch in einer anderen Version des Motivs ist die Hauptperson ein Handwerker. Es handelt sich in diesem Fall um den anonym überlieferten, mittelhochdeutschen Text mit dem Titel *Der Müller mit dem Kinde,* von dem schon oben die Rede war. Er steht zeitlich, wie nachgewiesen worden ist, der Erzählung des Zwingäuers sehr nahe, und auch die Handlung nimmt, von wenigen Ausnahmen abgesehen, einen ähnlichen Verlauf. Das Dreieck Herr-Knecht-Frau ist das gleiche, nur daß der Herr hier nicht mehr ein Mönch, sondern ein reicher Müller und das zur Welt gebrachte Tier kein Hase, sondern eine Schwalbe ist. Die Abtreibung wird nicht durch Prügel, sondern durch eine heftige Stuhlentleerung bewirkt, da der Müller auf Einladung der Frau, die ihn gegen Entgelt in die Geheimnisse der Liebe einführen soll, einen ganzen Topf Honig ausgeschleckt und sich daran den Bauch verdorben hat. Drei alte Weiber aus dem Dorf, die im Geruch der Zauberei stehen (*unhulde*), helfen dem Müller bei der Geburt und haben ihren Spaß an dem Streich, dem der einfältige Müller zum Opfer fällt.

Ein Schneider ist hingegen der Protagonist eines unveröffentlichten Märchens, das 1897 in Unterfranken aufgezeichnet worden ist.

Die Verwandlung des ursprünglich geistlichen Protagonisten in einen Handwerker – einen Schuster, Fuhrmann, Müller oder Schneider – bedarf der Erklärung. In allen vier Fällen handelt es sich um eine gesellschaftliche Figur, die in starkem Antagonismus zur bäuerlichen Welt steht. Alle diese Handwerker leben auf dem Land und profitieren von der gesellschaftlichen Arbeitsteilung, denn sie beziehen ihren Verdienst aus dem Verkauf von Gütern und aus Dienstleistungen, die sie sich von den Bauern teuer bezahlen lassen. Aber nicht nur dies: Trotz der unterschiedlichen ökonomischen Situation, in der sie sich befinden – sie reicht vom Wohlstand des Müllers bis hin zur tiefsten Armut des Schusters und des Fuhrmanns –, haben sie doch fast immer einen Gehilfen, auf den sie die schwersten Arbeiten und alles Ressentiment über die Widerwärtigkeiten des Lebens abladen können. Im dänischen Märchen wird ausdrücklich gesagt, daß der Lehrling des Schusters kein leichtes Leben hat: „Der Stock tanzte fröhlich auf seinem Rücken und Hunger litt er noch mehr als ein Rabe". Im zweiten deutschen Märchen ist der Gegenspieler des Schneiders ein Kuhhirte. Dieser rät dem Mann, den Harn des Schneiders, den er zum Doktor bringen soll und verschüttet hat, durch das Wasser einer seiner Kühe zu ersetzen. Bauern, Knechte und Lehrlinge sind die naturgemäßen Antagonisten dieser Handwerker. Die Frauen, die in der Geschichte des schwangeren Müllers eine so große Rolle spielen, treten in den anderen Märchen nicht auf. Aber ihre Gegenwart ist im Hintergrund dennoch spürbar als der negative Pol, der das Entsetzen und die Scham der Handwerker über den degradierenden Zustand der Schwangerschaft motiviert. Das Motiv des schwangeren Mannes bewahrt also durch die Jahrhunderte hindurch seine gesellschaftlichen Valenzen und hört nicht auf, die Macht zu denunzieren – eine Macht, die auf der hierarchischen Stufenleiter durch den Befehlsstachel von Stufe zu Stufe weitergegeben wird. So elend ihre Lage auch sein mag, die Handwerker in den Märchen haben dennoch stets jemand, an dem sie Ärger und Mißmut auslassen können, und sind weder Lehrlinge noch Knechte zur Stelle, so bleibt doch immer noch die Frau, und sei es nur, um einen beruhigenden Vergleich anstellen zu können.

## 4. „Der schwangere Knabe". Eine humanistische Fazetie

*Der Knabe eines hochgestellten Päderasten liegt mit einer schweren Krankheit darnieder. Der Ackermann, der um sein Feld fürchtet, läßt den Arzt rufen. Der kommt auch sofort, fühlt den Puls und untersucht den Harn. Aber es ist nicht der des fiebernden Knaben, sondern der der Tochter des Herrn, die vielleicht aus purem Zufall oder aber in der Absicht, zu ihrem Vergnügen die Glaubwürdigkeit der ärztlichen Kunst in Frage zu stellen, ihren eigenen Urin mit dem des Knaben vertauscht hat. Der schlaue Äskulap entdeckte den Betrug, und da er nicht zulassen wollte, daß der Schabernack gelänge, sagte er: ‚Betrügt ihr mich etwa oder aber – welche Schande! – treibt ihr euer Spiel*

mit den Gaben der Götter? Uns kann kein Betrug entgehen.
Dieser Urin, das sage ich euch frei heraus, enthält alle Zeichen
einer zukünftigen Geburt.' Das Mädchen aber, eine kleine Heilige, die ihrem tugendsamen Vater in nichts nachstand, pflegte
ihren Appetit durch heimliche Liebschaften zu stillen und hatte
nun den Bauch davon voll, verbarg jedoch sorgfältig diese Fa-
milienschande. Der dumme kleine Liebesknabe indessen glaubt,
es sei von ihm die Rede und wirft dem Herrn vor: ‚O weh,
genau dies habe ich immer schon gefürchtet und mehr als einmal
habe ich euch vorausgesagt, daß ihr mich eines schönen Tages
schwängern würdet.' Der Arzt, an allem unschuldig, vernimmt
mit hämischem Gelächter die Worte des Epheben. Dem lästerli-
chen Schänder hingegen fliegt, ihm wohl bewußt, die Röte übers
Gesicht. Er bebt, schwankt und zittert wie ein Schiff im Sturm,
denn ein einziger, zufällig ausgesprochener Satz bringt seine
Missetaten wie die Schande der Tochter ans Licht.

Gewiß, eine jede gesellschaftliche Figur spielt ihre Rolle, die
Herde der Sklaven ebenso wie der König, der Priester, der Ple-
bejer und der Ritter. Doch die Wahrheit zwingt die Zunge,
vielleicht ohne es zu wissen, die Geheimnisse, Betrügereien und
Laster der Sterblichen zu offenbaren. Die Stummen sprechen
und die Unwissenden erteilen Unterricht.

Das Schema der zweiten lateinischen Äsopischen Fabel mit
ihren drei handelnden Personen, dem Mädchen, dem Vater und
dem Arzt, ist in dieser Fazetie des florentinischen Humanisten
Poggio Bracciolini auch hinter den Verschiebungen und Zufü-
gungen des Autors leicht erkennbar. Die größte Neuerung gegenüber dem Vorbild besteht darin, daß hier die Figur des Mädchens durch die Einfügung der Figur des Knaben verdoppelt
wird. Der Knabe, hier zum ersten Mal auftretend, ist der Geliebte des Vaters, von dem er auch einige Merkmale übernimmt,
denn nicht mehr der Vater, sondern der Knabe ist jetzt der
törichte Kranke, der an seine Schwangerschaft glaubt. Das
schwangere Mädchen ist hingegen bei Poggio nicht mehr ein
Unglücksvogel wie in der Äsopischen Fabel, sondern ein unver-
frorenes, liederliches Ding, das den Arzt zum besten hält und
auf die väterliche Autorität pfeift. Und dies ganz zu Recht,
denn der Vater ist ein wollüstiger Päderast, dem der schwülstige

Habitus des Moralisten übel anstehen würde. Das Interesse des
Autors verlagert sich deshalb ganz auf das Laster des Vaters, die
Sodomie, der gegenüber die Schande des Mädchens ins zweite
Glied zu rücken scheint. Die Logik, die all diesen Verschiebun-
gen zugrundeliegt, ist florentinisch.

Nach Florenz weisen nämlich zwei neue Elemente: die Verhöhnung des Arztes und die Bloßstellung des Sodomiten, zwei
Motive, die in Florenz einen festen Bestandteil der sogenannten
,,volkstümlichen" Literatur bildeten. Poggio setzt sich indes
von dieser Tradition ab, indem er dem Arzt sein berufliches
Prestige zurückerstattet, aber nicht nur allein dadurch. Die Florentiner Literaten pflegten gewöhnlich die Sodomiten von
Rang, die Reichen und Mächtigen, die ihre abseitigen Neigungen diskret zu verheimlichen wußten und sich für jede anzügliche Anspielung bitter rächten, mit ihrem Spott zu verschonen.
Poggio scheint hingegen den Vaterherrn ganz offen angreifen
zu wollen, aber er vermeidet es, ihm einen Namen zu geben,
und weist ihm außerdem einen mittleren Platz auf der gesellschaftlichen Stufenleiter zu. In Anlehnung an Plautus bezeichnet er ihn als ,,Satrap", ein Wort, das den Sodomiten als ein-
flußreichen und wohlhabenden Mann kennzeichnet, dessen
Macht sich jedoch in Grenzen hält: Er ist kein Fürst und auch
kein Kardinal, geschweige denn ein König. Auf Florentiner
Verhältnisse übertragen, heißt das: Er ist weder ein Medici noch
ein Strozzi oder ein Salviati. Der schwangere Mann, die Haupt-
zielscheibe des Spotts und damit auch der Protagonist der Fazetie, ist außerdem nicht der Mächtige, sondern der törichte Knabe, der ihm zu Willen ist. Der Ephebe spricht in quengelig
affektiertem Ton ganz wie ein schwangeres Mädchen und ist
stolz bei dem Gedanken, daß er genau wie eine Frau das Attribut der Fruchtbarkeit sein eigen nennen kann. Diese seine Art,
wie eine Frau zu sprechen, muß in karikaturistischem Sinn verstanden werden. Merkwürdig ist nur, daß der Autor, dem doch
vor allem daran gelegen scheint, seine Pfeile gegen den Mächtigen zu schleudern, zunächst einmal dessen Opfer lächerlich
macht. Da sich jede Karikatur aber auf ein Vorbild bezieht, das
karikiert werden soll, muß dieses Vorbild, soll die Karikatur
ankommen, noch erkennbar sein. In Poggios Fazetie ist dieses

Vorbild nicht nur erkennbar, sondern geradezu übertrieben deutlich. Die Missetaten des Mädchens sind unvergleichlich schwerer und zahlreicher als die, welche ihm die Äsopische Fabel angelastet hatte. Bei Poggio ist das Mädchen der Inbegriff der Lasterhaftigkeit, der dreistesten Zügellosigkeit und Geilheit, die als Auflehnung gegen jede Art von Autorität und Verhöhnung des Wissens zum Ausdruck kommen. Der ganze sprachliche Aufwand, den Poggio hier treibt – hat doch jedes Wort in der Fazetie ein illustres klassisches Vorbild –, dient also einzig dazu, die alte christliche Misogynie wieder einmal aufzuwärmen. Mag die Wahl der Worte auch noch so anspruchsvoll sein, sie verdeckt doch nur mühsam die immer gleiche, altbekannte Ideologie. Eine zweite Fazetie, die Poggio dem Thema des schwangeren Mannes gewidmet hat, mag zum nochmaligen Beweis hierfür dienen.

*Ein Mann, der so dick und korpulent war, daß man ihn für schwanger hätte halten können, ging mitten in einer Schar von Matronen spazieren. Eine von ihnen, die kühner war als die anderen, richtete die Frage an ihn: ,Wie kommt es, Freund, daß du einen so dicken Bauch hast? Sag mir bitte Bescheid, wenn die Stunde der Geburt gekommen ist.' Der Mann entgegnete ihr: ,Wenn ich so oft wie du und noch einmal mehr gefickt worden bin, dann werde ich schwanger sein und auch zur rechten Stunde gebären.' Hörst du, welch eine geziemende Antwort die Frau erhielt, die sich über den dicken Mann lustig machte?*

Die sprachliche Raffinesse der Fazetie vom schwangeren Knaben hat in dieser zweiten kurzen Geschichte einer primitiven, ja grob vulgären Sprache Platz gemacht. In der ersten Fazetie geht die Schande vom Mädchen aus und überträgt sich von diesem auf den Knaben und den Vater. Aber keiner der drei Sünder findet Gnade vor den Augen des humanistischen Moralisten, denn ihre Sünde ist in seinen Augen die gleiche: ein Mißbrauch der Sexualität, die sich der strengen Ordnung der pfäffischen Moralvorschriften entzieht. Die Gerechtigkeit verlangt also, daß alle drei, auch den hochgestellten Päderasten, die gleiche Strafe trifft – es ist dieselbe Gerechtigkeit, die auch Savonarola für alle Sodomiten unterschiedslos die Todesstrafe fordern ließ. Der Scheiterhaufen ist für alle gleich – so lautete die Parole, die von den eifernden Hütern der Moral, waren es nun Geistliche oder Laien, ausgegeben wurde.

Aber sollte es in einer an Geist und Kunst so reichen Stadt wie Florenz, dem neuen Athen des 15. Jahrhunderts, keine Möglichkeit gegeben haben, die Sexualität – und also auch die Homosexualität – unter einem anderen Blickwinkel zu betrachten, als dem von Minderbrüdern und Predigermönchen? Daß diese Dinge tatsächlich auch mit anderen Augen gesehen worden sind, zeigen die *Detti piacevoli* des Poliziano, eine Fazetiensammlung, aus der eine völlig entgegengesetzte Auffassung spricht (als ,,Bilder, Lichtblitze, Zeichen des Lebens – eines Lebens ohne jede transzendentale Finalität –, die in die nackte, drängende Realität des Individuums herabreichen", hat der italienische Literaturkritiker Claudio Mutini diese Sammlung bezeichnet). Hier eine der gedanklich dichtesten Fazetien, die beispielhaft für diese Haltung ist:

*Zu Cosimos Zeiten gab es einen Narren, Uguccione mit Namen; der begegnete einmal Cosimo, als er sich in Begleitung eines Salviati befand, eines klugen Mannes, der aber wegen der Sodomie in ziemlich üblem Ruf stand. Und da sagte er zu Cosimo: ,Rein mit dem Vogel in den Arsch!' Cosimo drehte sich auf der Stelle um und sagte: ,Steck ihn dem da rein, der hat seine Freude daran!' Und Uguccione antwortete: ,Du verstehst es, Cosimo, an Gescheiten wie an Narren dein Vergnügen zu finden.'*

Die beiden Protagonisten der Anekdote gehören in diesem Falle der oligarchischen Oberschicht von Florenz an, und einer von ihnen ist sogar deren höchster Repräsentant, Cosimo de' Medici, der Ältere, ,,Vater des Vaterlandes" genannt. Poliziano nennt ihre Namen jedoch nicht, um sie dem öffentlichen Gespött preiszugeben. Jede moralische Bewertung liegt ihm fern, ebenso wie es ihm fern liegt, Strafen für wen auch immer zu fordern. Er will einzig Tatsachen registrieren, und wenn er von Salviatis üblem Leumund spricht, so gibt er nur das gesellschaftliche Urteil wieder, das einen festen Bestandteil der in der Anekdote beschriebenen Situation bildet. Das ist alles. Die ,,Moral", die Polizianos Fazetien verkünden, ist die, wie Mutini geschrieben hat, ,,daß es auf dieser Welt nichts mehr zu lehren gibt, sondern daß es einzig darum geht, Erfahrungen zu sammeln und das Leben zu leben". Poliziano hat dies noch einmal in einem Gedicht der *Rispetti continuati* ausgedrückt:

„Dumm wärt ihr, meine Dame, würd ich sagen,
Wenn ihr den Bettelmönchen Glauben schenken wolltet.
Die Sünde werfen sie uns täglich vor,
Doch ihr Gered entspricht den Taten nicht.
Wir alle sind mit Pech befleckt.
Das, was ich denke, habe ich gesagt.
Doch jedem stehe frei,
Beim Spiel den kürzeren zu ziehen.
Das Sprichwort, das besagt,
Der Teufel sei nicht schwarz, wie man ihn malt,
Ist wahr.
Gott hat so große Schönheit nicht gegeben,
Damit ihr sie in eurem Schoß verbergt.
Ihr solltet, meine ich, vielmehr
Dem treuen Knecht Gehör verschaffen,
Der euch mit aller Lieb ersehnt.
Ihr werdet keine schwere Sünde tun,
Wenn ihr, den Zügel etwas lockernd,
Den andren eure Gaben schenkt."

Erasmus von Rotterdam, der Fürst aller Humanistenpfaffen, bezeichnete die Fazetien Poggios als ein „gotteslästerliches, schmutziges, verderbliches Machwerk", und diesen Komplimenten verdankte es der Toskaner, daß er von Papst Paul IV. und dann vom Trienter Konzil auf den Index gesetzt wurde. Aber wir dürfen uns von diesem Gezänk nicht irre machen lassen. Die Ehre war völlig unverdient. Poggios Moralismus trägt eindeutig christliche Züge.

## 5. Ehemann gegen Ehefrau: Bürgerliche Moral

Die alte Stadt Troyes in der Champagne, südöstlich von Paris gelegen, ist die Hauptstadt der Wäscheindustrie mit einer großen Produktion von Strümpfen und Wirkwaren, und so war es auch schon im 16. Jahrhundert, als hier der Sattler Nicolas das

Licht der Welt erblickte. Nicolas siedelte später – wir wissen nicht wann und warum – nach Tours über, wo er den Namen seiner Vaterstadt dem eigenen beifügte. Als begeisterter Leser des *Dekameron,* das mehrmals auch ins Französische übersetzt worden war und sich bei einem zahlreichen Publikum von Halbgebildeten großer Beliebtheit erfreute, verlustierte sich Nicolas damit, in eigener Person Novellen zu schreiben. Die Erzeugnisse seines Fleißes sammelte er in einem dicken, handgeschriebenen Wälzer, dem er mit kindlicher Anmaßung den hochtrabenden Titel *Le grand Parangon des nouvelles nouvelles* gab, was in etwa heißen sollte: das große Vorbild, der Prüfstein für alle modernen Novellen. Die französische Novelle, eine Gattung, die sich mit üppiger Vielfalt durch alle Jahrhunderte der französischen Literatur hindurchzieht, hatte allerdings keine Gelegenheit, sich an diesem illustren Vorbild zu messen, denn erst im späten 19. Jahrhundert erblickte die einzige Handschrift, die den kostbaren Schatz bis dahin geborgen hatte, das Licht der Öffentlichkeit in einer nicht einmal vollständigen Edition.

In Troyes, seiner Geburtsstadt, spielt auch die Novelle, die Meister Nicolas dem Thema des schwangeren Mannes gewidmet hat. Die Geschichte war ihm, wie er selbst angibt, von einem gewissen Jehan Du Bois erzählt worden, entstammt also der mündlichen Überlieferung. In der Novelle des *Grand Parangon* ist der schwangere Mann ein junger, reicher und galanter Kaufmann, der mit einer ebenso jungen und reichen, im Gegensatz zu ihm aber recht naiven Frau verheiratet ist. Wie in allen wohlhabenden Häusern von einst lebt auch im Hause des Kaufmanns eine zweite Frau, die Dienstmagd, ein unscharfes, zweckentsprechend degradiertes Duplikat der Ehefrau und wie diese pflichtgemäß stets bereit, den sexuellen Bedürfnissen des Hausherrn Genüge zu leisten. Die jungen Eheleute ,,lieben sich auf wunderbare Weise'', doch die Galanterie des Kaufmanns kann in dieser ,,wunderbaren'' Liebe nicht ihre einzige Erfüllung finden, und so verführt und schwängert er denn, einem viel mißbrauchten, eher gesellschaftlichen als literarischen Topos gemäß, die Dienstmagd. Das ist das Stichwort für den Auftritt der vierten Person, eines Arztes, der zugleich ein Vetter und

Freund des Kaufmanns ist und diesem aus der Klemme helfen soll. Da die junge Frau in ihren Mann verliebt ist, verlangt sie zu Recht eheliche Treue von ihm und kann dabei auch auf die Unterstützung ihrer Eltern rechnen. Der Arzt weiß sofort, wie hier Abhilfe zu schaffen ist: der Kaufmann soll sich ins Bett legen, Schmerzen im Unterleib und im Kreuz vortäuschen und seine Frau mit der üblichen Urinprobe zum Arzt schicken. Dessen Sache wird es dann sein, die Schwangerschaft zu diagnostizieren, der Frau die Schuld daran in die Schuhe zu schieben und als einziges Heilmittel einen Beischlaf des Kranken mit der Dienstmagd vorzuschlagen, durch den die unheilvolle Schwangerschaft auf die Magd übertragen werden soll. Die Frau zweifelt keinen Augenblick lang an der Wirksamkeit des Mittels und setzt alles daran, den vorgetäuschten Widerstand ihres Mannes und der Magd zu überwinden. Die beiden schlafen also erneut zusammen, diesmal mit der uneingeschränkten Billigung der Ehefrau, und auf diese Weise findet die höchst konkrete Schwangerschaft der Magd ihre plausible Erklärung. Nach der Geburt des Kindes sorgt die junge Frau höchstpersönlich dafür, daß die Magd günstig unter die Haube kommt, und schenkt ihr obendrein noch die Aussteuer dazu.

Die Komödie von der vorgeblichen Schwangerschaft des Kaufmanns kann aber nur deshalb so glatt über die Bühne gehen, weil der Arzt schlau die unanfechtbare Autorität seiner wissenschaftlichen Kenntnisse ins Feld führt. Um welch eine Art von Wissenschaft es sich hierbei handelt, macht er gleich ohne jegliche Umschweife klar: ,,oben'' und ,,unten'' sind wieder einmal die Hauptargumente. Als die Frau bestürzt die Diagnose von der Schwangerschaft ihres Mannes vernimmt, richtet der Arzt hinterlistig die Frage an sie: ,,Ist es nie vorgekommen, daß ihr beim Beischlaf auf euren Mann gestiegen seid? Lügt nicht, wenn ihr wollt, daß er geheilt wird.'' ,,Ach, mein lieber Vetter'', entgegnet ihm die Frau verlegen, ,,ich sage euch die Wahrheit, aber ich versichere euch, daß es nur ein einziges Mal geschehen ist.'' Der Arzt zieht triumphierend seinen Schluß: ,,Das genügt schon, und mehr will ich auch gar nicht wissen. Er ist ganz sicher schwanger.''

Mit ihrem kompromittierenden Eingeständnis begibt sich die

Frau völlig in die Gewalt des Arztes, der dann auch nicht ver-
säumt, sie sogleich ernstlich zu verwarnen: ,,Aber niemand darf
etwas davon erfahren, denn wenn es bekannt würde, sagten die
Leute: schaut da, das ist die Frau, die ihren Mann geschwängert
hat, weil sie auf ihn gestiegen ist." In diesen Worten liegt die
versteckte Drohung, daß der Arzt die Sünderin bei Zuwider-
handlung dem öffentlichen Gespött preisgeben wird. Der Versuch, die Hierarchie der Geschlechter umzukehren, war ein
Vergehen, das teuer zu stehen kam. In Frankreich sorgten verschiedene Volksbräuche für die rechte Ordnung in der Ehe, von
denen das weitverbreitete *Charivari* wohl der bekannteste ist.
Es handelte sich dabei um eine öffentliche Strafaktion, bei der
die Nachbarn der Beschuldigten, auf Töpfe schlagend, lärmend
durch die Straßen zogen und anzügliche Spottlieder sangen.
Beliebte Opfer dieser Strafexpeditionen waren Witwen, die eine
zweite Ehe eingegangen waren, Ehebrecherinnen und auch
Frauen, die ihre Ehemänner zu schlagen pflegten. Für letzteren
Fall gab es auch noch die *Asounade*. Dabei ritt ein Nachbar
oder eine Puppe, die den Ehemann darstellen sollten, rücklings
auf einem Esel durch die Straßen, um die Umkehrung der Rollen zu symbolisieren, die durch diese Pantomime bestraft und
angeprangert werden sollte.

Der Arzt in der Novelle ist aber ein Mann der Wissenschaft,
und um der fassungslosen Frau des Kaufmanns klarzumachen,
daß ihr Mann nur durch einen Beischlaf mit der Dienstmagd
von seiner Schwangerschaft geheilt werden kann, führt er Argumente ins Feld, die einem Ambroise Paré, dem berühmtesten
französischen Arzt des 16. Jahrhunderts, nicht übel angestan-
den hätten. ,,Ihr müßt zusehen, daß ihr mit einem jungen Mädchen sprecht, das noch Jungfrau ist", beginnt der hinterlistige
Äskulap seine wortreiche Rede, ,,und es so einrichten, daß euer
Mann ein oder zwei Nächte mit ihm schläft. Dann wird der
Samen, den er in sich trägt, auf das Mädchen übertragen."

Die Argumentation ist zwar verblüffend, steht jedoch völlig
im Einklang mit den Lehren der zeitgenössischen Medizin, die
die Zeugung als eine Vermischung des männlichen mit dem
weiblichen Samen im Uterus der Frau zu erklären pflegte. ,,Der
Samen des Mannes ergießt sich außerhalb, der der Frau inner-

halb des Körpers", schreibt Paré in seinem Traktat *De la géné-ration de l'homme*. Wird der Koitus aber in umgekehrter Stellung ausgeführt, dann muß sich dieser Auffassung zufolge natürlich der weibliche Samen außerhalb, der männliche aber innerhalb des Körpers ergießen. ,,Im Samen ist die schöpferische und formende Kraft enthalten", fährt Paré fort, ohne jedoch dabei zu präzisieren, ob es sich nur um den männlichen oder auch um den weiblichen Samen handelt. Wenn man sich aber vor Augen hält, daß Parés Kollegen fast ausnahmslos die alte, auf Aristoteles zurückgehende Lehre vom männlichen Primat bei der Zeugung vertraten, dann ist dieser Mangel an Präzisierung durchaus ein Ruhmestitel. ,,Was die Kenntnis des Lebens anbetrifft, so sind von der Antike bis zur Renaissance kaum Fortschritte gemacht worden", schreibt der französische Biologe François Jacob. ,,Wenn Cardano, Fernel oder Aldrovandi von den Lebewesen sprechen, dann wiederholen sie nur mehr oder weniger das, was schon Aristoteles, Hippokrates oder Galen darüber gesagt haben." In unserem Fall hatte nach der gängigen Lehre der männliche Samen die Fähigkeit, ,,die im weiblichen Samen enthaltene Materie zu aktivieren und ihr Form zu verleihen". Damit stellte sich jedoch wiederum die heikle Frage, wie es möglich sei, daß aus dem männlichen Samen, der doch das Bessere war, Kinder weiblichen Geschlechtes, d. h. etwas Schlechteres, entstehen konnten. Ein angesehener Kollege von Paré, Laurent Joubert, Kanzler der Universität Montpellier und Protestant dazu, fand eine einfache Lösung für dieses Problem. Schuld an der Zeugung von Kindern weiblichen Geschlechts war der Samen der Frau, der die Materie zur Zeugung beisteuerte. Allerdings hatte schon damals ein großer Künstler, der zugleich, seiner Zeit entsprechend, auch ein großer Wissenschaftler war, eine Beobachtung gemacht, die mit dergleichen Unsinn radikal aufräumte: ,,Die Schwarzen werden nicht etwa durch die Sonne in Äthiopien erzeugt; denn wenn ein Schwarzer in Skythien eine Schwarze schwängert, dann gebiert sie ein schwarzes Kind. Aber wenn der Schwarze eine Weiße schwängert, dann gebiert sie ein graues Kind, und das beweist, daß der Samen der Mutter im Embryo die gleiche Stärke hat wie der Samen des Vaters." Doch Leonardo da Vinci hatte ja bekannt-

lich eine starke Abneigung gegen die Ärzte! Welchen Theorien
der Arzt unserer Novelle anhängt, ist unschwer zu erraten. Der
einzige Samen, der ihm am Herzen liegt, ist natürlich der männliche, d. h. der Samen, der zugleich das Recht beinhaltet, beim
Koitus oben zu liegen.

Nicht alles hing jedoch ausschließlich vom männlichen Samen
ab, das mußte auch der verstockteste Arzt zugeben. „Die Empfängnis kann nur dann stattfinden, wenn beide Samen im gleichen Moment zusammenwirken und die Gebärmutter aufnah-
mebereit ist", hatte Paré in weiser Neutralität geschrieben.
Doch eine Gebärmutter konnte sich der Kaufmann beim besten
Willen nicht zulegen, und wenn er den Samen seiner Frau in
sich behielt, drohte ihm große Gefahr. Es blieb ihm also kein
anderer Ausweg, als diesen Samen wieder abzugeben, und zwar
an eine Person, der die Natur im Gegensatz zu ihm eine Gebärmutter verliehen hatte. Aber warum dann nicht an seine Frau?
Der Arzt hatte diesen Einwand schon erwartet und gleich vor-
beugend von einer Jungfrau gesprochen. Die Jungfräulichkeit
war ein Attribut, das man schwerlich bei einer verheirateten
Frau, wohl aber bei einer Magd voraussetzte, die der Dienst bei
der Herrschaft zur Keuschheit verdammte. Deshalb kommt der
Ehefrau auch gleich ihre Magd in den Sinn, als der Arzt von
einer Jungfrau spricht, und so versucht sie denn, ihn mit folgenden Worten zu beschwichtigen: „Mit Gottes Hilfe werden wir
sicher eine Lösung finden, denn ich habe eine junge Magd, von
der ich annehme, daß sie noch Jungfrau ist." Niemand konnte
in der Tat geeigneter scheinen als die Magd, der Ehefrau aus der
Verlegenheit zu helfen, teilte sie doch mit ihrer Herrin den
häuslichen Horizont und die damit verbundene Pflicht zu Gehorsam und Treue. Mit dem Opfer ihrer Jungfräulichkeit, dieses vorzüglichen Merkmals der weiblichen Perfektion, sollte die
Schuld der Herrin getilgt werden; nur die Hingabe der gehorsamen Jungfrau konnte die Ehefrau von der Sünde erlösen, die sie
begangen hatte, als sie auf ihren Mann gestiegen war. Und mit
diesen Überlegungen sind wir beim eigentlichen Kern der Novelle angelangt.

Der dichtende Sattler aus Troyes war doch wohl nicht ganz
so unbedarft, wie es auf den ersten Blick den Anschein haben

könnte. Er kannte sich bestens in der Theologie aus und war auch in ein paar weltlichen Wissenschaften (oder was man dafür zu halten pflegte) nicht ganz unbeschlagen. Seine Hauptstärke war aber zweifellos die Theologie, deren Lehren ihm so geläufig waren, daß er es sich erlauben konnte, sie mit feinem, oft nahe an Blasphemie grenzendem Spott zu parodieren. Diese Parodie der theologischen Grundsätze, die sich anfänglich nur in ein paar verhüllten Anspielungen zu erkennen gibt, tritt immer kühner und klarer zutage, je mehr sich die Handlung ihrem obligaten Ende nähert. Die zweite Etappe auf diesem Weg bildet das Gespräch zwischen der Ehefrau und der Dienstmagd. Der eindringlichen Bitte nach einer zwar heiß ersehnten, aber doch etwas ungewöhnlichen und zunächst auch noch nicht näher präzisierten Dienstleistung begegnet das vom Kaufmann schon entsprechend eingeweihte Mädchen gleich mit einem Vorbehalt: ,,Gnädige Frau", antwortet es seiner Herrin sofort, ,,ich will aus Liebe zu euch alles tun, was ihr von mir verlangt, doch müssen meine und eure Ehre dabei unangetastet bleiben." Aber wenn das Mädchen hier von Ehre spricht, so meint es nicht nur die Ehre im weltlichen, sondern auch die Ehre im theologischen Sinn, die es mit der von seiner Herrin vorgeschlagen unsittlichen Handlung verlieren würde, denn es beginge eine Todsünde, deren sich zugleich auch die Ehefrau durch ihr schändliches Ansinnen schuldig machen würde. All das versucht die Magd ihrer Herrin mit beredten Worten klarzumachen: ,,Aber wie ist es möglich, daß ausgerechnet ihr mir diese Unehre antun wollt, ihr, die ihr mich doch, wenn ihr eine wohlgesittete Frau wäret, von derlei schändlichem Tun abhalten müßtet, riete mir ein anderer dazu. Ach, ich versichere euch, der Tod wäre mir lieber!" Wir dürfen hierbei nicht übersehen, daß sich die Magd mit ihrer wortreichen Tirade auf ein ganz bestimmtes kirchliches Gebot bezieht. Es genügt ein Blick in die *Somme des péchez* des Lyoner Barfüßermönchs Jean Benedicti, auf die Jean Louis Flandrin aufmerksam gemacht hat. Hier heißt es im Artikel 45: ,,Die Herrschaften, welche sich nicht um das Seelenheil ihrer Diener und Dienerinnen kümmern und ihren Fehltritten nicht entgegentreten wollen, sondern im Gegenteil untätig zusehen, wie sie meineidig werden,

fluchen, huren, stehlen usw., haben an ihren Sünden teil." Auch
der Kaufmann will, wie er seiner Frau beteuert, lieber sterben
als die eheliche Treue brechen, zu der er sich, wie er wortreich
versichert, verpflichtet fühlt. Doch gerade in diesem ans Groteske grenzenden Spiel, bei dem Ehemann, Arzt und Ehefrau
sich gegenseitig die Sünde zuschieben, tritt der ideologische
Kern der Novelle zutage. Als der Ehemann mit seinem Tod
droht („ihr seid so gut und sanft, daß ich lieber sterben würde,
als euch mit einer anderen vertauschen") fährt der Arzt dazwi-
schen, um mit jesuitischer Spitzfindigkeit die einzelnen Sünden
gegeneinander abzuwägen und die mit den jeweiligen Lösungen
verbundenen Gewissensnöte zu erläutern („wenn ihr in diesem
Zustand stürbet, dann wäret ihr zur Hölle verdammt, weil ihr
selbst euren Tod verursacht habt; denn obwohl ihr das Mittel
kennt, das euch mit Gottes Hilfe heilen könnte, wollt ihr es
doch nicht anwenden"). Auf das erneute Drängen seiner Frau
und des Arztes hin gibt der Kaufmann zum Schluß natürlich
nach, stellt aber die Bedingung, daß der Arzt und seine Frau –
als hätte diese noch nicht genug Schimpf und Schande erfahren
– die Sünde seines Beischlafs mit der Magd auf sich nehmen
sollen. Das verspricht die Frau auch eilfertig, ohne in ihrer
Einfalt zu merken, welch ein böses, grausames Spiel hier mit ihr
getrieben wird.

Das Ergebnis dieser zynischen Manipulation der katholischen
Ehetheologie ist, daß die ganze Last der kirchlichen Gebote und
der daraus resultierenden schweren Beschränkungen der Frau
aufgebürdet wird. Mit Hilfe dieser brillanten Operation, die im
Namen der gleichen Prinzipien durchgeführt wird, die man
umgehen will, gelingt es dem Mann, die Fesseln der oppressiven
sakramentalen Ehemoral abzustreifen. Aber war andererseits
nicht die Ungleichheit der Geschlechter überhaupt einer der
Grundpfeiler dieser sakramentalen Ehemoral?

Mit ihrem Spott und ihren Lästereien gebärden sich die beiden dreisten Vettern geradezu so, als ob sie die ganze katholische Moral aus den Angeln heben wollten. In Wirklichkeit bie-
gen sie sie jedoch nur ein wenig zurecht, indem sie den ihr
zugrunde liegenden Prinzipien eine konsequente Auslegung geben. Denn wenn es innerhalb derselben Moral Höher- und

Niedrigerstehende gibt, wie kann man dann verlangen, daß diese Moral für alle gleich ist?

Obgleich die Kirche prinzipiell keinen Unterschied zwischen dem Ehebruch des Mannes und dem der Frau machte und beide mit der gleichen Strenge ahndete, so nahm sie doch in der Praxis, wenn auch indirekt und verhüllt, eine flexiblere Haltung ein. Dem Theologen Jean Benedicti verdanken wir auch in dieser Hinsicht einen aufschlußreichen Hinweis, denn er setzt die tolerantere Haltung dem Mann gegenüber mit dessen angeblicher Überlegenheit über die Frau in Verbindung. Der mit Stolz, Geist, Schönheit, Gütern und Familie reich begabten Frau gibt er zu bedenken, daß sie, wenn sie ihrem Mann den Gehorsam verweigert, ,,dem göttlichen Wort zuwiderhandelt, demzufolge sie dem Mann unterworfen ist, der edler und bedeutender ist als sie, da er nach dem Ebenbild Gottes, sie aber nur nach dem Ebenbild des Mannes geschaffen sei''. Die Ehefrau, die, ,,von Eifersucht besessen, ihrem Mann ununterbrochen Vorwürfe macht und ihn quält, weil sie sich ein falsches Bild von ihm macht'', warnt er, daß sie sich vor diesem Laster hüten solle, das eine ,,Krankheit des Teufels'' sei. Die Eifersucht der Frau wog also weniger schwer als die des Mannes und durfte nicht als verständliche Reaktion auf die Untreue des Mannes angesehen werden. Der Teufel mußte herbeibemüht werden, denn er stiftete ja bekanntlich die Frau zu allem Bösen an. Doch dies ist immer noch nicht alles.

Die Novelle erhebt den Anspruch, ein neues Wertsystem aufzustellen, dem eine völlig vorurteilslose Auffassung von den sexuellen, ja den menschlichen Beziehungen überhaupt zugrunde liegt. Aber der Hohn liegt darin, daß ausgerechnet das erste Opfer dieser neuen Vorurteilslosigkeit, nämlich die Frau, dazu ausersehen wird, die neue, alles unter dem Blickwinkel des Geldes und des ökonomischen Vorteils bewertende Moral der Öffentlichkeit vorzustellen. Denn in der Novelle versucht die Frau des Kaufmanns, die Magd zu bestechen, um sie gegen ein Entgelt von zehn Talern und mit dem Versprechen, sie günstig unter die Haube zu bringen, dazu zu bewegen, an der brillanten Operation mitzuwirken. Der dichtende Sattler aus Troyes wußte sehr wohl, was hier gespielt wurde. Doch wäre es unbillig,

ihm allein die Verantwortung für ein Unternehmen von solcher
Sophistik aufzubürden.

Wer von Troyes aus die Seine abwärts, dem Meer entgegen
reist, gelangt schließlich, wenn er die Metropole Paris hinter
sich gelassen hat, nach Rouen. Diese Stadt, einst der größte
Stapelplatz des französischen Überseehandels und heute eines
der wichtigsten Industriezentren des Landes, war im 16. Jahrhundert eine der blühendsten und volkreichsten Städte Frankreichs. Hier hatte das Parlament der Normandie seinen Sitz,
dessen Aufgabe darin bestand, die königlichen Edikte zu registrieren und in der ganzen Provinz, deren oberster Gerichtshof
es auch war, zur Durchführung zu bringen. In seinen Räumen
tummelte sich eine lebhafte Schar von Rechtsgelehrten, die sich
zu einer mächtigen Gilde, der sogenannten *Basoche,* zusam-
mengeschlossen hatten und in deren Mitte allmählich dank der
Erfahrungen aus der Gerichtspraxis und in der städtischen Lebensart ein neues weltlich bürgerliches, ja geradezu heidnisch
heiteres Lebensgefühl Fuß gefaßt hatte, das dem kirchlichen
kraß entgegengesetzt war. Aber auch die Kirche hatte sich nicht
immer über uralte, unausrottbare Bräuche hinwegsetzen können, ohne Kompromisse einzugehen, und so hatte sie sich unter
anderem gezwungen gesehen, wenigstens die kurze Zeitspanne
der Fastnacht der Lust zu überlassen: ein kleines Stück Zeit aus
dem großen Kuchen des Jahres, das je nach der Laune des
Kalenders größer oder kleiner ausfallen konnte, aber doch un-
ausweichlich dazu bestimmt war, im trostlosen Abgrund der
nahen Fastenzeit zu versinken. Der Tod wachte über das Leben
und erwartete es an der Schwelle des Aschermittwochs. In der
Erwartung dieses Tages bemächtigte sich die Menge der Straßen
und Plätze der Stadt, um sich in der Illusion, dem Tod ein
Schnippchen zu schlagen, mit allen möglichen Vergnügungen
ein Schauspiel zu geben. Die Gesetzeskundigen von Rouen waren stets eifrig dabei, wenn es um Lustbarkeiten ging, und deshalb gehörten auch viele von ihnen der *Compagnie des conards*
an, einer der berühmtesten Fastnachtsbrüderschaften des
16. Jahrhunderts in Frankreich. Die *conards* pflegten die Fast-
nachtsveranstaltungen und vor allem die Umzüge zu organisie-

ren, fanden aber auch ihr Vergnügen daran, Schwänke und Komödien auf die Bühne zu stellen.

In dieses Milieu versetzt uns ein anonymer Schwank des 16. Jahrhunderts, der in einer bekannten Sammelhandschrift überliefert ist und im vorigen Jahrhundert zum ersten Mal veröffentlicht wurde. Schon gleich zu Beginn ist von Rouen die Rede, während die präzise juristische Terminologie auf einen juristisch geschulten Verfasser und juristisch gebildete Laiendarsteller schließen läßt. Der Titel des mit Bezug auf die rituellen Lustbarkeiten der Fastnacht als *farce joyeuse* – Fastnachtspiel – bezeichneten Schwanks lautet *Le médecin et le badin* – der Arzt und der Hanswurst. Dem Titel schließt sich auf dem Titelblatt das Verzeichnis der handelnden Personen an: der Arzt, der Hanswurst, die Frau und die Dienstmagd, das gleiche Quartett also wie in der Novelle des Nicolas von Troyes, und ähnlich wie dort wird sich auch hier die Handlung entwickeln. Die gesellschaftliche Stellung der Personen ist ebenfalls die gleiche, nur tritt die des *badin* wegen der stark akzentuierten Komik dieser Figur etwas in den Hintergrund. Einer Definition von Rabelais zufolge spielt der *badin* in einer Farce oder in einer Komödie die Rolle des Tölpels. Als Synonym für dumm und einfältig (*sot* und *niais*) kommt das Wort tatsächlich in der Sprache des 16. Jahrhunderts vor, aber in den Theaterstücken der Zeit weist die Figur des *badin* doch zuweilen sehr ambivalente Züge auf: Arglosigkeit und Dummheit sind hier oft mit Schlauheit und Verschlagenheit gekoppelt. ,,Die *badins* sind keine echten Tölpel‚‚, heißt es denn auch in einem Schwank, und der *Recueil des sotties* verzeichnet, daß die *badins* weder dumm noch weise sind. Der *badin* in der vorliegenden Farce ist tatsächlich weder das eine noch das andere. In seiner Rolle tritt ein wohlhabender Bürger auf, der mit einer vermögenden Frau verheiratet ist, eine Dienstmagd hat und obendrein noch der Gevatter des Arztes ist.

Besser noch als in der Novelle wird hier die gesellschaftliche Stellung der Dienstmagd charakterisiert, wenn auch die Figur der provokanten Zofe schon in der Theatertradition vorgeförmt war. Eine Anspielung auf die sexuelle Provokation ist wahrscheinlich schon im Namen der Magd enthalten – Malaperte –,

aber um keinen Zweifel aufkommen zu lassen, hebt das Stück mit einem kecken Liedchen an, das an erotischer Eindeutigkeit nichts zu wünschen übrig läßt. Auch die Verführungsszene ist noch ganz im schelmischen Ton gehalten. Dann aber kommt eine Besorgnis auf, die zusehends größer wird und die folgende Szene völlig dominiert. Das Mädchen fürchtet, schwanger zu werden und fordert von seinem Liebhaber Garantien für seine Ehre. Als das gefürchtete Verhängnis dann wirklich eintritt, verwandelt sich die Komödie in ein Trauerspiel. Während der *badin* anfänglich noch zwischen der männlich eitlen Selbstgefälligkeit, seine Magd geschwängert zu haben, und der berechtigten Angst vor den Repressalien seiner Frau hin- und herschwankt, läßt das Mädchen seiner Verzweiflung freien Lauf und beschreibt mit beredten Worten das Schicksal, dem es unweigerlich entgegengeht. Mit der Ehre hat es auch sein Auskommen verloren, denn man wird es aus dem Haus jagen, sobald seine Schande ans Licht kommt. Der einzige Weg, diesem Los zu entgehen, ist eine Verheiratung auf Kosten des Hausherrn. Anderenfalls, erklärt die Magd, wird sie der sexuellen Willkür eines jeden, der ihr mehr oder weniger zufällig über den Weg läuft, ausgeliefert sein, um schließlich mit aller Wahrscheinlichkeit im Bordell zu landen.

Daß die Magd die Dinge durchaus realitätsgetreu schildert, geht aus einer Untersuchung von Jacques Rossiaud hervor. Hier wird beschrieben, wie in den französischen Städten der Renaissancezeit häufig Banden von zum Teil aus den besten Familien stammenden jungen Leuten ihr Unwesen trieben und sich mit dreister Regelmäßigkeit, praktisch ungestraft, an Frauen zu vergehen pflegten. Auch diese Banden bezeichneten sich als „Fastnachtsbrüderschaften". Die städtischen Behörden duldeten die Ausschreitungen, solange sie sich gegen Frauen aus den unteren und untersten Bevölkerungsschichten richteten, die über keinerlei Schutz verfügten. Und war das Opfer zudem noch eine von ihrer Herrschaft auf die Straße gesetzte Dienstmagd, dann erwies sich die Vergewaltigung nur allzu oft als direkte Vorstufe zum Bordell. Der Weg vom „entehrten" zum „verlorenen" Mädchen war kurz. Das versucht die Magd mit verzweifelten Worten ihrem Herrn klarzumachen. Der Haß,

den sie ihm gegenüber in der Farce bezeigt, war also durchaus
in der Realität begründet.

Crespinete, die Frau des *badin,* ist wie die Frau des Kaufmanns in der Novelle des Nicolas von Troyes reich und wie
diese ist sie auch einfältig, im Gegensatz zu ihr aber obendrein
noch fromm. Sie geht auf Wallfahrt und läßt ihren Mann mit
der Dienstmagd allein zu Hause zurück, weil sie ihnen arglos
vertraut. Bei ihrer Rückkehr gibt sie der Freude Ausdruck, beide wiederzusehen, und setzt die gleiche Freude auch bei den
Zurückgebliebenen voraus. Ihrem Mann hat sie Heiligenbild-
chen von der Wallfahrt mitgebracht, und in den entscheidenden
Augenblicken plappert sie stets mechanisch fromme Worte vor
sich hin. Überhaupt redet sie immerzu wie eine Betschwester:
kaum ein Satz kommt aus ihrem Mund, in dem nicht die
hl. Jungfrau, Jesus Christus oder die Heiligen bemüht würden.
Dieses fortgesetzte fromme Gerede ist ein konstantes Element
der ganzen Farce, und auf diese Weise verlagert sich die antireligiöse Polemik, die sich bei Nicolas von Troyes gegen die kirchliche Doktrin gerichtet hatte, völlig auf die sprachliche Ebene.
Der so bewirkte Effekt ist zweifellos äußerlich und oberflächli-
cher, aber die Blasphemie tritt dafür um so deutlicher hervor.
,,Beim Glauben, den ich der Muttergottes schulde, komm her!"
fleht der *badin,* von Leidenschaft ergriffen, die Magd an, und
als er über die von der vorgetäuschten Schwangerschaft verur-
sachten Schmerzen jammert, ruft er gleich ein halbes Dutzend
Heilige zu Zeugen an, während seine Frau ihn ermahnt, im
Gedenken an das Leiden Christi alles Ungemach mit frommer
Geduld zu ertragen. Auch der Arzt zitiert den ganzen christlichen Olymp herbei, um mit dessen Hilfe die Frau des Gevatters
um so besser einseifen zu können. Dieser konstante Rückgriff
auf die Sprache der Devotion dient eindeutig dem Zweck, die
Religion zu parodieren, was auch der ganz offen blasphemische
Schluß der Farce verdeutlicht: ,,Und nun geht auch brav zu-
sammen schlafen", ermahnt Crespinete das Paar, ,,ich will der-
weilen für euch beten". Darauf kann der *badin* denn das Publikum mit der letzten Gotteslästerung entlassen: ,,Ich bitte Jesus
Christus, daß es uns dank seiner Gnade gelingen möge, den
Trug des Bösen zu überlisten". Der Gegensatz zwischen au-

ßerehelicher Sexualität und christlicher Moral konnte nicht deutlicher zum Ausdruck gebracht werden. Dieser Gegensatz bildet den eigentlichen ideologischen Kern der Farce, der in folgendem Dialog zwischen dem Arzt und dem *badin* besonders prägnant beschrieben wird: ,,Ein Mann, der seine Ehe zerstört, erscheint mir unbesonnen", erklärt der Arzt, als er erfährt, daß die Magd schwanger ist, ist aber sofort bereit, die vom *badin* vorgebrachten Entschuldigungsgründe gelten zu lassen: ,,Meine Frau war auf Wallfahrt, und da konnte ich es nicht mehr länger aushalten." Dem Ungestüm des männlichen Geschlechtstriebes hält auch die stärkste Moral nicht stand. Ist die Ehefrau abwesend, muß die Dienstmagd herhalten.

Hier Colmar, das große Zentrum des elsässischen Weinhandels – dort Freiburg, Hauptstapelplatz des badischen Holzhandels und der anderen Erzeugnisse des Gebirges: zwei nur wenige Kilometer voneinander entfernte Städte, die durch den Rhein, der heute hier die Grenze zwischen Deutschland und Frankreich bildet, getrennt sind, im 16. Jahrhundert aber aufgrund der gemeinsamen Zugehörigkeit zum Heiligen Römischen Reich Deutscher Nation eng miteinander verbunden waren. In seiner Geburtsstadt Colmar lebte und wirkte fast sein ganzes Leben lang als Gerichtsschreiber und Ratsdiener Jörg Wickram, der Verfasser des *Rollwagenbüchlins*, einer Sammlung von vergnüglichen Geschichten, die, wie der Titel besagt, den Reisenden im Rollwagen die Zeit vertreiben helfen sollten. Unter den zahlreichen Stücken des *Rollwagenbüchlins* befindet sich auch eine Erzählung, die von einem schwangeren Mann handelt und der Novelle des Nicolas von Troyes und dem Fastnachtspiel aus Rouen aufs genaueste entspricht. Den Schauplatz der Handlung hat Wickram in das benachbarte Freiburg verlegt.

Ein reicher Freiburger Ratsherr ist seit fünfzehn Jahren verheiratet, doch ist seine Ehe bislang kinderlos geblieben, und seine Frau macht ihn obendrein noch für ihre Unfruchtbarkeit verantwortlich. Um das Gegenteil zu beweisen und sich Nachkommenschaft zu verschaffen, schwängert der Ratsherr seine Magd, gerät dadurch jedoch in eine schwierige Lage, da die städtischen Gesetze den Ehebruch mit dem Ausschluß aus den öffentlichen Ämtern bestrafen. Der Arzt kennt wie immer die Lösung. Ein Kind wird geboren, das die Frau des Ratsherrn an Kindes Statt annimmt. Aber warum hat die Schwangerschaft der Magd nur zwanzig Wochen gedauert?, fragt die Frau argwöhnisch den Arzt. Der schlaue Fuchs hat sogleich die Antwort parat: ,,Gedencken ir nit, daß der mann das kind 20 wochen getragen hat unnd die magt auch 20?"

Jörg Wickram war kein großer Erzähler, aber seine Geschichte vom schwangeren Ratsherrn fand trotzdem beim reisenden Publikum Anklang. Von Straßburg aus, wo das *Rollwagenbüchlin* 1555 zum ersten Mal gedruckt worden war, trat sie eine Reise an, die sie weit fort führen sollte. 1586 begegnen wir ihr in einer Frankfurter Sammlung von lustigen Geschichten, und hundert Jahre später wurde sie sogar in Amsterdam heimisch, wo sie 1680 in holländischer Übersetzung in einem Sammelband Aufnahme fand. Sehr früh schon, nämlich im Jahre 1556, hat die Geschichte Nürnberg erreicht, wo der uns bereits bekannte Schustermeister unermüdlich und ohne nennenswerten Erfolg an seinen knorrigen Knittelversen feilte. Diese schnelle Reise ist andererseits nicht verwunderlich, wenn man bedenkt, daß Wickram wie Sachs ein Meistersinger war und die beiden Kollegen eine herzliche Freundschaft verband. Was der eine schrieb, las der andere unverzüglich, und es kam auch schon einmal vor, daß der eine dem anderen nachschrieb – wie im vorliegenden Fall nämlich: Sachs setzte Wickrams Prosaerzählung in Verse um und fügte natürlich auch aus dem eigenen Säckel noch einiges hinzu.

Ohne sich groß in Präambeln zu ergehen, zeigt er uns die Dienstmagd schon gleich zu Beginn in den bewußten Umständen, während der Urheber des ganzen Mißgeschicks völlig außer sich ist, da in Konstanz, wohin Sachs den Schwank verlegt hat, der Ehebruch ungleich härter bestraft wird als in Freiburg, nämlich mit dem Tod. Obwohl beide Städte katholisch und reichsunmittelbar waren und auch gar nicht weit voneinander entfernt lagen, war Konstanz doch im Gegensatz zu Freiburg eine Bischofsstadt, und wo ein Bischof der Stadtherr war, mußten, wie Hans Sachs zu Recht meinte, auch die Gesetze zwangsläufig strenger sein als anderswo. Dem Tod entgeht unser Held natürlich mit Hilfe seines ärztlichen Freundes, der die Ehefrau überredet, die ganze Sache geheim zu halten und ihrem Mann zu erlauben, mit einer Jungfrau zu schlafen, um ihr die Schwangerschaft zu übertragen.

Wie wir sehen, unterscheiden sich die beiden deutschen Varianten der Geschichte in einem ganz wesentlichen Punkt von den französischen. Es fehlt hier völlig die ausgeprägt antireligiöse Polemik, die für die französischen Stücke so kennzeichnend ist. In den deutschen Texten ist das christliche Gebot von der gegenseitigen Treue der Eheleute kein religiöses Problem mehr, sondern nur noch ein juristisches. In Deutschland verfolgen die weltlichen Gesetze den Ehebruch sowohl des Mannes wie der Frau mit der gleichen Strenge, und gerade diesen weltlichen Gesetzen gegenüber wollen sich die Männer in den deutschen Versionen auf Kosten der Frauen einen Freiraum schaffen. Dieser Unterschied ist zweifellos durch die Reformation bedingt, die in Deutschland sehr viel einschneidender wirkte als in Frankreich. Für die Protestanten hatte die Ehe ihren Sakramentscharakter verloren, und deshalb konnte die Kontrolle über die Ehemoral ohne Schwierigkeiten dem Staat überlassen werden. Man ging damit kein Risiko ein, denn wie Marx in seiner Frühschrift *Zur Judenfrage* angemerkt hat, bekannte in Deutschland der Staat „das Christentum als seine Grundlage", war „Theologe *ex professo*", ja es existierte hier überhaupt „kein politischer Staat, kein Staat als Staat". Die Bamberger Halsgerichtsordnung aus dem Jahre 1507, die der lokalen Rechtsprechung zur Richtschnur diente, sah in Art. 145 für den Ehebruch des Mannes sogar noch härtere Strafen vor als für den der Frau, falls die Anklage von einem betrogenen Ehemann erhoben wurde. War der Ehebruch hingegen von einem verheirateten Mann mit einer ledigen Frau begangen worden, d. h. war nicht mehr der Ehemann, sondern die Ehefrau betrogen worden, dann sahen die Dinge schon ganz anders aus. Dem Schuldigen drohte nun nicht mehr die Todesstrafe (die Ehre der Frau wog ja bekanntlich weniger schwer als die des Mannes), sondern nur noch die Verbannung aus der Stadt, der Pranger oder die Rute. Ihm wurde aber in jedem Falle die Ehre aberkannt, und folglich verlor er seine Ämter, falls er solche bekleidete.

Das Gesetz erkannte sowohl dem Ehemann als auch der Ehefrau das Recht zu, Anklage zu erheben, doch wenn das nicht geschah und der Ehebruch notorisch war, mußte von Amts wegen eingeschritten werden. Die auf der Bamberger Halsgerichtsordnung fußende *Constitutio criminalis Carolina* von 1556 übernahm im Art. 120 deren Bestimmungen bezüglich des Ehebruchs. Die beiden Reichsstrafrechtsbücher folgten also eng den Vorschriften der katholischen Moral. „Die christliche Moral verdammt den Ehebruch bei beiden Geschlechtern aus demselben Grund", heißt es im *Decretum Gratiani* (II, XXXII, V, 23). Es war also wohl doch kein Zufall, daß die beiden Kollegen und Herzensfreunde Wickram und Sachs zwei katholische Reichsstädte zum Schauplatz ihrer Geschichten wählten. Mit diesem Kunstgriff hofften sie gleich drei Fliegen mit einer Klappe zu schlagen: die Überlegenheit des Mannes über die Frau auch in Sachen des Ehebruchs wiederherzustellen; die katholische Auffassung, derzufolge die Ehe ein Sakrament war, zurückzuweisen und schließlich die sträfliche Nachgiebigkeit der kaiserlichen Autorität gegenüber der Kirche von Rom anzuprangern. Die antireligiöse Polemik ist zur konfessionellen geworden, aber das Hauptanliegen ist dennoch dasselbe geblieben: Was man erreichen will, ist eine Anpassung der christlichen Moral an die sexuellen Bedürfnisse des Mannes auf Kosten der Frau.

In Frankreich, wo die Reformation nicht den gesellschaftlichen und politischen Einfluß gewann wie in Deutschland, mußte das gleiche Ziel auf anderen Wegen erreicht werden, zumal die Monarchie in dieser Hinsicht eine dem Reich völlig entgegengesetzte Politik einschlug. Das erste königliche Edikt, das sich anschickte, auch in Ehesachen das kirchliche Monopol zu brechen, wurde im Jahre 1556 erlassen. Es markiert den Beginn einer Entwicklung, die zur völligen Säkularisierung der Ehe führen sollte. Die Ehe wurde nicht mehr als ein Sakrament, sondern nur noch als ein Vertrag zwischen zwei Personen angesehen. Diese Entwicklung wurde von der französischen Konstitution von 1791 besiegelt, welche erklärte: „Das Gesetz faßt die Ehe als einen Vertrag auf." (T. II, Art. 7) Um deutlich zu machen, welche Einschränkungen jedoch eine solche Entwick-

lung für die Frau mit sich brachte, genügt schon ein kurzer
Blick in die *Encyclopédie,* die ja so etwas wie eine „Summe" der
modernen säkularisierten (und natürlich auch fortschrittlichen)
Kultur darstellt. Unter dem Stichwort „Ehebruch" wird angegeben, „daß heutzutage in den meisten europäischen Ländern
der Ehebruch nicht als öffentliches Vergehen angesehen wird.
Nur der Ehemann kann gegen seine Frau Anklage erheben,
nicht aber der Vertreter der Staatsgewalt, es sei denn, daß der
Ehebruch großen öffentlichen Anstoß erregt. Die Ehefrau darf
hingegen ihren Mann, wenn er die Ehe bricht, dieses Vergehens
wegen weder anklagen noch verfolgen, obwohl er genauso
schuldig ist wie sie."

Sade räumte freilich – das sei hier angemerkt – den Frauen
sehr viel weitgehendere Rechte ein als das, ihre Männer des
Ehebruchs anklagen zu dürfen: „Ich will, daß die Gesetze es
ihnen erlauben, sich so vielen Männern hinzugeben, wie sie
wollen; ich will, daß ihnen der Genuß eines jeden Geschlechts
und aller Teile des Körpers ebenso wie den Männern erlaubt
sei; und wenn die Klausel aufrecht erhalten wird, daß sie sich
denen hingeben müssen, die sie begehren, dann müssen auch sie
die Freiheit haben, sich des Genusses aller derer zu erfreuen, die
sie für würdig halten, sie zu befriedigen." Gegen Ende des
18. Jahrhunderts waren demnach schon alle Elemente der säkularisierten – darum freilich nicht weniger verlogenen und
zwanghaften – Moral, die das Sexualleben des bürgerlichen Europa bis in unsere Tage hinein bestimmen sollte, ausgeformt
und auch bereits durchschaut worden. Es handelt sich um eben
jene „kulturelle" Sexualmoral, die Freud in seinem berühmten
Aufsatz aus dem Jahre 1908 unter die Lupe genommen hat.
Zwar galt die ehelich monogame Sexualität als die einzig zuläs-
sige Form geschlechtlicher Betätigung, doch zwang „die Rück-
sicht auf die natürliche Verschiedenheit der Geschlechter" dazu, „Vergehungen des Mannes minder rigoros zu ahnden und
somit tatsächlich eine doppelte Moral für den Mann zuzulas-
sen". Die vier literarischen Varianten des Motivs des schwangeren Mannes aus dem 16. Jahrhundert liegen schon ganz auf der
Linie dieser doppelten Moral, ja sie nehmen sie in ihren Prinzipien schon vorweg. Das Folkloremotiv wird hier umgekehrt

und eine rationalistische Version des Themas präsentiert, in der nicht mehr der Mann, sondern die Frau ihrer Leichtgläubigkeit wegen lächerlich gemacht wird. Die Verbindung zwischen schwanger und dumm, die in allen vorhergehenden Versionen hergestellt worden war, wird erstmals durchtrennt. Nicht mehr Calandrino ist töricht, weil er glaubt, daß er schwanger sei, sondern töricht ist seine Frau, weil sie glaubt, er sei schwanger. Boccaccio hat in Europa Schule gemacht, und die Schüler haben – wie das zuweilen geschieht – den Meister übertroffen.

An dieser Stelle müssen wir uns jedoch die sicher nicht nur philologisch relevante Frage nach dem Abhängigkeitsverhältnis zwischen den vier Texten stellen. Eine Abhängigkeit ist nur für den Schwank von Hans Sachs nachgewiesen, der auf Wickrams Erzählung zurückgeht. Eine Abhängigkeit zwischen den anderen Texten muß hingegen ausgeschlossen werden. Es gibt keinerlei Hinweise dafür, daß Meister Nicolas das Fastnachtspiel gekannt hätte oder umgekehrt die Legisten aus Rouen seine Novelle. Noch unwahrscheinlicher ist, daß Wickram die französischen Texte gelesen hat. Ein fünfter Text erschwert außerdem die Lösung des Problems noch zusätzlich. Es handelt sich um eine in italienischer Sprache abgefaßte Fazetie des italienischen Humanisten Ludovico Carbone aus dem 15. Jahrhundert, die ein wichtiges Zwischenglied zwischen Boccaccios Novelle und den vier Varianten des 16. Jahrhunderts darstellt. Hier der Text:

*Ein Doktor der Rechte war krank, und der Arzt wollte seinen Urin sehen. Doch die Magd verschüttete ihn und brachte nicht das Wasser des Herrn, sondern ihr eigenes zum Arzt. Dieser sagte lachend: Die Krankheit wird ein gutes Ende nehmen, unser Kranker wird bald ein Kind zur Welt bringen. Die Magd war nämlich schwanger. Da wandte sich der Doktor der Rechte verstört an seine Frau: Ich habe es dir doch gesagt, in welch große Gefahr du mich bringst, so daß ich jetzt schwanger bin.*

Die Liebe des Herrn zur Magd ist hier also nicht die Triebfeder der Handlung, und auch die Verknüpfung zwischen schwanger und töricht ist noch intakt. Aber zum ersten Mal erhöht sich die Zahl der Personen. Es sind nun vier: der Doktor der Rechte, seine Frau, der Arzt und die Magd. Ludovico Carbone, aus Cremona gebürtig, lebte fast sein ganzes Leben lang in Ferrara, wo er Erzieher am Hof der Este und Professor für Rhetorik an der dortigen Universität war. Seine Fazetien wurden erst 1900 nach der einzigen Handschrift ediert. Sie hatten also ebenso wie die Novelle des Nicolas von Troyes und das Fastnachtspiel keinerlei handschriftliche Verbreitung. Aber irgendwie müssen diese Texte denn doch miteinander in Verbindung stehen. Doch wie? Die plausibelste Erklärung ist die, daß alle Texte auf eine gemeinsame mündliche Überlieferung zurückgehen, die im gebildeten und halbgebildeten städtischen Milieu Westeuropas zirkulierte. Einen Hinweis in dieser Richtung hat im 19. Jahrhundert der Germanist Heinrich Kurz gegeben. Er berichtet, daß die von Wickram registrierte Variante noch im 18. Jahrhundert von einem Schweizer Wunderdoktor aus dem Kanton Bern namens Michael Schüppach erzählt wurde, der mit seinen Wunderheilungen in halb Europa von sich reden gemacht und neugierige Reisende wie Goethe zu einem Besuch veranlaßt hatte. Schüppach gab allerdings die Geschichte als einen authentischen Fall aus. Wir haben es demnach offenbar mit einer Geschichte zu tun, die in fortgesetztem Wandel begriffen war, von Stadt zu Stadt wanderte und aus dem Mund eines Kaufmanns zu Ohren eines Handwerkers oder Legisten kam. Hin und wieder geriet sie auch unter die Feder eines mehr oder weniger dilettierenden Schriftstellers, dessen Talent indes gewöhnlich ausreichte, sie in einem bestimmten Moment ihrer Wanderung festzuhalten. Die Tatsache, daß wir die Geschichte nur in literarischer Fassung oder doch wenigstens aus Texten kennen, die fast immer durch den Namen eines Verfassers beglaubigt sind, darf uns jedoch nicht zu falschen Schlüssen verleiten. Hinter diesen Texten steht immer eine kollektive Schöpfung, deren Verbreitung vornehmlich auf mündlichem Wege geschah, mochten auch die Urheber dieser Schöpfung Gebildete oder Halbgebildete sein. Bis jetzt haben wir nur die an die spezifischen Umstände des historischen Milieus gebundenen, literarischen Determinationen dieser kollektiven Schöpfung unter die Lupe genommen. Mit Hilfe der Saussureschen Unterscheidung zwischen *langue* und *parole* wollen wir auch, dem

Hinweis von Bogatyrev und Jakobson in ihrem bereits angeführten Artikel folgend, ihre Struktur als Ganzes zu untersuchen versuchen.

In allen vier Texten ist die Triebfeder der Handlung die gleiche: eine ausgeprägte Feindseligkeit des Mannes seiner Frau
gegenüber, der vorgeworfen wird, vom Mann die Einhaltung
des ehelichen Treuegebots zu verlangen. Der Mann bean-
sprucht für sich, wenngleich mit unterschiedlichen Begründun-
gen, das Recht, die Sexualität auch außerhalb der Ehe ausüben
zu dürfen – ein Recht, das ihm, wie er meint, weder die Vorschriften der Moral noch die staatlichen Gesetze vorenthalten
können. Diese Feindseligkeit überträgt sich von der Frau auch
auf die christliche Moral und die Reichsgesetze, die beschuldigt
werden, die Frau bei dieser ihrer Forderung nach ehelicher
Treue zu unterstützen, da sie den Ehebruch beider Geschlechter mit der gleichen Strenge ahnden. Die heftige Reaktion des
Mannes läßt sich aus dem historischen Augenblick heraus erklären, denn im Gefolge von Reformation und Gegenreformation
hatten in ganz Europa zugleich mit der Religiosität auch die
traditionell repressiven Tendenzen der christlichen Moral in
starkem Maße wieder zugenommen. In der städtischen Gesellschaft Westeuropas hatte sich hingegen während der Renaissance eine Praxis etabliert, in der auf verschiedene Art und Weise
die Überlegenheit des Mannes über die Frau kodifiziert worden
war. Man war deshalb in den Städten nicht bereit, auch nur
einen Zoll dieser Errungenschaften dem erneuten Ansturm des
Christentums gegenüber preiszugeben.

„In Costnicz ein reicher purger pulet sein maid" – in Konstanz
buhlt ein reicher Bürger mit seiner Magd –, mit diesen Worten
hebt Hans Sachsens Schwank an. Die gesellschaftliche Stellung
des schwangeren Mannes wird hier also nicht mehr ganz so
präzis angegeben wie in wenigstens zwei der besprochenen Versionen, denn in der Novelle des Nicolas von Troyes war von
einem Kaufmann, in der Erzählung Wickrams von einem Ratsherrn die Rede. Im Fastnachtspiel aus Rouen erscheint hingegen
in der Rolle des schwangeren Mannes der *badin*, hinter dessen
Figur dennoch leicht der reiche Bürger erkennbar ist. Die ge-

sellschaftliche Stellung wird also entweder durch einen Beruf
oder ein Amt (Kaufmann – Ratsherr) oder aber durch eine allgemeinere und abstraktere Bezeichnung wie „reicher Bürger"
gekennzeichnet. Im Deutschen ist das Wort „Bürger" jedoch
Träger mehrerer Bedeutungen, mit deren Hilfe wir versuchen
wollen, den Charakter der Figur und der Texte noch genauer zu
umreißen. Das *Deutsche Wörterbuch* der Brüder Grimm verzeichnet unter dem Stichwort „Bürger" folgende Bedeutungen:
„ursprünglich *burgbewohner* im gegensatz zum *land*" und zitiert als Belege mittelhochdeutsche Texte wie das *Nibelungen-
lied* und Wolframs *Parzifal.* „Dann einwohner der städte, ohne
bezug auf die burg, im gegensatz sowol zu den *edeln* und *rittern*
als den *bauern* oder *landleuten.*" Die Belege stammen diesmal
größtenteils aus Luthers deutscher Bibelübersetzung und die
Definition paßt schon recht gut. Aber es folgen noch weitere,
interessante Bedeutungen: „*bürger, civis,* auf alle berechtigten
unthertanen oder genossen des landes, reiches, staates erstreckt,
nach der zuletzt weit über Roms mauern ausgedehnten vorstellung eines *civis romanus.* in diesem sinne wurde der römische
ausdruck längst in *bürger* verdeutscht und seit dem 16. jh. allgemein hergebracht." Es werden auch diesmal viele Stellen aus
Luthers Bibelübersetzung als Beleg zitiert. Das von Sachs ge-
brauchte Wort „Bürger" kannte demnach bereits im 16. Jahrhundert mindestens drei Bedeutungen: eine topographische,
durch welche die Stadtbewohner von den Landbewohnern unterschieden werden; eine gesellschaftliche, durch welche eine
homogene soziale Gruppe innerhalb der Stadtbewohner
abgegrenzt und hervorgehoben und aufgrund ihres gesellschaftlichen Status den anderen sozialen Gruppen gegenübergestellt
wird; schließlich eine politische, die einen Rechtsanspruch
beinhaltet, Rechte überträgt und zur Ausübung von Gewalten
befähigt. In allen vier Versionen des 16. Jahrhunderts, von denen der Schwank von Hans Sachs sozusagen ein unbeabsichtig-
tes Kompendium darstellt, kommen diese drei Bedeutungen des
Wortes vor. Die Stadt und die gesellschaftliche Stellung ihrer
Bewohner bilden überall den Hintergrund der Handlung, die
hie und da diskrete, doch bezeichnende Einblicke in den Reichtum und den Handel, dem er entspringt, freigibt. Zwar wird

nur in der Novelle des Nicolas von Troyes der schwangere Mann ausdrücklich als Kaufmann bezeichnet, doch in allen vier Versionen haben die Personen ausnahmslos eine kaufmännische Mentalität. Sie leben in der Atmosphäre der Stadt, deren wirtschaftliche Blüte auf dem Austausch von Waren und Dienstleistungen beruht, und sind deshalb zutiefst davon überzeugt, daß alles und jedes getauscht und zu Geld gemacht werden kann: sexuelle und professionelle Dienstleistungen, Ehre, Treue und Tugend. Nur in der Geschichte Wickrams wird näher auf die politische Verfassung der Stadt verwiesen: die Hauptperson ist hier ein Ratsherr, und es ist auch von den städtischen Gesetzen die Rede, die den Ehebruch unter Strafe stellen. Doch auch in den anderen drei Texten ist die politische Ordnung der Stadt in die Handlung miteinbezogen. Die Macht des Mannes über die Frau wird als Macht des Ehemanns über seine Frau und als Macht des Dienstherrn über die Magd determiniert. Eine jede dieser Gewalten wird aufgrund eines bestimmten, von der Rechtsordnung der Stadt und ihren Statuten sanktionierten Rechts ausgeübt. In der Person der vier Protagonisten, die in der Stadt wohnen, hier Reichtum ansammeln und Rechte ausüben, sind die drei Bedeutungen des Wortes „Bürger" also eng miteinander assoziiert.

Diese semantische Polivalenz des Wortes entspricht völlig der historischen Realität, nicht nur in Deutschland, sondern auch im übrigen Europa. Nur wer bestimmte Rechte besaß, die ihn dank seiner Zugehörigkeit zur städtischen Gemeinschaft zur Ausübung von Beruf und Handel verschiedenster Art ermächtigten und ihm die Teilnahme an den öffentlichen Geschäften ermöglichten, durfte sich damals Bürger nennen. In der deutschen Sprache hat das Wort Bürger die aus seinen geschichtlichen Ursprüngen herrührende semantische Mehrdeutigkeit bewahrt, notwendigerweise jedoch die einstige Übereinstimmung mit der historischen Wirklichkeit verloren. Verglichen mit der Vergangenheit hat der Bürger von heute völlig andere Merkmale in wirtschaftlicher, gesellschaftlicher und politischer Hinsicht. Seine Moral ist jedoch – zumindest bis an die Schwelle unserer Gegenwart – die gleiche geblieben. Die von Freud als „kulturell" bezeichnete Sexualmoral ist in Wirklichkeit ja nichts anderes als die „bürgerliche" Sexualmoral, so wie sie schon von den Texten des 16. Jahrhundert beschrieben wird.

Das erste Kennzeichen dieser Moral ist ihre Weltlichkeit. Sie beruft sich nicht mehr auf die göttliche Offenbarung, sondern gründet sich auf einen Kode autonomer Werte, die ihre Rechtfertigung in sich selbst haben. Die Freiheit des Willens, der sich selbst das Gesetz diktiert, ist die große Entdeckung Kants, die zweite kopernikanische Revolution, die den Menschen in den Mittelpunkt des Universums stellt, so wie Kopernikus die Sonne in das Zentrum des Alls gestellt hatte. In der *Vorlesung über Ethik* lesen wir im „Von den Pflichten gegen den Körper in Ansehung der Geschlechtsneigung" betitelten Paragraphen folgendes: „Weil die Geschlechtsneigung keine Neigung ist, die ein Mensch gegen den anderen als Mensch hat, sondern eine Neigung gegen das Geschlecht, so ist diese Neigung ein Principium der Erniedrigung der Menschheit, ein Quell, ein Geschlecht dem anderen vorzuziehen und es aus Befriedigung der Neigung zu entehren. Die Neigung, die man zum Weibe hat, geht nicht auf sie als auf einen Menschen, sondern weil sie ein Weib ist, demnach ist einem Manne die Menschheit am Weibe gleichgültig und nur das Geschlecht der Gegenstand seiner Neigungen ... Die Geschlechtsneigung setzt also die Menschheit in Gefahr, daß sie der Tierheit gleich werde." Dennoch kam der Sexualität, mochte sie auch noch so verderblich für die Moral sein, die unersetzbare Funktion zu, den Fortbestand der Menschheit zu gewährleisten. Es war also wohl doch besser, sich mit ihr ins Einvernehmen zu setzen, und zu diesem Zwecke konnte die alte Institution der Ehe wieder einmal gute Dienste leisten: „Die Ehe ist also die einzige Bedingung von seiner Geschlechterneigung Gebrauch zu machen" – dies die lakonische Schlußfolgerung von Kants Überlegungen.

Haben wir ähnliches nicht schon gehört? Einem impertinenten Kritiker, der ihm vorgeworfen hatte, „kein neues Prinzip der Moralität, sondern nur eine neue Formel" aufgestellt zu haben, antwortete der Philosoph sichtlich pikiert in einer Anmerkung der *Kritik der praktischen Vernunft*: „Wer wollte aber auch einen neuen Grundsatz aller Sittlichkeit einführen, und diese gleichsam zuerst erfinden? Gleich als ob vor ihm die

Welt, in dem was Pflicht sei, unwissend, oder in durchgängigem Irrtum gewesen wäre." Was er damit meinte, verstehen wir vielleicht besser, wenn wir uns dem Paragraphen der *Vorlesung* zuwenden, der von den *crimina carnis* handelt und in dem fast die ganze christliche Sexualtheologie noch einmal Parade läuft.

Davon ausgehend, daß ,,der Zweck der Menschheit in Ansehung der Neigungen ... die Erhaltung der Arten ohne Wegwerfung seiner Person" sei, definiert Kant als *crimen carnis* jede Form von Sexualität, die diesem Zweck nicht entspricht, also das Konkubinat und den Ehebruch und daneben natürlich auch Onanismus, Homosexualität und Sodomie. Gerade diese drei letzteren ,,crimina carnis contra naturam" ,,erniedrigen die Menschheit unter die Tierheit, machen den Menschen der Menschheit unwürdig". Vom Christentum hatte Kant, der als einer der großen Vorkämpfer des säkularisierten, liberalen Gewissens Europas gilt, indes nicht nur den Abscheu vor der Sexualität und das Prinzip der Gegenseitigkeit geerbt. Er erbte auch die diesem Prinzip innewohnende Aporie, die es zersetzt und auflöst. In der *Allgemeinen Rechtslehre* stellt sich Kant, nachdem er nochmals seine Auffassung von der Ehe als gegenseitigem Besitz wiederholt hat (,,die Verbindung zweier Personen verschiedenen Geschlechts zum lebenswierigen wechselseitigen Besitz ihrer Geschlechtseigenschaften"), denn auch die Frage, ,,ob es auch der Gleichheit der Verehlichten als solcher widerstreite, wenn das Gesetz von dem Manne in Verhältniß auf das Weib sagt: er soll dein Herr (er der befehlende, sie der gehorchende Theil) sein". Über die Antwort konnte natürlich kein Zweifel bestehen: ,,Dieses [kann] nicht als der natürlichen Gleichheit eines Menschenpaares widerstreitend angesehen werden, wenn dieser Herrschaft nur die natürliche Überlegenheit des Vermögens des Mannes über das weibliche in Bewirkung des gemeinschaftlichen Interesses des Hauswesens und des darauf gegründeten Rechts zum Befehl zum Grunde liegt, welches daher selbst aus der Pflicht der Einheit und Gleichheit in Ansehung des Zwecks abgeleitet werden kann." Und so schleicht sich die aus dem Haus gejagte Ausnahme von der Regel zugunsten des Mannes, die das Prinzip der gegenseitigen Achtung auszuschließen schien, heimlich durch die Hinterpforte wieder hinein. Denn zwischen Herr und Knecht kann ebenso wenig eine echte Gegenseitigkeit bestehen wie zwischen Mann und Frau, solange einer sich dem anderen überlegen wähnt. Die säkularisierte Moral ist die bürgerliche Moral, und die bürgerliche Moral ist nichts anderes als die ein wenig modernisierte und herausgeputzte christliche Moral.

Auf einem anonymen deutschen Holzschnitt (Anfang 17. Jahrhundert) sind Szenen aus dem bürgerlichen Familienleben dargestellt (Abb. 20). Die Sequenz beginnt rechts auf dem Bild, wo ein Mann, mit Hut und Mantel bekleidet, gravitätischen Schrittes das Haus betritt. Die rechte Hand hat er zu einer Geste emporgehoben, die wir schon kennen: Es ist die Segensgeste Gottvaters auf den Darstellungen der Geburt Evas, die Gott als den Allmächtigen ausweist. Der Mann schreitet auf die Mitte des Bildes zu, wo sich im Vordergrund die Hauptszene abspielt, die dem Holzschnitt den Titel gibt: *Häusliche Eintracht durch das Regiment des Mannes.* Hier kniet, die Ellenbogen auf einen Schemel gestützt, eine Frau, die die Hände wie zum Gebet gefaltet hat. Ihr Gesicht ist dreiviertel nach vorne gewandt, die Augen hat sie zu Boden geschlagen. Die ganze Mine drückt Kummer und Beschämung aus. Hinter ihr steht ein zweiter Mann. Er ist ohne Mantel, doch trägt er auf dem Kopf den gleichen Hut wie der Mann, der das Haus betritt und dem er auch in den Gesichtszügen ähnelt. Wir erkennen in ihm also das Duplikat des ersten Mannes, den Ehemann der knienden Frau, auf deren nacktes Gesäß er eben kraft seiner ehemännlichen Gewalt mit einer Rute einschlägt. Die Stellung, in der Mann und Frau auf diesem Holzschnitt dargestellt sind, erinnert an die Stellung der Körper in den Darstellungen der Geburt Evas nach der Einführung des Euphemismus, nur daß hier die Rollen vertauscht sind: Der Mann steht aufrecht da, während die Frau vor ihm kniet. Der eintretende Mann vervollständigt auch wieder das alte Terzett. Allerdings hat sich in der Zwischenzeit einiges geändert. Adam ist nun aus dem Schlafe erwacht, hat sich erhoben und angekleidet, den Hut aufgesetzt und die Rute in die Hand genommen. Er allein ist jetzt der Herr, der keine göttliche Investitur mehr nötig hat und seine Befehlsgewalt

20. Häusliche Eintracht durch das Regiment des Mannes

auch ohne Gott ausüben kann. Die alte christliche Moral hat
der bürgerlichen den Platz geräumt, und diese ist eine weltliche
Moral. Diese weltlich bürgerliche Moral, die für die häusliche
Eintracht sorgt, ist auf den beiden Szenen im Hintergrund des
Bildes dargestellt. Auf der einen wird eine mit Tellern und
Schöpflöffeln geschmückte Küche sichtbar, in der die Frau auf
dem Herd, in dem das Feuer brennt, Fleisch an einem Spieß
brät und es ihrem Mann reicht. Auf der anderen vergnügen sich
die Eheleute, an einem Tische sitzend, beim Kartenspiel. Die
häusliche Eintracht wäre ohne Kinder und Hund natürlich un-

vollständig. Kinder und Hund blicken aufmerksam auf die Rute, wohl wissend, daß auch sie sie bei der ersten besten Gelegenheit zu spüren bekommen werden.

## II.

### 6. Ehefrau gegen Ehemann

Auch in der großen orientalischen Novellensammlung *Tausendundeine Nacht* begegnet in einer Novelle das Motiv des schwangeren Mannes. Es handelt sich um *Die Geschichte vom Kadi, der ein Kind bekam.* Sie entstammt zweifellos der mündlichen Überlieferung und ist wahrscheinlich erst spät – wann genau, ist nicht feststellbar – schriftlich fixiert worden. Den Rahmen für den Konflikt zwischen Mann und Frau, der in dieser Novelle die Form der Auflehnung der Ehefrau gegen den Ehemann annimmt, bildet hier das Rechtsinstitut der Ehe. Die Handlung ist folgende:

Der Kadi, der im Namen des sagenumwobenen abbassidischen Kalifen Harun el-Raschid im syrischen Tripolis Recht spricht, ist ein unverbesserlicher Geizhals, der sich jedoch gezwungen sieht, sich trotz seines Geizes zu verheiraten, weil nach islamischer Auffassung die Ehelosigkeit nicht als die beste Lebensform gilt. Aber auch jetzt ist der Kadi nicht bereit, seine alte, im Zeichen des Geizes stehende Lebensweise aufzugeben. Er läßt seine Frau Hunger leiden und nimmt dann ihren Protest zum Anlaß, ihr die Nase abzuschneiden, sie zu verstoßen und obendrein noch die Morgengabe einzubehalten, die er ihr bei der Eheschließung ausgesetzt hat und auf die sie im Falle der Verstoßung Anspruch hat. Die gleiche Geschichte wiederholt sich mehrere Male, bis die Kunde vom schändlichen Gehaben des Kadis auch nach Mossul gelangt, wo eine schöne und energische Frau beschließt, ihr Geschlecht zu rächen. Zu diesem Zweck siedelt sie nach Tripolis über, betört mit ihrer Schönheit den Kadi und läßt sich von ihm heiraten. Zu Hause spürt sie sogleich den Schatz auf, den ihr geiziger Ehemann in all den Jahren der sich selbst und seinen unglücklichen Ehefrauen auferlegten Entbehrungen angehäuft hat, und macht sich umgehend daran, die bisher herrschenden Eßgewohnheiten umzukehren. Statt Dörrbrot und Zwiebeln, der einzigen Speise, die der Kadi seinen früheren Frauen und seiner häßlichen Negersklavin zugestanden hatte, erscheinen jetzt auf der Tafel köstliche Leckerbissen, die die Frau als Gaben ihrer Verwandten ausgibt. Der Kadi gibt sich mit dieser Erklärung zufrieden und schlägt sich mit all den Köstlichkeiten, die seine Frau ihm täglich auftischt und die er für geschenkt hält, den Bauch voll. An der sorglos verschwenderischen Fülle läßt die Frau auch ihre Nachbarschaft teilnehmen, vor allem eine arme Frau, Mutter von vielen Kindern, die wiederum schwanger ist. Die Schwangerschaft der Nachbarin bietet der Frau des Kadis den Anlaß, ihrem Mann eine tüchtige Lektion zu erteilen. Nachdem sie die Nachbarin in ihren Plan eingeweiht hat, bereitet sie dem Kadi, als die Geburt nahe ist, ein köstliches Bohnengericht und setzt es ihm mit der gewohnten Reichlichkeit vor. Der Kadi ißt mittags und abends so große Mengen davon, daß er mitten in der Nacht, von Blähungen und Leibschmerzen gequält, aufwacht und um Hilfe ruft. Genau das hat seine Frau erwartet. Wie eine geübte Hebamme massiert sie ihm den Leib und kündet ihm die nahende Geburt eines Kindes an. Von der Nachbarin gefolgt, die soeben ihr Kind zur Welt gebracht hat, kehrt sie nach wenigen Minuten mit einer Kupferschüssel an das Bett des Kadis zurück, um die sich ankündigende Stuhlentleerung darin aufzufangen. Dann präsentiert sie ihrem Mann das Neugeborene der Nachbarin, das sie im weiten Ärmel ihres Kleides versteckt gehalten hat. Das Wunder der männlichen Geburt – erklärt sie dem Kadi – entspringe dem unerforschlichen Ratschluß der göttlichen Allmacht. Der Kadi wagt nicht an der Geburt zu zweifeln, ist aber zutiefst um seinen Ruf besorgt. Er schämt sich so sehr, daß er, um dem gefürchteten Skandal zu entgehen, nach Damaskus flieht, wo er unerkannt ein elendes Dasein fristet. Die Frau ist nun Herrin der Lage. Mit dem Schatz des Geizigen führt sie ein großzügiges Leben, beschenkt aber auch ihre Nachbarn und entschädigt ihre unglücklichen Vorgängerinnen für den Verlust der Morgengabe. Die Kunde von der Flucht des Kadis und dem aufwendigen Leben seiner Frau gelangt schließlich nach Bagdad zu Ohren des Kalifen, der die Frau zu sich rufen läßt, ihr Straffreiheit zusagt und sich die ganze Geschichte von ihr erzählen läßt, über die er von Herzen lacht. Indessen ist aber auch der Kadi in Bettlerkleidern an den Hof des Kalifen gelangt und wird hier von seiner Frau erkannt. Er beteuert, in sich gegangen zu sein, verspricht, sich und seine Lebensweise ändern zu wollen, und bittet den Kalifen, ihn in sein früheres Amt und seine Rechte als Ehemann wiedereinzusetzen. Seine Frau traut aber den Versprechungen nicht – der Sohn Adams hat nicht die Gewohnheit, sich zu ändern, erklärt sie – und verlangt, daß er sich in schriftlicher Form, verbürgt durch das Siegel des Kalifen, verpflichten solle. Erst dann willigt sie ein, zu ihrem Mann zurückzukehren, der als Richter in eine andere Stadt versetzt wird.

Den gesellschaftlichen Hintergrund der Novelle bildet, wie wir sehen, die Stellung der Frau im islamischen Orient; in den Brennpunkt gerückt wird das Rechtsinstitut, das ihre dort besonders degradierende Stellung auch in rechtlicher Hinsicht sanktioniert, indem es dem Ehemann das Recht zuerkennt, seine Frau ohne jeden Grund, nach Willkür und Belieben mittels der einfachen Willenskundgebung zu verstoßen. Um die Härten dieses für die Frau so demütigenden Rechts wenigstens in ökonomischer Hinsicht zu mildern, gestand das islamische Recht der verstoßenen Ehefrau die freie Verfügung über die Morgengabe zu, die der Ehemann bei der Eheschließung auszusetzen verpflichtet war. ,,Es ist euch nicht gestattet, von dem, was ihr gegeben habt, etwas zurückzunehmen", schrieb der Koran den Männern vor, die ihre Frau zu verstoßen gedachten (II, 229), und ein berühmter Jurist des 14. Jahrhunderts, Halil Ibn Ishaq, empfahl sogar, der Frau ein den wirtschaftlichen Möglichkeiten des Mannes entsprechendes Trostgeschenk zukommen zu lassen. Von derlei kostspieligen Tröstungen hält der Kadi der Novelle freilich nicht viel, obwohl doch gerade er im Auftrag des Kalifen über die Einhaltung des Gesetzes zu wachen hatte. Der Kadi war nämlich allgemein anerkannter Richter in allen die Familie betreffenden Rechtsfragen – und um diese geht es ja in der Novelle. Seine Bestellung erfolgte durch den Kalifen; Voraussetzung für das Amt waren ein untadeliger

Lebenswandel und die Kenntnis der heiligen Bücher, nach denen gerichtet wurde. Obwohl er nicht eigentlich ein Geistlicher war, hatte der Kadi doch einen fast priesterlichen Charakter. Dies alles machte ihn beinahe zwangsläufig zur Zielscheibe des Angriffs der Frau gegen die Autorität.

Der hervorstechendste Charakterzug des Kadis, mit dem er gleich zu Beginn der Novelle vorgestellt wird, ist der Geiz, und folglich nimmt die anale Thematik einen breiten Raum im Geschehen ein. Sie wird zunächst durch eine erste Reihe von Äquivalenten entwickelt: Geiz, Frugalität und Enthaltsamkeit gehören zur gleichen Kategorie und bilden eine Einheit. Aber wenn sie auch zur gleichen Kategorie gehören, so besteht doch andererseits ein Abhängigkeitsverhältnis zwischen ihnen. Frugalität und Enthaltsamkeit sind nämlich ein Ausfluß des Geizes. Um Kosten für den Haushalt zu sparen, begnügt sich der Kadi mit Dörrbrot und Zwiebeln und beschränkt seinen Harem auf eine häßliche Negersklavin („sie glich einer Büffelkuh", heißt es im Text), die zugleich seine Magd und seine Konkubine ist. Unter diesen Umständen dürfte die Enthaltsamkeit kein großes Problem für ihn dargestellt haben. Ein solcher Lebensstil konstrastierte jedoch mit der gesellschaftlichen Stellung des Kadis. Ein hoher Richter wie er durfte nicht unverheiratet bleiben, denn die Ehelosigkeit widersprach den Weisungen des Korans (XXIV, 32), der den Gläubigen zur Ehe riet („Verheiratet die, welche unter euch noch unverheiratet sind, auch die Knechte und Mägde, sofern sie ehrbar sind"), und dieses Gebot mußte in besonderem Maße für diejenigen gelten, die den Auftrag hatten, über die Einhaltung des Gesetzes zu wachen und Zuwiderhandlungen zu bestrafen. Der Kadi kann denn auch seinen Untergebenen bei Gericht nicht unrecht geben, als sie ihn auf seine Inkongruenz aufmerksam machen. Er versucht deshalb, die Ehe in das alte Schema einzupassen. Er verheiratet sich zwar, läßt aber seine Frau Hunger leiden und veranlaßt sie auf diese Weise zum Protest, den er wiederum zum Anlaß nimmt, sie zu verstoßen und die Mitgift einzubehalten. Das alte Schema geht also gestärkt aus der ganzen Angelegenheit hervor, Frugalität und Enthaltsamkeit werden immer deutlicher den Zwecken des Geizes untergeordnet.

Doch Geiz, Sparsamkeit und Akkumulation von Geld verweisen unmißverständlich auf die Defäkationslust. Aus der Psychoanalyse ist bekannt, daß der Geiz in engem Zusammenhang mit der infantilen Schwierigkeit steht, ,,die *incontinentia alvi* zu beherrschen", d. h. mit dem hartnäckigen Widerstand der Kleinkinder zu tun hat, ,,die sich weigern, den Darm zu entleeren, wenn sie auf den Topf gesetzt werden, weil sie aus der Defäkation einen Lustgewinn ziehen". Dies wird auch durch Aussagen von Erwachsenen bestätigt, die zugeben, noch in späteren Jahren Vergnügen an der Darmentleerung gefunden zu haben. ,,Das ursprünglich erotische Interesse an der Defäkation ist, wie wir ja wissen, zur Erlöschung in reiferen Jahren bestimmt", fährt Freud in seinem kurzen Aufsatz *Charakter und Analerotik* fort. ,,In diesen Jahren tritt das Interesse am Gelde als ein neues auf, welches der Kindheit noch gefehlt hat; dadurch wird erleichtert, daß die frühere Strebung, die ihr Ziel zu verlieren im Begriffe ist, auf das neu auftauchende Ziel übergeleitet werde". Deshalb auch ,,ist überall, wo die archaische Denkweise herrschend war oder geblieben ist, in den alten Kulturen, im Mythus, Märchen, Aberglauben, im unbewußten Denken, im Traume und in der Neurose das Geld in innigste Beziehung zum Drecke gebracht".

Aus der ersten Reihe – Geiz, Frugalität, Enthaltsamkeit – leitet sich also eine zweite Reihe ab. Ihre beiden ersten Glieder sind Kot und Geld. Auf der Suche nach dem dritten müssen wir auf Freuds Hilfe verzichten. Vom Geld gelangte Freud zum Kot, aber hier hielt er inne und trieb seine Neugier nicht weiter. Es ist das Verdienst des italienischen Psychoanalytikers Elvio Fachinelli, auf einen Paragraphen im ersten Buch des *Kapitals* aufmerksam gemacht und mit diesem Komplex in Verbindung gebracht zu haben. Es handelt sich um den Abschnitt über die ,,Schatzbildung", in welchem Marx das theoretische Problem mit außerordentlicher literarischer Ausdruckskraft veranschaulicht. Auch Marx hat erkannt, daß dem Geiz ein Mechanismus von Verzicht und Kompensation zugrunde liegt. Aber das Erstaunliche ist, daß auch er dem Verzicht einen libidinösen Charakter zuerkennt und diesen mit Worten aus dem prohibitionistischen Vokabularium der christlichen Moral farbig beschreibt.

„Der Schatzbildner", heißt es hier, „opfert daher dem Goldfetisch seine Fleischeslust. Er macht Ernst mit dem Evangelium der Entsagung". Der Fetisch, dem er opfert, verheißt ihm jedoch reichlichen Lohn: „Gold ist ein wunderbares Ding! Wer dasselbe besitzt, ist Herr von allem, was er wünscht. Durch Gold kann man sogar Seelen in das Paradies gelangen lassen", soll Columbus nach einem von Marx zitierten Wort proklamiert haben. Marx kommentiert dazu: „Da dem Geld nicht anzusehn, was in es verwandelt ist, verwandelt sich alles, Ware oder nicht, in Geld. Alles wird verkäuflich und kaufbar. Die Zirkulation wird die große gesellschaftliche Retorte, worin alles hineinfliegt, um als Geldkristall wieder herauszukommen. Dieser Alchimie widerstehn nicht einmal Heiligenknochen und viel weniger minder grobe res sacrosanctae, extra commercium hominum". Der Charakter des Geldes als eines Kompensationsobjekts hätte nicht präziser beschrieben werden können. Durch die Vermittlung des Geldes wird also „die gesellschaftliche Macht . . . zur Privatmacht der Privatperson". Vom Geld ausgehend, gelangte Marx zur Macht, während Freud beim Kot haltmachte (was immer dann zu geschehen pflegt, wenn die Kultur im Vordergrund der Sorge steht). Auch die zweite Reihe ist jetzt also komplett. Sie lautet: Kot – Geld – Macht. Wenn sich auch hinter dem Hang zum Geld der Machtwille verbirgt, so sind Geld und Macht doch wiederum Reaktionsbildungen auf den durch die Gesellschaft auferlegten Verzicht auf libidinöse Triebregungen, die durch jene beiden kompensiert werden sollen. Die Grundsituation ist also die des Kindes, das gezwungen wird, die Freiheit und den Genuß an der Stuhlentleerung den Anforderungen der Kultur zum Opfer zu bringen (Ordnung und Sauberkeit sind ja Freud zufolge fundamentale Kulturanforderungen). Das aber bedeutet, daß sich die Macht auf der Basis einer allgemeinen Repression des Eros als Kultur konstituiert. Die Macht ist also der Kultur immanent, ist von der Kultur nicht ablösbar – als Staat oder als herrschende Klasse etwa –, wie uns hingegen ihre Anbeter glauben machen wollen. Dieses Enthaltensein der Macht in der Gesellschaft und ihre innige Verflechtung mit den noch so verborgenen gesellschaftlichen Mechanismen ist eine Tatsache, die nicht weggeleugnet werden kann. Wer den Stachel der Macht im eigenen Fleisch verspürt hat, hat dies immer schon gewußt.

Auf das Lebensschema ihres Mannes, bei dem die Autorität des Ehemannes und die Autorität des Richters eine enge Verbindung eingehen, reagiert die Frau, indem sie den Kadi zwingt, seinen Kot herzugeben. Die heilsame Stuhlentleerung beraubt den Kadi gleichzeitig seines Kots, seines Geldes und seiner Macht. Die Frau handelt dabei nach einer wohlberechneten Taktik. Sie macht die Schwächen in der Verteidigung ihres Gegners aus und bedient sich mit weiblicher List der Möglichkeiten, die ihr das häusliche Zusammenleben bietet. Ihre bescheidenen Waffen findet sie allesamt im Bereich von Haus und Herd. In der Küche nimmt die Strategie ihren Anfang, die zur endgültigen Niederlage des Kadis führt. Das Meisterstück dieser Strategie besteht aber darin, daß die Frau ihren Mann in die Falle der Analerotik lockt und auf diese Weise das Verdrängte zur Wiederkehr zwingt.

In der kurzen Schrift *Infantile Sexualtheorien* hat Freud gezeigt, daß die Schwierigkeit, die Existenz der Vagina zu verifizieren, die Kinder dazu führt, das Problem der Geburt unter analem Gesichtspunkt zu betrachten. ,,Wenn das Kind im Leibe der Mutter wächst und aus diesem entfernt wird, so kann dies nur auf dem einzig möglichen Wege der Darmöffnung geschehen. Das Kind mußt entleert werden wie ein Exkrement, ein Stuhlgang." Diese Auffassung verursacht dem Kind weder Ekel noch Abscheu. Es scheint ihm völlig natürlich, ,,so zur Welt zu kommen wie ein Haufen Kot ... Die Kloakentheorie, die für so viele Tiere ja zu Recht besteht, war die natürlichste und die einzige, die sich dem Kinde als wahrscheinlich aufdrängen konnte. Dann war es aber nur konsequent, daß das Kind das schmerzliche Vorrecht, Kinder zu gebären, nicht gelten ließ. Wenn die Kinder durch den After geboren werden, so kann der Mann ebenso gebären wie das Weib". Dann aber ist es, bemerkt Freud, ,,wie im Märchen. Man ißt etwas Bestimmtes und davon bekommt man ein Kind". Der dem unwissenden, abergläubischen Volk vom rationalen Denken zur Last gelegte Glaube an eine mögliche Schwangerschaft des Mannes läßt sich somit als eine Rückkehr zur infantilen Kloakentheorie erklären, von der im Bewußtsein der Erwachsenen nicht einmal die Erinnerung überlebt, weil sie der allgemeinen Verdrängung der analen Sexualkomponenten zum Opfer gefallen ist. Aber gerade diese infantilen Sexualkomponenten macht sich die Frau zunutze, um ihren Mann in die Vergangenheit seines Kinderglaubens zurückzudrängen und ihn so endlich wehrlos vor sich auf die Knie zu zwingen. Denn für den Erwachsenen ist die für das Kind so natürliche Kloakentheorie weitaus weniger akzeptabel. Freud hat bei einer Gelegenheit geschrieben, daß „immer wenn eine höhere Stufe erreicht ist, . . . die frühere noch im negativ erniedrigten Sinn Verwendung finden kann". Das gilt um so mehr für die Kloakentheorie, da der Erwachsene durch die Erziehung dazu geführt worden ist, die Exkremente als etwas Wertloses und Ekelhaftes anzusehen. Angesichts der von der Gesellschaft gesetzten und durch die Sitte sanktionierten Wertmaßstäbe bedeutet die Regression auf die Kloakentheorie für den Mann unweigerlich das Abgleiten ins Ghetto der Herabsetzung und Unterlegenheit, das die Gesellschaft seit Urzeiten den Frauen bestimmt hat. In der Novelle begnügt sich die Frau jedoch nicht mit einer einfachen Vergeltungsaktion. Sie geht weiter und stößt bis zum eigentlichen Kern des Problems vor, indem sie aufdeckt, daß eine perfekte Äquivalenz zwischen dem Mehr und dem Weniger, zwischen dem Fehlen und dem Überschuß die Wurzel der Macht bildet: die Macht gründet sich auf den Kot, während sich die sexuelle Impotenz in gesellschaftliche Potenz verwandelt.

### 7. Das Fuhrwerk im Leib des Pfarrers
### Ein französisches Märchen

*Ein Pfarrer, der schon länger krank war, beschloß endlich, sich an eine heilkundige Frau zu wenden, die in einem Ort namens Frise wohnte. Diese Frau pflegte den Urin zu beschauen, um die Art der Krankheit zu erkennen, und deshalb füllte der Pfarrer sein Wasser in eine Flasche aus Glas und rief seine Magd: ,Kathrin, da ist eine Flasche mit Urin, bring sie zur Frau nach*

*Frise und befrage sie. Wenn sie eine Arznei verschreibt, besorge
sie unterwegs beim Apotheker von Albert.'*

*Die Magd machte sich mit der Flasche auf den Weg nach Frise.
Doch als sie das letzte Dorf durchquerte, stolperte die Arme
über einen Stein und fiel so unglücklich hin, daß die Flasche
zerbrach.*

*,Jesus Maria, was tun? Was wird der Herr Pfarrer sagen, wenn
er davon erfährt?'*

*Vor lauter Verzweiflung hätte sie sich beinahe die Haare ausge-
rauft, aber dann kam ihr plötzlich ein Gedanke. Sie trat in ein
Haus und erzählte der Frau, die schwanger war, von ihrem
Mißgeschick.*

*,Es wäre sehr freundlich von euch, liebe Frau, wenn ihr mir eine
neue Flasche geben und da hineinpinkeln würdet. Der Herr
Pfarrer wird es nicht merken und mich so auch nicht vor die Tür
setzen.'*

*,Nichts einfacher als das, euren Wunsch erfülle ich gern.'*

*Danach nahm die Magd die Flasche wieder an sich und gelangte
alsbald nach Frise zur heilkundigen Frau:*

*,Der Herr Pfarrer ist schon seit einiger Zeit krank und hat mich
zu euch geschickt, um euren Rat einzuholen. Hier sind auch die
zwanzig Franken, die er mir für euch mitgegeben hat.'*

*Die Frau sah die Flasche an:*

*,Das ist aber nicht das Wasser eines Mannes!'*

*,Das ist nicht das Wasser eines Mannes? Aber es ist doch das
Wasser des Herrn Pfarrer!'*

*,Völlig unmöglich!'*

*,Aber es ist ganz bestimmt das Wasser des Herrn Pfarrer! Das
versichere ich euch.'*

*,Ja, dann hat der Herr Pfarrer eben ein Fuhrwerk im Leib!'*

*,Ein Fuhrwerk im Leib? Ihr macht wohl Spaß!'*

*,Ich mache keinen Spaß, aber der Herr Pfarrer kann trotzdem
gesund werden. Geht auf dem Rückweg beim Apotheker von
Albert vorbei. Ich schreibe euch hier eine Salbe auf. Von der
laßt euch für zwei Kreuzer geben. Wenn ihr heimkommt, sagt
dem Herrn Pfarrer, er solle einen Wollebausch nehmen und sich
mit dieser Salbe den Leib einreiben. Dann wird er wieder gesund.'*

*Die Magd machte sich auf den Heimweg und versäumte auch nicht, sich vom Apotheker in Albert für zwei Kreuzer von der Salbe geben zu lassen. Als sie ins Pfarrhaus zurückkam, fragte sie der Pfarrer:*

*‚Was hat denn die Frau in Frise gesagt, Kathrin?‘*

*‚Ach, schweigt lieber still, denn sie hat mir etwas so Seltsames gesagt, daß ich es gar nicht begreife.‘*

*‚Und was hat sie dir gesagt?‘*

*‚Sie hat mir gesagt, daß ihr ein Fuhrwerk im Leib habt.‘*

*‚Ein Fuhrwerk im Leib? Das ist aber doch nicht möglich!‘*

*‚Doch, das hat sie gesagt. Und ich habe auch beim Apotheker für zwei Kreuzer Salbe gekauft, mit der dieses verfluchte Fuhrwerk aus dem Leib herausgetrieben werden soll. Nehmt einen Wollebausch und reibt euch den Leib damit ein!‘*

*Der Pfarrer lüpfte die Soutane, knöpfte die Unterhosen auf und wollte sich mit der Salbe einreiben. Aber da kam ihm ein anderer Gedanke:*

*‚Kathrin, komm her! Reib doch lieber du mich mit der Salbe ein.‘*

*‚Aber nein, Herr Pfarrer, schlagt euch das nur aus dem Sinn!‘*

*‚Du brauchst dich wirklich nicht zu schämen, es geht so doch viel besser.‘*

*Die Magd machte sich daran, ihrem Herrn den Leib einzureiben, doch da richtete sich plötzlich das Glied des Pfarrers auf.*

*‚O Herr Pfarrer! Ich habe es euch doch gleich gesagt, daß ihr ein Fuhrwerk im Leib habt. Guckt nur! Die Deichsel schaut ja schon hervor!‘*

## 8. Frau gegen Arzt

Dieses französische Märchen wurde in der zweiten Hälfte des vergangenen Jahrhunderts in der Picardie im Umkreis der kleinen Stadt Albert aufgezeichnet, in einer Provinz also, die der Normandie benachbart ist. Wie in vielen anderen unveröffentlichten Märchen dieses Typs tritt auch hier nicht der Arzt, sondern eine heilkundige Frau auf. Es handelt sich dabei um einen bedeutsamen Wandel, denn die heilkundige Frau, die in diesem

Märchen an die Stelle des Arztes tritt, handelt und gibt sich
auch ganz wie ein Arzt: Der Urin gibt ihr Auskunft über die
Natur der Krankheit, ohne daß ein persönlicher Kontakt mit
dem Kranken nötig wäre, das Medikament verschreibt sie auf
einem für den Apotheker bestimmten Rezept und schließlich
kassiert sie auch das Honorar. Wir hören nichts mehr von
Kräutern, Zaubersprüchen und all dem anderen Drum und
Dran, das für die alte Volksmedizin so charakteristisch ist.
Doch obwohl die Frau die Rolle des Arztes übernimmt und die
mit dem Beruf verbundenen rituellen Handlungen ausführt, ist
sie dennoch kein richtiger Arzt, denn ihre gesellschaftliche Stellung, der Mangel an Ausbildung und ihr Geschlecht verwehren
ihr den Zugang zu diesem Beruf: Ärztinnen dürfte es im vergangenen Jahrhundert auf dem Land in Frankreich schwerlich
gegeben haben. Zwischen weiblichem Geschlecht und medizi-
nischer Wissenschaft blieb noch lange ein tiefer Abgrund bestehen, den nur die Erinnerung an die alte magische Volksmedizin,
die aber inzwischen viel von ihrer Glaubwürdigkeit eingebüßt
hatte, irgendwie überbrücken konnte. Aber dennoch scheint
der Auftritt der heilkundigen Frau nicht durch die schmerzliche
Erinnerung an eine unwiederbringlich dahingegangene Vergangenheit motiviert zu sein. Die Frau hat sich in diesem Märchen
vielmehr eine der traditionellen Funktionen zurückerobert, die
ihr einst großes gesellschaftliches Ansehen verliehen hatten,
und ist jetzt auch in der Lage, diese Funktion nach den Regeln
der modernen akademischen Wissenschaft auszuüben. Auf diese Weise fordert sie jedoch Zugang zu einem Beruf, für den
Natur und Geschichte sie aufs beste ausweisen. Und nicht nur
das: Von der im Wunsch zurückeroberten Position aus schreitet
sie zum Angriff, um die Arroganz des Arztes und zugleich auch
die Niedertracht seines Mandanten zu entlarven. Frau und Priester stehen sich wiederum feindlich gegenüber. Im Gegensatz
zu den Ärzten in den anderen Versionen des Themas diagnostiziert die heilkundige Frau in diesem Märchen jedoch dem Pfarrer nicht die Schwangerschaft, sondern erfindet die Geschichte
vom Fuhrwerk im Leib. Das Fuhrwerk, von dem im Märchen
die Rede ist, ist aber der *chariot*, ein in Frankreich auf dem Land
viel gebrauchter vierrädriger Wagen mit einer Deichsel, der be-

stens geeignet ist, die Verbindung von männlichen und weiblichen Genitalien zu symbolisieren. Die Krankheit, von der der Pfarrer geheilt werden soll, ist nach Ansicht der heilkundigen Bauersfrau die Androgynie, die ihn zwingt, mit seiner Magd in einem unnatürlichen, durch das Keuschheitsgelübde gewährleisteten Bund zusammenzuleben. Gegen die Androgynie gibt es aber nur ein einziges Mittel, und das ist die Liebe. Die durch die Arznei bewirkte Erektion des Gliedes stellt dem Pfarrer und seiner Magd die einzige gegenseitige Beziehung vor Augen, die dank ihrer Authentizität in der Lage wäre, die Androgynie und mit ihr die Knechtschaft der Frau zu überwinden und aufzuheben.

Der Wunsch des Mannes, die Zeugungskraft der Frau unter Kontrolle zu halten, ist jedoch so stark, daß er sogar an ganz unverdächtiger Stelle wieder auftaucht, nämlich in der akademischen Medizin, die ihre Wissenschaftlichkeit gerade mit dem standhaften Widerstand allen Anfechtungen der Mythologie gegenüber begründet. Ein lehrreiches Kapitel aus der Geschichte der Versuche, der Phantasie des schwangeren Mannes konkrete, allen wissenschaftlichen Ansprüchen standhaltende Umrisse zu geben, ist vor kurzem von Pierre Darmon rekonstruiert worden; ein Kapitel, das im 17. Jahrhundert, dem *siècle des lumières*, spielt, dem man eine gewisse „barocke" Einbildungskraft kaum absprechen kann. Eine Reihe von Fällen, alle mit ausführlichem, wissenschaftlichem Beweismaterial versehen, das die Echtheit der Tatsachen und Behauptungen, der chirurgischen Eingriffe und Autopsien belegen sollte, sorgte dafür, daß die spannende Diskussion das ganze Jahrhundert über nicht ins Stocken geriet. An der Debatte beteiligten sich mit dem gleichen Eifer, doch mit unterschiedlicher Autorität, praktische Ärzte und landweit berühmte Kapazitäten wie der Anatom Pierre Dionis oder der Chirurg Jean Louis Petit. Es erübrigt sich wohl, darauf hinzuweisen, daß trotz der Fülle und des Erfindungsreichtums der wissenschaftlichen Argumente der endgültige Beweis nicht erbracht werden konnte.

Der Gipfelpunkt dieser heroisch komischen Anstrengungen wurde 1804 erreicht, im gleichen Jahre also, in dem Napoleon seinen *Code civil* erließ. Am 12. Juli dieses Jahres machte der damals erst zwanzigjährige, aber auch schon lebhaft an allen Dingen dieser Welt interessierte Stendhal folgende Eintragung in sein Tagebuch: „Das *Journal de Paris* hält es für möglich, daß ein Mann ein Kind gebären kann und beide dabei am Leben bleiben. Ein solcher Fall hat sich in Holland zugetragen". Das sensationelle Ereignis lag damals allerdings schon gut fünfzig Jahre zurück, und das *Journal de Paris* hatte es nur deshalb erwähnt, weil es einen Präzedenzfall für ein ähnliches Vorkommnis darstellte, das sich damals im kleinen, nicht weit von Paris entfernten normannischen Städtchen Verneuil abgespielt hatte und vom Doktor Jean-François Verdier Heurtin in einer gelehrten Abhandlung beschrieben worden war. Der schwangere Bursche aus Verneuil hatte im Gegensatz zu seinem holländischen Schicksalsgenossen die Schwangerschaft allerdings nicht überlebt. Der Holländer hatte nämlich, so wurde berichtet, ein lebendes Kind zur Welt gebracht ohne an seiner Gesundheit Schaden zu leiden.

Wenige Jahrzehnte zuvor war auch Diderot der Faszination des schwangeren Mannes erlegen. In den *Eléments de physiologie,* einer Sammlung von losen Aufzeichnungen und Materialien, faßt er kommentarlos den Bericht einer Gazette über einen analogen Fall zusammen, so daß wir nicht wissen, inwieweit ihm das deutlich war, was wenig später dem Naturforscher Geoffroy Sainte-Hilaire so sonnenklar erschien: daß es sich nämlich bei all diesen schwangeren Männern um Hermaphroditen handelte, die im Besitz von mehr oder weniger vollständig ausgebildeten weiblichen Zeugungsorganen waren. Ein amüsanter und vielleicht nicht ganz zufälliger Aspekt dieser physiologischen Untersuchungen ist die gesellschaftliche Stellung der schwangeren Männer, die zum Forschungsobjekt der Wissenschaft wurden. Bei Diderot handelt es sich um einen Soldaten – was noch angehen mag –, aber Geoffroy Sainte-Hilaire berichtet von einem Mönch – einem leibhaftigen Mönch, nicht etwa von einem Phantasiegebilde, wie es der Mönch der Volksüberlieferung war. Auf die erstaunliche Übereinstimmung von Realität und Phantasie ist schon früh hingewiesen worden. Bereits im 15. Jahrhundert hat Jean Molinet ein kleines Gedicht darüber verfaßt:

,,J'ai veu vif, sans fantosme,
Ung josne moisne avoir
Membre de femme et d'homme
Et enfant concepvoir,
Par luy seul, en luy mesmes
Engendrer, enfanter,
Comme font autres femmes,
Sans oustieux emprunter.''

(Einen jungen Mönch hab' ich gesehn,
leibhaftig war er, kein Gespenst,
der männliches und weibliches Organ zugleich besaß,
der ganz allein und in sich selbst Kinder empfing
und zeugte und gebar nach Art der Frauen,
ohn' Werkzeug sich dafür zu borgen.)


## 9. Bürgerlicher Epilog: Die kastrierende Frau

Eingebettet in die Bodensenkung eines kleinen Tals, das zum
Meer hinabführt, scheint sich Tournevent, ein Dorf mit wenigen Häusern unweit der normannischen Küste zwischen Mon-
tivilliers und Fécamp, vor dem ,,salzigen, schweren Wind, der
ätzt und brennt wie Feuer und wie der winterliche Frost alles
ausdörrt und zerstört'', in den Boden zu ducken. An diesem
Ort, in einer Gegend, die ihm seit Kindertagen vertraut war, hat
Maupassant seine Novelle *Toine* angesiedelt.

Antoine Mâchelblé, genannt Toine, ist in der ganzen Umgebung seiner Leutseligkeit und gewaltigen Leibesfülle wegen bekannt und beliebt. Sein Appetit kennt keine Grenzen, nichts
vermag Toines Hunger und Durst zu stillen. Das Meer könnte
er austrinken, spötteln seine treuen Stammgäste, die Müßiggän-
ger im Dorf. Toines Frau ist hochgewachsen wie er selbst, aber
im Gegensatz zu ihm dürr und hager. Ihre Hauptbeschäftigung,
der sie sich mit Leidenschaft hingibt, ist die Geflügelmast, und
ihre zarten, wohlschmeckenden Hähnchen finden reißenden
Absatz bei den Feinschmeckern der benachbarten Stadt. Aber
so leutselig und fröhlich auch Toine, so widerborstig und unzu-

frieden seine Frau. Seit dreißig Jahren schon ist das Paar verheiratet, aber die Ehe ist kinderlos geblieben, und das Drama der
Unfruchtbarkeit spannt die Eheleute unter dem gleichen Joch
zusammen. Toine schiebt die Schuld an der Kinderlosigkeit natürlich seiner Frau zu und macht daraus auch öffentlich gar
keinen Hehl, wenn er seine Frau bei den täglichen Zankereien,
an denen das ganze Dorf belustigt Anteil nimmt, anzüglicher-
weise „mein Brett" nennt. Mit diesen Worten gibt Toine seiner
festen Überzeugung Ausdruck, daß eine Frau wie die seine, die
platt ist wie ein Brett, weder zur Liebe noch zum Kinderkriegen
taugt.

Toines Frau sieht die Dinge freilich anders. So pflegt sie
ihren Mann bei den tagtäglichen Streitereien als Tagedieb
(„*faigniant*") und Nichtsnutz („*propre à rien*") zu beschimpfen.
*Faigniant* ist jedoch, wie Butler in seiner Untersuchung über
den Einfluß der Vulgärsprache auf das Werk Maupassants hervorgehoben hat, „die schlimmste Beleidigung im normannischen
Dialekt". Zusammen mit *propre à rien* bildet es den Gipfel der
Schmähung. Als *faigniant* und *propre à rien* wird ein Mann
bezeichnet, der kein richtiger Mann ist, ein unmännlicher
Mann, kurz gesagt, ein Mann, der impotent ist. Bei Toine und
seiner Frau sind die gegenseitigen Anschuldigungen so heftig,
daß sich die Novelle alsbald als eine Art Figurendrama der
Kastration zu erkennen gibt.

Die Frau, die ihren Mann der Impotenz bezichtigt, ist in
Wirklichkeit selbst die Ursache dieser Impotenz. Ihr Charak-
terbild wird mit äußerster Präzision gezeichnet. Mit weiser Do-
sierung wendet der Dichter dabei die wirkungsvolle literarische
Technik an, die Dinge nicht gleich beim Namen zu nennen,
sondern sie allmählich erst vom Leser erraten zu lassen. Schon
bei ihrem ersten Auftritt wird Toines Frau treffend beschrieben: „Sie war ein großes Bauernweib, das mit langen Stelz-
schritten einherschritt; auf ihrem mageren, platten Körper trug
sie einen Kopf, der dem eines in Wut geratenen Kauzes glich."
Die Wut auf alles ist in der Tat das hervorstechendste Merkmal
von Toines Frau. Seit ihrer Hochzeit zankt sie sich jeden Tag
mit ihrem Mann: „Sie ärgert sich über alle Welt, vor allen Dingen über ihren Mann. Sie war wütend über seinen Frohsinn,

seinen Ruf, ein lustiger Vogel zu sein, über seine Gesundheit, seine Dicke". Vor allem aber brachte sie seine Gefräßigkeit auf, seine Art, sich ohne Unterlaß vollzustopfen, ohne dabei satt zu werden, die ihn einem Schwein ähnlich machte. Ausgerechnet sie, die nichts anderes im Kopf hatte als ihre Geflügelmast, beschimpfte ihren Mann als fettes Schwein. Hähnchen und Schweine werden aber bekanntlich kastriert, um ihr Fleisch zarter und fetter werden zu lassen. In Maupassants Novelle mästet Toines Frau nicht nur ihre Hähnchen, sondern auch ihren Mann, indem sie ihm reichliche Mahlzeiten bereitet. Die Gleichsetzung von Mann und Tier ist also offensichtlich. Die Korpulenz des Mannes, die mit der Feistigkeit von Geflügel und Schweinen in Verbindung gesetzt wird, verweist aber auf die Kastration, die diese bewirkt. Maupassant bedient sich hierbei einer klassischen Figur der Rhetorik, nämlich der Metonymie, bei der die Ursache durch die Wirkung benannt wird, d. h. das Dicksein steht hier für die Kastration. Der fette Körper des Mannes gibt sich so als eine Schale zu erkennen, als ein Behälter, der eine Leere umschließt, die nicht ausgefüllt werden kann, da sie auf einem irreparablen Defekt beruht.

Doch wenn auch der Mann mit Schweinen und Hühnern verglichen wird, so kommt die Frau im Vergleich zu ihm noch schlechter weg. Die Tiere, mit denen sie in Verbindung gebracht wird, sind noch abstoßender und dazu völlig entgegengesetzter Natur. Ihrer langen, dünnen Beine wegen wird Toines Frau mit einem Stelzvogel verglichen, ihr Kopf gleicht dem eines Kauzes, ihr starrer Blick erinnert an den einer Eule. Im ersten Fall wird nur auf ein physisches Merkmal Bezug genommen, im zweiten und dritten aber auch auf psychische Eigenschaften. Ein kurzer Blick in das *Grand Dictionnaire du XIX siècle,* den ,,Larousse" der damaligen Zeit, kann dies bestätigen. Im Artikel *chat-huant* (Kauz) wird ausgeführt, daß der Raubvogel dieses Namens von Beute lebt und bestens für die nächtliche Jagd ausgerüstet ist; daß er einen großen Kopf, breite, abstehende Ohren, stark gebogene Krallen und einen scharfen Schnabel hat, der tiefe Wunden reißen kann. Sein Aussehen wird als ,,scheußlich" bezeichnet. Im übertragenen Sinn werde das Wort *chat-huant* auch für eine Person gebraucht, ,,die eine abstoßende Gestalt oder einen aufbrausenden, heftigen Charakter hat". In ähnlichem Sinne wird im *Grand Dictionnaire* auch die Eule beschrieben, die jedoch in übertragenem Sinn mit einer Figur aus Eugène Sues berühmten Roman *Les mystères de Paris* in Verbindung gebracht wird, mit einer „der abstoßendsten Gestalten des schauerlichen Milieus, das der Autor hier beschreibt. Man möchte diesen Unheilsvogel am liebsten zertreten, der nach Willkür foltert ... Und doch spürt man, daß alles der Wirklichkeit nachgebildet ist. In der Sprache des Volks bezeichnet das Wort eine Frau, die die gleichen Merkmale wie die von Sue geschaffene Figur aufweist". Die zoologischen und charakterlichen Merkmale, die Maupassant zum Vergleich heranzieht, waren also sowohl in der Literatur als auch in der Volkssprache schon vorgebildet. Das Gegensatzpaar Haustier-Raubtier steht in Symmetrie zum Paar Mann-Frau. Doch die Mann und Frau traditionell zugewiesenen Rollen erscheinen hier bezeichnenderweise umgekehrt: Der Mann, nicht die Frau, ist die Beute, die Frau, nicht der Mann, das Raubtier. In Maupassants Novelle verkörpert der Mann Schwäche, Passivität und Unterordnung, die Frau hingegen Aggressivität, Aktivität und Autorität. Sie hat die Macht zu kastrieren, und diese Macht gibt sich in einer Drohung, einer Todesdrohung zu erkennen: „Wart nur, wart nur, wir werden schon sehen, was dabei herauskommt, ja das werden wir noch sehen. Wie ein Kornsack wird er platzen, der fette Protz!" Das sind die Worte, mit denen die wütende Alte jeden Streit mit ihrem Mann zu beenden pflegt. Und wenn wir uns vor Augen halten, daß das Wort „*crever*", das Maupassant hier benutzt, nicht nur „platzen", sondern auch „krepieren" bedeutet, dann ist diese Drohung erst recht unmißverständlich. Aber dem Dichter scheint auch dies noch nicht deutlich genug zu sein. Er hält es für nötig, den Tod selbst beim Namen zu nennen und ihn in der mütterlichen Gestalt einer Person, die Toine wie ein Kind hegt und pflegt, auftreten zu lassen: „Toine war einer jener Kolosse, mit denen der Tod seinen Spaß zu treiben scheint ... Er vergnügte sich, den Kerl zu mästen, ihn zu einem komischen Monster werden zu lassen, ihn rot und blau anzumalen, aufzublasen, ihm den Anschein übermenschlicher Gesundheit zu verleihen. Alle die Entstellungen, die er den anderen aufprägt, wirkten bei ihm nicht grausig und beklagenswert, sondern komisch, drollig, vergnüglich". Und um auch den letzten Zweifel an der Identität zwischen Toines Frau und dem Tod auszuräumen, tönt zum Abschluß wiederum der unheildrohende Refrain: ,,Wart nur, wart nur, wir werden noch sehen, was dabei herauskommt!"

Und dann wird die Drohung tatsächlich Wirklichkeit: Toine trifft der Schlag. Bewegungslos ans Bett gefesselt, muß er nun wie ein Säugling von seiner Frau gepflegt und ernährt werden. Doch diese zeigt wenig Mitleid mit dem Kranken, den sie wie gewohnt mit bösen Worten schmäht: ,,Schaut ihn nur an, den dicken Faulpelz", pflegt sie ihn wuterfüllt zu höhnen, ,,der gewaschen und gesäubert werden muß wie ein Schwein!" Gerade in dieser Vertauschung, diesem Wechselspiel zwischen dem Kind und dem seiner Männlichkeit beraubten Mann liegt das Groteske der ganzen Situation. Die unfruchtbare Mutterfrau kann nur den entthronten, durch die Kastration zur Impotenz verurteilten Gatten zum Kind haben. Toine läßt jedoch auch in seiner neuen, peinlichen Lage den Kopf nicht hängen und bleibt guten Mutes, obgleich sein Frohsinn ,,etwas schüchterner und demütiger" geworden ist; er ist jetzt vermischt ,,mit einer kindlichen Angst vor seiner Frau", der es immer noch nicht genügt, daß sie ihn sich so völlig unterworfen hat, sondern ihn auch weiterhin schmäht. Die Sympathie der Leute gilt aber nach wie vor Toine, nicht seiner Frau, die jetzt an seiner Stelle die Wirtschaft führt und wie immer von allen gemieden wird. Die Gäste finden schnell den Weg ins Hinterzimmer, wo der Kranke gelähmt liegt und auf Besucher wartet. Seine alten Freunde leisten Toine auch jetzt Gesellschaft, und das nie endende Kartenspiel reizt seine Frau zu äußerster Wut. Und hier nun setzt der böse Streich ein. Einer der Besucher rät Toines Frau, ihren nichtsnutzigen Mann zu etwas nutze zu machen. Toine soll mit seiner Körperwärme Eier ausbrüten und auf diese Weise Mutter Toines heißgeliebtem Hühnerstall zusätzliche Küken zuführen.

Gleich beim ersten Versuch legt Toines Frau zehn Eier in die Achselhöhle ihres widerstrebenden Gatten, der sich zunächst geweigert hat und erst bei der alsbald ausgeführten Drohung, ihm die Nahrung zu entziehen, seinen Widerstand aufgibt. Toi-

ne willigt also ein zu brüten, aber er tut es mit solchem Wider-
willen, daß er sich bei der ersten besten Gelegenheit von seiner
delikaten Aufgabe ablenken läßt und mit einer ungeschickten
Bewegung fünf der zehn Eier zerbricht. Die Strafe folgt auf dem
Fuße: ,,wutbebend" verprügelt ihn seine Frau mit allen Kräften. Toine muß kuschen und fleißig brüten, ,,denn die Alte
entzog ihm jedes Mal unerbittlich das Essen, wenn er ein Ei
zerbrach". Zur völligen Passivität verdammt, geht Toine
schließlich ganz in seiner animalischen Aufgabe auf und fühlt
sich zum Schluß wie eine Henne. Damit gerät er aber in Kon-
kurrenz zur wirklichen Henne, die gleichzeitig mit ihm im
Hühnerstall ihre zehn Eier ausbrütet. ,,Die Alte ging von den
Hühnern zu ihrem Mann und von ihrem Mann zu ihren Hühnern, an nichts anderes als an die Küken denkend, die im Bett
und im Hühnerstall heranreiften". Auch sie unterscheidet
schließlich nicht mehr zwischen Mann und Henne. Die Degradierung des Mannes zum Tier geht so weit, daß die Analogie
selbst umgekehrt wird: Nicht mehr der Mann gleicht dem Tier,
sondern das Tier dem Mann. Die beiden Termini der Metapher,
das Verglichene und das Vergleichende, werden ausgetauscht,
und die Position des Mannes, der Eier brütet, kann so mit der
Frau, die sich anschickt zu gebären, verglichen werden. Als sich
herausstellt, daß die Henne nur sieben Eier ausgebrütet hat,
weil drei Eier faul geworden sind, wird Toine von einer Unruhe
ergriffen, ,,wie eine Frau, die im Begriff steht, Mutter zu werden". Wie groß deshalb sein Jubel, als auch die von ihm gebrü-
teten Küken aus der Schale schlüpfen! Während seine Frau die
große, magere Hand unter die Decke steckt und die Küken
,,behutsam wie eine Hebamme" hervorzieht, wird Toine immer
stolzer ,,auf diese merkwürdige Vaterschaft" und verspricht ein
großes Tauffest. Das zehnte Küken möchte er am liebsten bei
sich im Bett behalten, weil ,,ihn plötzlich eine mütterliche Zärt-
lichkeit überkam für dieses winzige Tierchen, dem er das Leben
geschenkt", aber seine Frau erlaubt es ihm nicht. Zu spät hat sie
erkannt, daß der Triumph, der Beifall, den das ganze Dorf ihrem Gatten zollt, zugleich ihre eigene Niederlage ist. Das ihrem
Mann öffentlich zuerkannte Privileg der Fruchtbarkeit bleibt
ihr auch weiterhin vorenthalten.

Dies der äußere Verlauf der Handlung. Aber wo ist der Standort des Dichters, Maupassants, in diesem grausamen Wechselspiel zwischen dem Mann, der Frau und der sozialen Gruppe, der sie angehören? Ein erstes Element liefert uns die Sprache. Der Text der Novelle bewegt sich, einer präzisen hierarchischen Zweiteilung gemäß, auf zwei verschiedenen sprachlichen Ebenen, der der Hochsprache und der des Dialekts – im vorliegenden Fall ein stark an die Hochsprache angelehnter normannischer *patois* –, der durch populäre Ausdrücke noch verstärkt wird. Die Hochsprache ist die Beletage, zu deren Sphäre das erzählend beschreibende Register, die Form der indirekten Darstellung gehört. Der Dialekt und die ihn verstärkenden populären Ausdrücke bilden hingegen das Souterrain, das als Form der direkten Darstellung dem Dialog vorbehalten ist. Diese Unterscheidung wird strengstens eingehalten. Nur ganz gelegentlich wird der Versuchung stattgegeben, mundartliche Ausdrücke in den hochsprachlichen Text einfließen zu lassen. Bei diesen wenigen Fällen handelt es sich aber immer um ,,Zitierungen" mit rein ornamentaler Funktion. Das edle Subjekt ist der Schriftsteller, die unedlen Objekte sind die Bauern. Dieser Kontrast kommt im sprachlichen Bereich ganz besonders deutlich zum Ausdruck, weil der Dialekt und die populäre Redeweise bei Maupassant ihre ursprüngliche Kargheit bewahrt haben und das Gesprochene in seiner ganzen Unmittelbarkeit wiedergegeben wird. Die Bauern, die einen derben, elementaren Dialekt sprechen, werden mit einer geschliffenen, literarischen Sprache beschrieben, in der jedes Wort genau abgewogen ist. Dieser Bilinguismus verfolgt nur allzu deutlich den ideologischen Zweck, die Welt des Dichters und seines Publikums abzuheben von der primitiven und zugleich komischen Welt der Bauern – eine Welt, die primitiv und folglich natürlich, natürlich und folglich animalisch ist.

Nun sind freilich die Bauern keine wirklichen Tiere; sie gleichen ihnen nur. Toine gleicht Hühnern und Schweinen, seine Frau Raubvögeln, Prosper Horslaville, der Witzbold, der die Geschichte vom Brüten erfindet, dem Wiesel und dem Fuchs, was schon fast eine Auszeichnung bedeutet, denn das Bestiarium, das den analogischen Horizont der Bauern eingrenzt, enthält keine irgendwie edlen Tiere. Turteltauben und Pfauen eignen sich wenig als Spiegelbild der Bauern, eher schon Hühner und Eulen.

Ein zweites Element, das uns helfen kann, den Standort des Dichters zu bestimmen, ist die warme Sympathie, die in der Novelle dem Helden, dem Opfer der Kastration, entgegengebracht wird. Der entthronte und von seiner Frau beherrschte Ehemann wird also nicht, wie traditionell üblich, der Verachtung preisgegeben. Maupassant beschreibt Toine ganz im Gegenteil als einen Menschen, der in voller Harmonie mit seiner Umwelt lebt, bis er schließlich zum Helden des ganzen Dorfes wird. Er fällt zwar der Kastration zum Opfer, nicht aber dem mutwilligen Streich, der ihn im Gegenteil rehabilitiert, während seine Frau im Ghetto ihres Ausgeschlossenseins gefangen bleibt. Wo Maupassant steht, ist also klar: Nicht auf dem Land, sondern in der Stadt, nicht auf seiten der Frau, sondern auf seiten des Mannes, und letztlich im Lager seines bürgerlichen Publikums. Und in diesem sozialen Milieu fand er auch, wie wenig später ein gewisser Dr. Sigmund Freud, die Frau, die dem Mann seine Männlichkeit raubt. Schon in den Schriften der Reifezeit hatte Freud die Figur der kastrierenden Frau hie und da gestreift, aber erst in einem Aufsatz aus dem Jahre 1924 mit dem Titel *Der Untergang des Ödipuskomplexes* betritt sie in voller Gestalt die Bühne: ,,Wenn das (männliche) Kind sein Interesse dem Genitale zugewendet hat, so verrät es dies auch durch ausgiebige manuelle Beschäftigung mit demselben und muß dann die Erfahrung machen, daß die Erwachsenen mit diesem Tun nicht einverstanden sind. Es tritt mehr oder weniger deutlich, mehr oder weniger brutal, die Drohung auf, daß man ihn dieses von ihm hochgeschätzten Teiles berauben werde. Meist sind es Frauen, von denen die Kastrationsdrohung ausgeht, häufig suchen sie ihre Autorität dadurch zu verstärken, daß sie sich auf den Vater oder den Doktor berufen, der nach ihrer Versicherung die Strafe vollziehen wird". Die Frau, die die Kastrationsdrohung ausspricht, ist natürlich zumeist die Mutter. Unter Berufung auf die Autorität der Wissenschaft wirft sie sich in der Intimität des Familienlebens zum mörderischen Werkzeug der bestehenden Ordnung auf, die sich auf

Kastration gründet. Denn es ist ja der Arzt, der, wie Freud ausdrücklich anmerkt, die Masturbation verbietet und die Mutter auffordert, sie im Namen der Wissenschaft strengstens zu unterdrücken. Die Sexualität ist nicht nur sündhaft, sondern auch der Gesundheit schädlich. Die Masturbation, so behaupteten die Ärzte, kann zum Wahnsinn führen und muß deshalb schon beim ersten Anzeichen energisch unterdrückt werden. Thomas S. Szaaz hat in einem Buch noch vor kurzem die unglaubliche Geschichte des „Masturbationswahnsinns" nachgezeichnet. Hier genüge der Hinweis, daß Szaaz die pseudowissenschaftliche Lehre von der Masturbation als Auslöser der Geisteskrankheit durchaus zutreffend als eine bloße Verkleidung des christlichen Verbots sexueller Betätigung erkannt und entlarvt hat („Die Masturbationshypothese ist nichts anderes als die in die Sprache der modernen Medizin gekleidete, traditionelle christliche Ethik").

Auf diese Weise wird deutlich, daß das erste Opfer der christlichen Kastration, nämlich die Frau, die immer noch zutiefst von der sexuellen Repression gezeichnet ist, in der bürgerlichen Gesellschaft dank der gefälligen Mittäterschaft der Medizin zum heimtückischen Agenten eben dieser sexuellen Repression wird. Die von Canetti in *Masse und Macht* erläuterte Theorie des „Stachels" erfährt so nochmals eine bedrückende Bestätigung: „Die Macht der Mutter über das Kind in seinen frühen Stadien ist absolut, nicht nur weil sein Leben von ihr abhängig ist, sondern weil sie auch selber den stärksten Drang verspürt, diese Macht unaufhörlich auszuüben." Das Kind „nimmt ihr etwas von den alten Befehlslasten ab, an denen jedes gesittete Geschöpf so schwer trägt".

Maupassants Thema ist eben diese kastrierende Mutter. Der bürgerliche Dichter beschwört den Angsttraum herauf, der sein Publikum verstört und projiziert ihn, einem wohlbekannten Befreiungsmechanismus gemäß, in eine ferne, fremde Welt, in die derbe, „natürliche" Welt der Bauern.

Doch hier müssen wir uns fragen: Hatte der normannische Dichter eine direkte Kenntnis vom Motiv des schwangeren Mannes in seiner doppelten Tradition, der folkloristischen und der literarischen? Er kannte sie wahrscheinlich beide, und zwar sicherlich in Versionen, die dem Text seiner Novelle sehr nahe stehen. Die Novelle *Toine* ist erstmals am 6. Januar 1886 in der Zeitung *Le Gil Blas* erschienen. Im Jahre 1883 war hingegen der erste Band der *Kryptádia*, der monumentalen Sammlung von Folkloretexten, veröffentlicht worden, der die französische Übersetzung eines seinerzeit von Afanasjew aufgezeichneten russischen Märchens mit dem Titel *Der Bauer auf den Eiern* enthält. Hier der Text:

*Es war einmal ein Bauer und seine Frau. Der Bauer war faul, seine Frau aber fleißig. Sie bestellte das Feld, während der Bauer faul daheim auf dem Ofen liegen blieb. Eines Tages ging die Frau wieder fort, um den Acker zu pflügen. Der Bauer sollte den Haushalt versorgen und auf die Küken achten. Aber er tat nichts, sondern legte sich schlafen, ohne an die Küken zu denken, so daß eine Krähe sie alle forttrug. Nur eine kleine Henne konnte sich retten und gackerte um Hilfe. Dem Bauern war aber alles gleichgültig; soll doch das Gras zu wachsen aufhören! Als die Bauersfrau zurückkehrt, fragt sie:*

*,Wo sind die Küken?'*

*,Ach, kleine Frau, es ist ein Unglück geschehen. Ich bin eingeschlafen, und die Krähe hat sie alle fortgetragen.'*

*,So ein Hund! Jetzt setz dich auf die Eier und brüte sie selbst aus, du Hurensohn!'*

*Am nächsten Tag ging die Bauersfrau wieder aufs Feld. Der Bauer nimmt also den Eierkorb, kriecht auf den Hängeboden, läßt seine Hosen herunter und hockt sich auf die Eier. Seine Frau war aber nicht dumm. Sie leiht sich von einem ausgedienten Soldaten Mantel und Mütze aus und verkleidet sich damit. Dann stellt sie sich vor das Haus und schreit aus vollem Halse:*

*,He da, Hausherr, wo bist du?'*

*Der Bauer stürzt aus dem Hängeboden hervor und fällt mit den Eiern zusammen hin.*

*,Was machst du da?'*

*,Soldat, Väterchen, ich hüte das Haus.'*

*,Hast du denn keine Frau?'*

*,Ich habe schon eine Frau, aber sie arbeitet auf dem Feld.'*

*,Und du? Warum bleibst du zu Hause?'*

,Ich brüte die Eier aus.'

,Du Hundesohn!' – und mit diesen Worten peitscht ihn der Soldat mit allen Kräften aus und schreit dazu:

,Du sollst nicht zu Hause bleiben und Küken brüten, sondern arbeiten und den Boden pflügen!'

,Ich werde arbeiten und pflügen, Väterchen, das schwör ich dir bei Gott, ich werde arbeiten!'

,Du lügst, Schuft!'

Die Frau peitscht ihn mit allen Kräften, dann aber hebt sie das Bein hoch:

,Schau da, du Hundesohn, ich bin in einer Schlacht verwundet worden, was meinst du, wird die Wunde heilen?

Der Bauer betrachtete die Feige seiner Frau und sagte:

,Sie wird heilen, Väterchen.'

Da geht die Frau fort, zieht ihre Kleider wieder an und kehrt zurück.

Zu Hause sitzt der Bauer und stößt tiefe Seufzer aus.

,Warum seufzt du so?'

,Ein Soldat ist gekommen und hat mich schrecklich ausgepeitscht.'

,Und warum?'

,Er hat mir zu arbeiten befohlen.'

,Das hättest du schon längst sollen! Schade, daß ich nicht zu Hause war, sonst hätte ich ihn gebeten, noch ein paar Hiebe dazuzutun.'

,Zum Glück wird er nicht mehr lange leben.'

,Warum?'

,Er ist in der Schlacht zwischen den Beinen verwundet worden. Die Wunde hat er mir gezeigt und mich gefragt: Wird sie heilen? Und ich habe ihm geantwortet: Ja, sie wird heilen. Sie ist aber ganz rot und drumherum ist schon Moos gewachsen.'

Von da an hat der Bauer immer gearbeitet und gepflügt, während sich seine Frau um das Haus kümmerte.'

Die Übereinstimmungen zwischen dem Märchen und der Novelle sind präzis, noch auffälliger aber sind die Abweichungen. Es lohnt die Mühe, sich etwas länger bei ihnen aufzuhalten. Die Novelle und das Märchen haben beide die Kastrationsangst und ihre Auswirkungen auf das Verhältnis zwischen den Ehegatten zum Thema, aber das Problem wird in den beiden Texten auf völlig verschiedene Weise gelöst. Während in der Novelle Maupassants die Frau zum Werkzeug der Kastration wird, reagiert im Märchen die Bauersfrau, die die verheerenden Auswirkungen der Kastrationsangst am eigenen Leibe erfahren hat, mit Entschiedenheit und befreit schließlich ihren Mann von der Angst, die ihn zur Passivität zwingt.

Der russische Bauer hat sich in die weibliche Rolle geflüchtet, um der Kastration zu entrinnen, eine Gefahr, der er, wie er überzeugt ist, durch seine Männlichkeit ausgesetzt ist. Die Frau nimmt jedoch die ihr aufgezwungene männliche Rolle nicht an, sondern lehnt sich dagegen auf und kann auf diese Weise die natürliche Situation wieder herstellen. Zunächst zwingt sie ihren Mann zu brüten, weil sie hofft, ihn so in seinem Stolz zu verletzen und eine männliche Reaktion herauszufordern, doch als sie sieht, daß er auch dies mit der üblichen Passivität widerstandslos hinnimmt, greift sie zu energischeren Mitteln. Sie verkleidet sich als Soldat, nimmt also die Gestalt eines besonders männlichen Mannes an, hält ihm abermals die unsinnige Umkehrung der Rollen vor, peitscht ihn aus und entlockt ihm schließlich das Versprechen, seine Rolle als Mann wieder zu übernehmen.

Die Peitsche, mit der die Bauersfrau ihren Mann züchtigt, erinnert zugleich aber auch an eine Phantasie, die in der Belle Epoque die Vignetten der illustrierten Blätter bevölkerte und auch in Krafft-Ebings *Psychopathia sexualis* – ein wahres Gruselkabinett der sexuellen Perversionen – Eingang gefunden hat: Es war die Vorstellung, daß eine russische Bauersfrau nur dann zufrieden und glücklich war, wenn sie die Knute ihres Mannes zu spüren bekommen hatte. Aber der Bauer im Märchen reagiert auf die Peitsche anders als Krafft-Ebings Masochisten. Er empfindet keine Lust, sondern Schmerz bei der Züchtigung, so daß sich schließlich seine Frau seiner erbarmt und zum entgegengesetzten Register greift. Jetzt zeigt sie ihm ihr Geschlecht und stellt es ihm als eine in der Schlacht empfangene Wunde dar, wobei sie ihn fragt, ob die Wunde wohl heilen werde. Der Bauer schaut das Geschlecht seiner Frau an und sagt: ,,Sie wird heilen, Väterchen.'' Der Bauer hat seine

Frau erkannt und seine Antwort ist eine Art Bestätigung des kurz zuvor abgegebenen Versprechens, das er kurz danach noch einmal wiederholt. Denn wenn er sagt, daß der Soldat nicht mehr lange leben wird, dann heißt das zweifellos, daß seine Frau es in Zukunft nicht mehr nötig haben wird, sich als Mann zu verkleiden, um ihren Mann auszupeitschen. ,,Von da an hat der Bauer immer gearbeitet und gepflügt'' – mit diesen Worten endet das Märchen.

In der bereits erwähnten Untersuchung schreibt Freud, daß die mütterliche Kastrationsdrohung erst dann die gewünschte Wirkung zeigt, wenn der Knabe das weibliche Genital gesehen hat, das ihm tatsächlich wie eine Wunde erscheint, die von der Verstümmelung des Penis herrührt. Die Frau im Märchen zeigt ihrem Mann die Wunde, um ihn an den Ursprung seiner Angst zu erinnern. Mit dieser Geste will sie einen Zauber auf ihn ausüben, denn bekanntlich wird im magischen Bereich der Entblößung der Vulva eine exorzierende Wirkung zugeschrieben. Freud erwähnt in diesem Zusammenhang eine Episode aus Rabelais' *Gargantua* (IV, 47). Hier zeigt eine Bauersfrau dem Teufel, der sie verfolgt, die Vulva, und der Teufel, der glaubt, daß es sich um eine Wunde handele, ist darüber so erschreckt, daß er von der Verfolgung abläßt. Rabelais hat diese Geschichte zweifellos der Folklore entnommen. Sie macht deutlich, daß die Bauersfrau im Märchen durch die Entblößung der Vulva ihrem Mann den Teufel ausjagen, d. h. ihn von der Krankheit heilen will, die ihn zur Passivität zwingt. Aber ihre Geste hat noch eine zweite unmißverständliche Bedeutung. Die Frau will mit der Entblößung des Genitals dem Mann zu verstehen geben, daß die einzige Möglichkeit, den Penis vor der Kastration zu schützen, darin besteht, ihm, wie Freud es ausdrückt, eine ,,Herberge'' in der Vagina zu suchen. Und auch für die Frau ist dies die einzige Möglichkeit, den Phallus wiederzugewinnen, den sie, infolge der mütterlichen Kastration verloren zu haben glaubt. Das Märchen erfüllt also letztlich eine therapeutische Funktion: Die Frau befreit den Mann von der Kastrationsangst, unter der auch sie leidet, und heilt sich selbst, indem sie ihren Mann heilt.

Die gleiche antikastratorische Funktion hat das Märchen vom

brütenden Mann auch in zwei französischen Versionen, die in der zweiten Hälfte des 19. Jahrhunderts in der Pikardie aufgezeichnet worden sind. Die erste dieser Versionen ist 1884 im zweiten Band der schon erwähnten _Kryptádia_ unter dem Titel _La femme couveuse_ (Die brütende Frau) veröffentlicht worden:

_Eine Krämersfrau hatte eine Ente. So nahm sie einen Korb ohne Henkel und schob ihn der Ente zum Brüten unter. Alles nimmt seinen gewohnten Verlauf, bis die Frau eines Morgens die Ente tot auf den noch warmen Eiern fand. ‚Welch ein Unglück‘, rief die Krämersfrau da aus, ‚ein Tag noch und die Entlein wären ausgeschlüpft. Und wenn ich sie selbst zu Ende brütete? Ein ausgezeichneter Gedanke!‘ So hob sie ihre Röcke hoch und ließ sich auf den Eiern nieder. Eine Stunde später trat ein Nachbar bei ihr ein und sagte:_

_‚Guten Tag, liebe Frau, ich möchte ein Pfund Zucker.‘_

_‚Guten Tag, Nachbar. Ich kann euch leider nicht bedienen. Meine Ente ist eingegangen, und jetzt brüte ich an ihrer Stelle. Ich kann mich nicht von der Stelle rühren.‘_

_‚Daran soll es nicht liegen, ich werde einen Augenblick für euch brüten.‘ Der Mann ließ die Hosen herunter, hockte sich nieder und bedeckte sich mit seinem Kittel. Die Krämersfrau machte den Zucker fertig, um den der Nachbar sie gebeten hatte, und griff dann mit der Hand unter den Kittel, um sich zu vergewissern, daß die Eier noch warm genug waren. Dabei bekam sie das Glied des Mannes zu fassen. ‚O mein Gott!‘, rief sie da aus. ‚Das sind aber nicht die Enteneier, die ich zum Brüten hingelegt habe. Die Küken sind ja schon ausgeschlüpft. Eins habe ich beim Hals gefaßt, und das ist ganz sicher ein Gänslein!‘_

Auch die zweite, 1907 publizierte Version dieses Märchens endet damit, daß die Frau triumphierend das Glied des Mannes faßt, um gegen die Passivität zu protestieren, die mit der für einen Mann so ungewöhnliche Aufgabe des Brütens verbunden ist. Es ist durchaus wahrscheinlich, daß Maupassant das russische und das erste der beiden französischen Märchen gekannt hat. Aber er hat sie auf seine Weise, ja man möchte sagen, er hat sie mit den Augen seines bürgerlichen Publikums und mit einem Seitenblick auf Boccaccio gelesen, der auch einen Maupassant noch etwas lehren konnte. Das Schema des mutwilligen

Streichs, das der Novelle *Toine* zugrunde liegt, fehlt gänzlich im
russischen Märchen und weist auf die Novelle von Calandrinos
Schwangerschaft zurück.

Dem französischen Publikum des 19. Jahrhunderts war das
*Dekameron* durchaus bekannt, und ein Novellenschreiber wie
Maupassant wird sich seine Lektüre wohl kaum haben entgehen
lassen. Bezeichnenderweise war Maupassant im Jahre 1884 mit
großem Enthusiasmus der Einladung eines Pariser Verlegers
gefolgt, an einem *Nouveau Décameron* mitzuwirken. Er hat
zehn Novellen zu diesem Werk beigesteuert, eine zu jedem
Band. Die Mitarbeit an diesem Werk ist zweifellos so etwas wie
die Anerkennung einer idealen Kindschaft dem Vater der europäischen Erzählkunst gegenüber. Doch das, was Maupassant
am meisten mit Boccaccio verbindet, ist die Einstellung gegenüber dem Christentum. Alle Kritiker sind sich darüber einig,
daß unter der Hülle des Unglaubens, wie er sich für einen Er-
folgsautor der dritten, säkularisierten Republik ziemte, die ganze christliche Mythologie im Verborgenen weiterlebte. ,,Selbst
ohne eigene Ideen und ohne ein eigenes Urteil``, hat Alberto
Savinio geschrieben, ,,eignete sich Maupassant die Idee der wieder zu Ehren gebrachten Dirne, die Vorstellung von der Schein-
heiligkeit der Priester oder vom Himmel ohne Gott an, wie er
sich überhaupt alle Ideen zu eigen gemacht hat, die das neuauf-
klärerische Frankreich seiner Zeit bewegten.`` Mit diesem Rezept wurde man am schnellsten ein ,,Eisenbahnautor``, konnte
man ,,die eigenen Bücher auf den schnellen, gewinnträchtigen
Rädern der großen Verlage dahinrollen und auf die Gestelle der
Bücherwagen in den Bahnhöfen klettern sehen``. Kein Zweifel:
Das bürgerliche Publikum, das dem Autor seinen durchschla-
genden Erfolg garantierte, hatte ebensoviel Christentum im
Kopf, wie Maupassant regelmäßig in die Feder floß. Die ehr-
würdigen Väter der vatikanischen Kongregation haben sich
denn auch nicht beirren lassen. Auf den Index der verbotenen
Bücher setzten sie Flaubert, Zola und sogar die beiden Dumas,
Vater und Sohn. Maupassant hingegen blieb ungeschoren.

# Danksagung und Quellennachweise

Dieses Buch ist erstmals 1979 in italienischer Sprache erschienen. Es war noch im Druck, als mich bereits von allen Seiten her neue Quellen bedrängten, mir neue Probleme stellten und zu neuen Antworten herausforderten. Eine im gleichen Jahr unternommene Reise nach Helsinki eröffnete mir die Schätze des finnischen Volkskundearchivs, während mir zugleich weitere unveröffentlichte Märchen aus den Beständen des Zentralarchivs der deutschen Volkserzählung zugänglich wurden. Auch eine genauere Durchsicht der gedruckten Sammlungen förderte neues Material zutage. Zu den Märchen gesellten sich bald literarische Texte und vor allem zahlreiche ikonographische Quellen, die ich bisher zu Unrecht vernachlässigt hatte. Gerade diese bildlichen Zeugnisse erwiesen sich von besonderer Bedeutung, und ich habe ihnen 1980 ein Seminar an der École Française de Rome widmen können. Mein Dank hierfür gilt Jean-Claude Maire Vigueur, der es ermöglicht und geleitet, und Jacques Le Goff, der aktiv an ihm teilgenommen hat und sich bereit erklärte, dieses Buch dem französischsprachigen Publikum vorzustellen.

An dieser Stelle möchte ich aber auch all jenen danken, die mir bei meiner Arbeit geholfen haben: Frau Pirkko Peltonen, die die finnischen, und Herrn Gert Sørensen, der die dänischen Märchen für mich gelesen und übersetzt hat; Herrn Dr. Joachim Schwebe, der mir freundlicherweise die unveröffentlichten deutschen Märchen zur Verfügung gestellt hat; Frau Dr. Johanna Heideman, die mir half, die ikonographischen Quellen zu interpretieren. Mein Dank gilt schließlich zwei Freunden, Armando Petrucci und Jacques Revel, die das Manuskript gelesen und mit ihrer Kritik zu seiner Verbesserung beigetragen haben.

*Roberto Zapperi*

Alle im Buch wiedergegebenen Texte sind aus dem Original ins Deutsche übersetzt worden. Herzlichen Dank sei an dieser Stelle zwei Freunden ausgesprochen: Herrn Dr. Georg Lutz, Rom, der diese Übersetzung mit großer Aufmerksamkeit gelesen und viel zu ihrer Verbesserung beigetragen hat, und Herrn Prof. Dr. Klaus Düwel, Göttingen, der sich der Mühe unterzog, die neuhochdeutsche Übertragung der Verserzählung des Zwingäuers zu überprüfen.

*Ingeborg Walter*

# Die Varianten des Themas des schwangeren Mannes in der Reihenfolge ihrer Erwähnung

*Erster Teil*

1. Die hier nicht wiedergebenen ikonographischen Darstellungen der Geburt Evas können eingesehen werden in den Monographien von J. Kirchner, *Die Darstellung des ersten Menschenpaares*, Stuttgart 1903, und L. Röhrich, *Adam und Eva. Das erste Menschenpaar in Volkskunst und Volksdichtung*, Stuttgart 1968, und in den Artikeln von R. Kekulé, *Über die Darstellung der Erschaffung der Eva*, in *Jahrbuch des kais. deutschen Archäologischen Instituts*, V (1890), S. 186–209, und R. Zapperi, *Potere politico e cultura figurativa: la rappresentazione della nascita di Eva*, in *Storia dell'arte italiana*, X, Torino 1981, S. 377–442.

2. Alle den schwangeren Mann von Monreale betreffenden Zeugnisse hat Giuseppe Pitré in seiner sizilianischen Märchensammlung zusammengestellt: *Fiabe, novelle e racconti popolari siciliani*, IV, Palermo 1875, S. 143–144.

3. Die Originaltexte der beiden Märchen in sizilianischem bzw. toskanischem Dialekt sind ebenfalls von Pitré veröffentlicht worden: *Die Küchenschabe* in *Fiabe e leggende popolari siciliane*, Palermo 1888, S. 297–299; *Der schwangere Pfarrer* in *Novelle popolari toscane*, I, Palermo 1885, S. 326–328.

*Zweiter Teil*

1. Der lateinische Text der beiden Äsopischen Fabeln ist in der neuesten Ausgabe von B. C. Perry benutzt worden: *Aesopica. A series of textes relating to Aesop or ascribed to him or closely connected with the literary tradition that bears his name*, Urbana 1952, S. 671 (*Der Dieb und der Käfer*) u. S. 682 (*Der Arzt, der Reiche und die Tochter*).

5. Das dänische Märchen *Wie der Fuchs zu seinem Namen kam* ist im Original veröffentlicht in A. Christensen, *Dumme Folk. Danske skaemte aeventyr i international belysning*, København 1941, S. 31–32.

6. Die deutschen und finnischen Märchen vom schwangeren Pastor sind weiter unten zitiert. Die französische Übersetzung des russischen Märchens (*Vom Popen, der ein Kalb gebar*) ist gedruckt in *Kryptádia*,

*Recueil de documents pour servir à l'étude des traditions populaires,* I, Heilbronn 1883, S. 101–105.

7. Das bislang unveröffentlichte finnische Original des Märchens *Der Herr, der einen Knecht für sein Haus suchte,* befindet sich im Volkskundearchiv zu Helsinki: Suomalaisen Kirjallisuuden Seura, Ms. Lindqvist, a. 100.

8. Die drei finnischen Varianten, auch sie unveröffentlicht, *Der Knecht ohne Hoden, Die Entbindung des Geistlichen* und das *Märchen ohne Titel* befinden sich ebenfalls im Volkskundearchiv von Helsinki: Ms. Ojansun a 13; Ms. V K 9, Eklöf a 2; Ms. V K 115, n.163. Die französische Übersetzung des russischen Märchens *Der Kamm,* auf die die deutsche Übertragung zurückgeht, ist in der bereits zitierten Sammlung *Kryptádia,* I, S. 142–147, veröffentlicht.

9. Für den *Ysopet* wurde die von Karl Warnke besorgte kritische Ausgabe benutzt: *Die Fabeln der Marie de France,* Halle 1898, S. 138–141, 142–144.

11. Die von Moses Hadas besorgte englische Übersetzung der hebräischen Version der ersten Äsopischen Fabel (*A Sick Man, his Daughter, a Physician*) in: *Fables of a Jewish Aesop,* New York and London 1967, S. 147–149.

12. Einen guten Text der Weltchronik bietet die von Ph. Strauch für die *Monumenta Germaniae Historica* besorgte Ausgabe: *Jansen Enikels Werke,* in *MGH, Deutsche Chroniken,* III, Hannover und Leipzig 1900; der hier besprochene Text S. 274–286.

13. Die Chronik des Bischofs von Nikiu ist von H. Zotenberg ediert und ins Französische übersetzt worden (Paris 1883, S. 290).

Die *Glosse* des Papias ist veröffentlicht in *Corpus Glossatorum Latinorum,* hg. von G. Goetz, V, Lipsiae 1894, S. 655; I, Lipsiae 1923, S. 182, 386, 389; die *Graphia Aureae Urbis Romae* in P. E. Schramm, *Kaiser, Könige und Päpste,* III, Stuttgart 1969, S. 323–324; der besprochene Text der *Kaiserchronik* in H. de Boor, *Die deutsche Literatur. Mittelalter, Texte und Zeugnisse,* II, München 1970, S. 938–942; Johann Fischarts Roman *Gargantua* wurde in der Ausgabe von A. Alsleben, Halle 1886, benutzt, die zitierte Episode S. 350–351; die Nerolegende befindet sich auf S. 448–455 der bereits zitierten Ausgabe von Jansen Enikels *Weltchronik.* Gottfried Keller übernahm sie hieraus in seine Novelle *Regine* (*Sämtliche Werke,* hg. von J. Fränkel, XI, Bern und Leipzig 1934, S. 93–96.) Die *Legenda aurea* des Jakob von Varazze ist von R. Benz ins Deutsche übersetzt worden: Jacobus de Voragine, *Legenda aurea,* I, Jena 1917 (auf S. 559–569 die Nerolegende). Die Sammlungen, die das Exemplum des schwangeren Nero enthalten, sind verzeichnet bei F. C. Tubach, *Index Exemplorum. A Handbook of*

*Medieval Religious Tales*, FF Communications 204, Helsinki 1969, p. 53, n. 645. Für Higden s. *Polychronicon Ranulphi Higden Monachi Cestrensis*, hg. von J. Hawson, IV, Lumby 1872, S. 394–398; für Outremeuse: Jean des Preis dit d'Outremeuse, *Chronique*, hg. von A. Borgnet, I, Bruxelles 1864, S. 458, 469–471.

15. Der mittelhochdeutschen Text der Verserzählung *Des Mönches Not* ist immer noch in der alten Ausgabe von Friedrich Heinrich von der Hagen zu benutzen: *Gesamtabenteuer*, II, Stuttgart und Tübingen 1850, S. 53–69. Da die Übertragung von U. Pretzel (*Deutsche Erzählungen des Mittelalters*, München 1971, S. 206–214) dem Original wenig gerecht wird, ist der Text hier nochmals ins Neuhochdeutsche übersetzt worden. Das deutsche Märchen *Vom Pfarrer, der schwanger war*, ist unveröffentlicht (Zentralarchiv der Volkserzählung, M 537). Der mittelhochdeutsche Originaltext der Verserzählung *Der Müller mit dem Kinde* in: A. von Keller, *Erzählungen aus altdeutschen Handschriften*, Stuttgart 1853, S. 463–470; eine gute, von Hanns Fischer besorgte Übertragung ins Neuhochdeutsche in: *Schwankerzählungen des deutschen Mittelalters*, München 1967, S. 115–120.

17. Es fehlt eine moderne Ausgabe der Predigt des Giordano von Pisa. Benutzt wurde deshalb folgende Ausgabe: *Prediche del beato fra Giordano da Rivalto*, Firenze 1739, S. 200. Für den italienischen Originaltext von Boccaccios Novelle vom schwangeren Calandrino (IX, 3) s. die kritische Ausgabe von Aldo Rossi, *Il Decameron*, Bologna 1977, S. 481–483. Für eine deutsche Übersetzung vgl. Giovanni di Boccaccio, *Das Dekameron*. Leipzig 1909. Die toskanischen Übersetzungen der beiden Äsopischen Fabeln sind mehrmals ediert worden: *Volgarizzamento delle favole di Esopo. Testo riccardiano inedito*, hg. von Luigi Rigoli, Firenze 1818, S. 78–79, 106–107; *Favole di Esopo in volgare. Testo di lingua inedito dal codice palatino*, Lucca 1864, S. 83–84; *Il volgarizzamento delle favole di Galfredo dette di Esopo*, hg. von G. Ghivizzani, II, Bologna 1866, S. 191–193, 231–233; *Libro di novelle antiche tratte da diversi testi del buon secolo della lingua*, hg. von F. Zambrini, Bologna 1868, S. 90–91.

*Dritter Teil*

1. Bebels Schwank *De quodam monacho* ist in der kritischen Ausgabe von G. Bebermeyer, *Heinrich Bebels Facetien*, II, Leipzig 1931, S. 99, veröffentlicht. Beim finnischen Märchen handelt es sich um die unter Nr. 8 des zweiten Teiles zitierte Variante b: *Die Entbindung des Geistlichen*.

2. Die Texte, denen Boccaccios Novelle zur Vorlage diente, sind abgedruckt in Hans Sachs, *Werke*, hg. von A. von Keller und E. Goetze,

V, Tübingen 1870, S. 126–128; IX, ibid. 1875, S. 23–24; XXI, ibid. 1892 S. 62–75 (hier der Schwank *Der schwanger bawer mit dem fül*).

3. Das Märchen vom Kalb ist in der oben (Zweiter Teil, Nr. 5) zitierten Sammlung von Christensen abgedruckt (S. 29–31). Das Märchen vom Fuhrmann ist von Karl Weigand in der *Zeitschrift für die deutsche Mythologie* I (1853), S. 36–46, veröffentlicht worden. Für die Verserzählung *Der Müller mit dem Kinde* s. o. Zweiter Teil, Nr. 16. Das *Märchen vom Schneider, der ein Kalb bekommt,* ist unveröffentlicht (Zentralarchiv der deutschen Volkserzählung, Nr. 157 495).

4. Als Vorlage für die deutsche Übersetzung von Poggio Braccolinis Fazetie *Puer gravidus* diente die Ausgabe: *Poggi Facetiae*, II, London 1798, S. 178–179; die zweite Fazetie, ohne Titel, wurde zum ersten Mal veröffentlicht von P. Koj, *Inedita Poggiana,* in *Romanistisches Jahrbuch*, XX (1969), S. 48.

5. Die Novelle des Nicolas von Troyes ist zum ersten Mal im Jahre 1869 von Emile Mabille veröffentlicht worden; jetzt zu benutzen in der kritischen Ausgabe von Krystine Kasprzyk, *Le grand parangon des nouvelles nouvelles*, Paris 1970, S. 40–48. Die Farce *Le médecin et le badin* ist veröffentlicht in *Recueil de farces, moralités et sermons joyeux*, hg. von Leroux de Lincy und François Michel, II, Paris 1837, S. 1–30. Für Jörg Wickram s. die kritische Ausgabe von Johannes Bolte, *Rollwagenbüchlin*, Tübingen 1903, S. 11–13. Dort ist verwiesen auf die Sammlung *Kurtzweilige und lächerliche Geschichten*, Frankfurt 1583, S. 530, und auf die holländische Übersetzung im Band *Groot klugtboek*, Amsterdam 1680, S. 147. Der Schwank von Hans Sachs ist veröffentlicht in H. Sachs, *Sämtliche Fabeln und Schwänke*, hg. von E. Goetze und K. Drescher, VI, Halle 1913, S. 230–232; die Fazetie von Ludovico Carbone in der von A. Salza besorgten Ausgabe *Facezie*, Livorno 1900, S. 62–63.

6. *Die Geschichte vom Kadi, der ein Kind bekam* wurde ins Deutsche übersetzt von Max Henning in *Tausend und eine Nacht*, Leipzig 1895.

7. Das pikardische Märchen *Das Fuhrwerk im Leib des Pfarrers* (*Le chariot dans le ventre du curé*) ist veröffentlicht in *Kryptádia*, II, Heilbronn 1884, S. 123–126.

9. Der Text der Novelle *Toine,* die der Ausgabe auch den Titel gibt, wurde in der Ausgabe von 1886 benutzt. (In deutsch nachzulesen etwa in: Guy de Maupassant, *Meisternovellen*. Bremen 1963.) Das russische Märchen vom *Bauern auf den Eiern* (*Le mari sur les oeufs*) sowie die beiden französischen Varianten des Märchens vom brütenden Mann mit dem Titel *La femme couveuse* bzw. *La couveuse* sind ediert in der bereits zitierten Sammlung *Kryptádia* I, S. 55–57, II, S. 155–156 u. X, Paris 1907, S. 22–25.

# Bibliographie in Auswahl

*Erster Teil*

1. Georges Duby, *Le chevalier, la femme et le prêtre. Le mariage dans la France féodale*, Paris 1981; Edmund R. Leach, *Genesis as Myth*, London 1962; Claude Lévi-Strauss, *Die elementaren Strukturen der Verwandtschaft*, Frankfurt 1981; Theodor Reik, *The Creation of Woman*, New York 1960; J. A. Barnes, *Genitrix: Genitor: Nature: Culture?*, in J. Goody (Hg.), *The Character of Kinship*, London 1973, S. 61–73.

4. Vladimir Propp, *Morphologie des Märchens*, Frankfurt a. M. 1975.

*Zweiter Teil*

2. Claude Lévi-Strauss, *Struktur und Dialektik*, in *Strukturale Anthropologie*, Frankfurt a. M. 1971; Georges Dumézil, *Les dieux des Germains*, Paris 1959; Folke Ström, *Loki. Ein mythologisches Problem*, Göteborg 1956.

4. Ernest Jones, *Eine psychoanalytische Studie über den Heiligen Geist*, in *Zur Psychoanalyse der christlichen Religion*, Leipzig-Wien-Zürich 1928; Georges Duby, *Die drei Ordnungen. Das Weltbild des Feudalismus*, Frankfurt 1981; Evelyne Patlagean, *L'histoire de la femme déguisée en moine et l'évolution de la sainteté feminine à Bysance*, in: *Studi medievali*, S. 3, XVII (1976), S. 597–623.

6. P. Bogatyrev und R. Jakobson, *Die Folklore als eine besondere Form des Schaffens*, in R. Jakobson, *Selected Writings*, IV, The Hague – Paris, 1966. Jacques Le Goff, *Culture ecclésiastique et culture folklorique au Moyen Age: Saint Marcel de Paris et le Dragon*, in *Pour un autre Moyen Age. Temps, travail et culture en Occident: 18 essais*, Paris 1977, S. 236–279.

8. Michel Foucault, *Überwachen und Strafen*, Frankfurt 1976; Jacques Le Goff, *Culture cléricale et traditions folkloriques dans la civilisation mérovingienne*, in *Pour un autre Moyen Age*, cit., S. 223–235.

13. R. M. Frazer, *Nero the Singing Animal*, in *Arethusa*, IV (1971), S. 215–218; Emile Benveniste, *Le vocabulaire des institutions indo-européenes*, Paris 1969.

14. Sigmund Freud, *Aus der Geschichte einer infantilen Neurose* („*Der Wolfsmann*"), in S. Freud, *Studienausgabe*, VIII, Frankfurt a. M.

1969, S. 129–231; Id., *Über Triebumsetzungen, insbesondere der Anal-erotik*, in S. Freud, *Studienausgabe*, VII, Frankfurt a. M. 1973, S. 125–131; George Devereux, *Institutionalized Homosexuality of the Mohave Indians*, in *Human Biology*, IX (1937), S. 498–527; Sandor Ferenczi, *Zur Nosologie der männlichen Homosexualität (Homoero-tik)*, in *Bausteine zur Psychoanalyse*, I, Bern 1964; Theodor Reik, *Ritu-al. Psychoanalytic Studies*, New York 1946.

16. Ladislao Mittner, *Storia della letteratura tedesca*, I, Torino 1977; Erich Köhler, *Trobadorlyrik und höfischer Roman*, Berlin 1962; Jac-ques Le Goff, *Métiers licites et métiers illicites dans l'Occident médié-val*, in *Pour un autre Moyen Age*, cit., S. 91–107; Emile Benveniste, *Über die Subjektivität in der Sprache*, in Id., *Probleme der allgemeinen Sprachwissenschaft*, Frankfurt a. M. 1977, S. 187–297; Hanns Fischer, *Studien zur deutschen Märendichtung*, Tübingen 1968; H. F. Rosen-feld, *Der Zwingäuer*, in *Die deutsche Literatur des Mittelalters. Verfas-serlexikon*, hg. v. Karl Langosch, IV, Berlin 1953, Sp. 1169–1171.

17. Carlo Muscetta, *Giovanni Boccaccio*, in *La letteratura italiana. Storia e testi. Il Trecento*, II, Bari 1972.

18. Paul Veyne, *La famille et l'amour sous le haut-empire romain*, in *Annales*, XXXIII (1978), S. 35–63; Marcel Detienne, *Les jardins d'Ado-nis. La mythologie des aromates en Grèce*, Paris 1972; Sarah B. Pome-roy, *Goddesses, whores, wives, and slaves*, New York 1975; J. T. Noonan, *Empfängnisverhütung. Geschichte ihrer Beurteilung in der katholischen Theologie und im kanonischen Recht*, Mainz 1969[3]; Peter Webb, *The erotic arts*, London 1975; Anka Muhlstein, *La femme So-leil. Les femmes et le pouvoir. Une relecture de Saint-Simon*, Paris 1976.

*Dritter Teil*

1. Denise Paulme, *La mère dévorante. Essai sur la morphologie des contes africains*, Paris 1976.

4. Claudio Mutini, *La cultura a Firenze al tempo di Lorenzo il Ma-gnifico*, Bologna 1970.

5. François Jacob, *La logique du vivant. Une histoire de l'hérédité*, Paris 1976; Jean-Louis Flandrin, *Familien. Soziologie, Ökonomie, Se-xualität*, Frankfurt 1978. Jacques Rossiaud, *Prostitution, jeunesse et société dans les villes du Sud-Est au XV^e siècle*, in *Annales*, XXXI (1976), S. 289–325; Sigmund Freud, *Die ‚kulturelle' Sexualmoral und die moderne Nervosität*, in S. Freud, *Studienausgabe*, IX, Frankfurt a. M. 1974, S. 13–33.

6. Sigmund Freud, *Charakter und Analerotik*, in S. Freud, *Studien-ausgabe*, VII, Frankfurt a. M. 1973, S. 25–30; Elvio Fachinelli, *Il bam-bino dalle uova d'oro*, Milano 1974; Sigmund Freud, *Über infantile*

*Sexualtheorien,* in S. Freud, *Studienausgabe,* V, Frankfurt a. M. 1972, S. 171–184.

8. Pierre Darmon, *Le mythe de la procréation à l'âge baroque,* Paris 1977.

9. A.S.G. Butler, *Les parlers dialectaux et populaires dans l'œuvre de Guy de Maupassant,* Genève-Paris 1962: Sigmund Freud, *Der Untergang des Ödipuskomplexes,* in S. Freud, *Studienausgabe,* V, Frankfurt a. M. 1972, S. 245–251; P. Cogny, *Maupassant. L'homme sans Dieu,* Bruxelles 1968; A. J. Greimas, *Maupassant. La sémiotique du texte: exercices pratiques,* Paris 1976; Alberto Savinio, *Maupassant e ,l'altro',* Milano 1960; Elias Canetti, *Masse und Macht,* Hamburg 1960.

# Abbildungsverzeichnis

## Zur Sexualitäts- und Familiengeschichte

Kenneth J. Dover
### Homosexualität in der griechischen Antike
Aus dem Englischen übertragen von Susan Worcester.
1983. 244 Seiten mit 108 Abbildungen auf Tafeln.
Leinen

William H. Hubbard
### Familiengeschichte
Materialien zur deutschen Familie seit dem Ende
des 18. Jahrhunderts. 1983. 277 Seiten. Paperback
(Beck'sche Elementarbücher)

### Geschlechtstypisches Verhalten
Mann und Frau in psychologischer Sicht
Herausgegeben von
Annette Degenhardt und Hanns Martin Trautner.
1979. 310 Seiten mit Tabellen und Abbildungen im Text.
Paperback (Beck'sche Schwarze Reihe, Band 205)

Michael Mitterauer
### Ledige Mütter
Zur Geschichte illegitimer Geburten in Europa
1983. 175 Seiten mit 10 Abbildungen im Text.
Broschiert

Bengt Algot Sørensen
### Herrschaft und Zärtlichkeit
Patriarchalismus und Drama im 18. Jahrhundert
1984. Etwa 240 Seiten. Broschiert

### Verlag C. H. Beck München

# Literatur zur Emanzipation der Frau

## Frauenhandlexikon

Stichworte zur Selbstbestimmung
In Zusammenarbeit mit 66 Autorinnen herausgegeben von
Johanna Beyer, Franziska Lamott und Birgit Meyer.
1983. 359 Seiten mit 27 Abbildungen im Text. Broschiert

Michael Mitterauer, Reinhard Sieder

## Vom Patriarchat zur Partnerschaft

Zum Strukturwandel der Familie
2., neubearbeitete Auflage. 1980. 228 Seiten. Paperback
(Beck'sche Schwarze Reihe, Band 158)

## Frauen suchen ihre Geschichte

Historische Studien zum 19. und 20. Jahrhundert
Herausgegeben von Karin Hausen. 1983. 279 Seiten.
Paperback (Beck'sche Schwarze Reihe, Band 276)

Herrad Schenk

## Die feministische Herausforderung

150 Jahre Frauenbewegung in Deutschland
3., unveränderte Auflage. 1983. 246 Seiten. Paperback
(Beck'sche Schwarze Reihe, Band 213)

Ingeborg Weber-Kellermann

## Frauenleben im 19. Jahrhundert

Empire und Romantik, Biedermeier, Gründerzeit
1983. 246 Seiten mit 265 Abbildungen, davon 16 in Farbe.
Format 21 × 27 cm. Leinen im Schuber

## Verlag C. H. Beck München